职业院校新能源汽车专业系列教材

新能源汽车电气设备检修

主　编　罗和平　刘喜峰　刘　伟
副主编　王利光　揭文君　王晓莎
参　编　康利辉　崔均华　王礼恒

机械工业出版社

本书是新能源汽车检测与维修技术专业的教材。本书主要内容包括新能源汽车电气设备检修基础认知、新能源汽车低压无法上电故障检修、新能源汽车照明与信号系统故障检修、新能源汽车辅助电气系统故障检修、新能源汽车仪表与报警系统故障检修、新能源汽车数据通信系统故障检修共6个项目14个任务。本书注重工学一体化，以从实践中归纳的典型工作任务入手，突出实用性、先进性，较为全面地介绍了新能源汽车电路识读和分析、常用仪器的使用、电源系统、数据通信系统、车身电气系统的认知和故障检修，旨在培养学生的维修技能、提升学生的职业素养。

本书可作为职业院校新能源汽车相关专业的教材，也可作为相关专业培训用书，还可供相关技术人员的参考阅读。

本书配有电子课件、教案和习题等资源，凡使用本书的教师可登录机械工业出版社教育服务网 www.cmpedu.com 注册后免费下载。

图书在版编目（CIP）数据

新能源汽车电气设备检修／罗和平，刘喜峰，刘伟主编. -- 北京：机械工业出版社，2025.5. --（职业院校新能源汽车专业系列教材）. -- ISBN 978-7-111-78020-5

Ⅰ. U469.720.7

中国国家版本馆 CIP 数据核字第 2025SW9109 号

机械工业出版社（北京市百万庄大街22号　邮政编码100037）
策划编辑：黄倩倩　　　　　　　　　责任编辑：黄倩倩
责任校对：张雨霏　张慧敏　景　飞　封面设计：张　静
责任印制：单爱军
北京华宇信诺印刷有限公司印刷
2025年6月第1版第1次印刷
184mm×260mm・10.75 印张・261 千字
标准书号：ISBN 978-7-111-78020-5
定价：59.80 元

电话服务　　　　　　　　　　网络服务
客服电话：010-88361066　　　机　工　官　网：www.cmpbook.com
　　　　　010-88379833　　　机　工　官　博：weibo.com/cmp1952
　　　　　010-68326294　　　金　书　网：www.golden-book.com
封底无防伪标均为盗版　　机工教育服务网：www.cmpedu.com

前　言

随着新能源汽车技术的快速发展和国家政策扶持力度的增大，新能源汽车产业发展迅猛，产销量大幅增长，新能源汽车的生产制造与售后服务人员需求逐步增加。党的二十大报告指出"教育、科技、人才是全面建设社会主义现代化国家的基础性、战略性支撑。"职业教育更要承担起新能源汽车前后市场技术技能人才的培养重任。

近年来，各职业院校根据市场需求，相继开设或准备开设新能源汽车技术相关专业。新能源汽车涉及很多全新的技术领域，目前市场上关于混合动力汽车、纯电动汽车维修方面的书籍较少，尤其是针对职业院校开展常规教学任务的书籍就更少，大多是关于理论研究的。为了让更多人，特别是使用和维修新能源汽车的售后服务人员，对新能源汽车有更深入的了解，由广东省新能源汽车产业协会、广州市新能源校企合作协会统筹，协会内几十家新能源汽车相关企业专家和职业院校专业核心骨干教师以及一线汽车品牌主机厂新能源汽车工程师等人员共同参与，以新能源汽车厂家作业规范为实操标准，编写了这套职业教育新能源汽车专业教材。

本套教材根据国家最新的专业教学标准编写，主要面向职业院校新能源汽车技术专业，可以满足中等职业院校"新能源汽车运用与维修"、高等职业院校"新能源汽车技术""新能源汽车检测与维修技术"等专业的教学需要。本套教材共12本，包含《新能源汽车概论》《新能源汽车电力电子技术》《新能源汽车高压安全与防护》《新能源汽车维护与保养》《新能源汽车电池及管理系统检修》《新能源汽车电机及控制系统检修》和《新能源汽车底盘检修》等。本套教材具有以下特点。

1. 具有浓厚的行业和职业特色

这是一套由新能源相关行业、企业和院校"三位一体"编写的新能源汽车相关专业教材。本套教材汇集了广东省新能源汽车产业协会、广州市新能源校企合作协会、东风日产、欧伟德智能科技（广州）有限公司、华南农业大学、广东轻工职业技术大学、湖南汽车职业技术大学、佛山职业技术学院、广东番禺职业技术学院、广州市工贸技师学院等2个省市协会，8家知名企业，22所汽车专业骨干校（包括本科、高职、技师学院和中职院校）。很多案例和技术来自一线实际，技术成熟，具有独特的教学特色。

2. "基于工作过程"的一体化开发理念

在对新能源汽车技术技能人才岗位调研的基础上，编者分析岗位典型工作任务，提炼代表性行动领域，构建了工作过程系统化的课程体系。书中由企业真实的案例引入教学任务，学习任务更加贴近新能源汽车维修企业实际工作及职业教育的特点。

3. "立体化"的教材资源整合

本套教材不仅具有传统教材的优点，还加入了互联网教学资源，嵌入相应任务实施工作任务，辅以大量的视频资源及任务实施的指导视频（扫描二维码观看），让整套教材更加立体化，更加方便院校师生、企业售后服务人员学习。

4. 适用性强

本套教材以国内自主品牌吉利和比亚迪汽车为载体，横向对比国内外主流新能源汽车相关厂家，如北汽、特斯拉等相关车型的共性和差异，解决了品牌地域性问题。

5. 丰富的资源配套

本套教材配套有工作页、课件、教学微课、项目测试题、教学资源库等资源，围绕"教、学、考、培、互联网+"的五位一体教学模式开发配套资源，解决了教师们开展现代化教学的痛点，教学理念先进，适合现代职业教育和培训的多方面需求。

本书由罗和平、刘喜峰、刘伟担任主编，王利光、揭文君、王晓莎担任副主编，康利辉、崔均华、王礼恒参与编写。

在本书的编写过程中，欧纬德智能科技（广州）有限公司提供了大量的设备和技术支持，广州轩宇教育科技发展有限公司提供了微课拍摄、后期制作等技术支持，在此一并表示衷心的感谢！

由于编者水平有限，书中难免有错漏之处，敬请读者批评指正。

编　者

二维码清单

名称	图形	名称	图形
1-电路识图.mp4		9-电动刮水器不工作故障检修.mp4	
2-就车查找喇叭电路元件.mp4		10-电动车窗不工作故障检修.mp4	
3-电阻的测量.mp4		11-电动座椅不能前后调整故障检修.mp4	
4-绝缘电阻测量.mp4		12-电动天窗不工作故障检修.mp4	
5-新能源汽车低压电源系统故障检修.mp4		13-更换新能源汽车组合仪表总成.mp4	
6-PEPS系统故障检修.mp4		14-车门未关仪表报警不工作故障检修.mp4	
7-新能源汽车前照灯电路故障检修.mp4		15-电动车窗LIN系统故障检修.mp4	
8-转向灯不工作故障检修.mp4		16-车载充电机CAN总线断线故障检修.mp4	

目 录

前言
二维码清单

项目1　新能源汽车电气设备检修基础认知 ······ 1
　任务1　识读新能源汽车电路图 ······ 1
　任务2　认识新能源汽车电气故障诊断常用仪器及诊断方法 ······ 12

项目2　新能源汽车低压无法上电故障检修 ······ 25
　任务1　检修新能源汽车12V蓄电池亏电故障 ······ 25
　任务2　检修新能源汽车无钥匙进入和起动系统故障 ······ 31

项目3　新能源汽车照明与信号系统故障检修 ······ 49
　任务1　检修新能源汽车前照灯不工作故障 ······ 49
　任务2　检修新能源汽车转向灯不工作故障 ······ 67

项目4　新能源汽车辅助电气系统故障检修 ······ 85
　任务1　检修新能源汽车刮水器不工作故障 ······ 85
　任务2　检修新能源汽车电动车窗不工作故障 ······ 100
　任务3　检修新能源汽车电动座椅不工作故障 ······ 112
　任务4　检修新能源汽车电动天窗不工作故障 ······ 121

项目5　新能源汽车仪表与报警系统故障检修 ······ 129
　任务1　认识新能源汽车仪表与报警系统 ······ 129
　任务2　检修车门未关仪表报警不工作故障 ······ 137

项目6　新能源汽车数据通信系统故障检修 ······ 146
　任务1　检修新能源汽车LIN系统故障 ······ 146
　任务2　检修新能源汽车CAN系统故障 ······ 153

参考文献 ······ 163

项目 1
新能源汽车电气设备检修基础认知

项目描述

新能源汽车电气设备的结构是否优良、性能是否完善，直接影响汽车的动力性、经济性、可靠性、安全性和舒适性等。汽车电气技术是现代汽车发展水平的重要标志之一。随着科技的发展，集成电路、微型计算机和车载网络技术在汽车上广泛应用，汽车电气设备数量在增加、功率在增加、产品质量和性能在提高，结构更完善，控制方式不断变化和更新，因此对从事新能源汽车行业的技术人员和售后服务人员提出了更高的要求。正确识读新能源汽车电路图和规范使用新能源汽车检测仪器是新能源汽车检修技术人员必备的基本技能。

项目目标

1. 能描述新能源汽车的电路组成和电路特点。
2. 能看懂新能源汽车各系统的电路图。
3. 能正确使用新能源汽车常用的检测仪器。
4. 能查找维修手册资料、小组合作、发扬工匠精神，在实车上找出各电气系统的熔断器、继电器、配电盒、控制单元、用电器及各种线束的位置，并能按照操作规范完成新能源汽车高压器件的绝缘测试。

任务 1　识读新能源汽车电路图

任务目标

1. 能描述新能源汽车电路的基本组成和主要元件。
2. 能看懂新能源汽车电路图。
3. 能查找维修手册资料、小组合作，在实车上找出各电气系统的熔断器、继电器、配电盒、控制单元、用电器及各种线束的位置。

任务导入

某4S店售后维修小组接到一张任务工单：一辆2017款吉利帝豪EV300，行驶里程32000km，因交通追尾事故，出现前照灯不亮故障。要检修该电路故障，首先要读懂该车灯光系统电路图，其次能分析其故障原因，然后在车辆上找到相关器件和线束进行测量、诊断及故障修复。

>>> 知识链接

一、新能源汽车电路组成

新能源汽车电路是根据用电设备的工作特性和彼此间的内在联系，用导线将中央控制盒、保护装置、插接器、控制单元、开关等和用电器连接起来的电流通路，构成一个完整的供电、用电系统。汽车电路主要由电源、用电设备、电路控制装置、电路保护装置、电路连接器件等组成。汽车电路的基础元件主要有熔断器、插接器、各种开关、继电器、导线及控制单元等。

1）电源：电源系统向汽车电气设备提供直流电能，保证汽车各用电设备在不同情况下都能投入正常工作。新能源汽车直流电源主要包括低压辅助蓄电池和高压动力电池组，如图 1-1 所示。

a) 低压辅助蓄电池　　　　b) 高压动力电池组

图 1-1　新能源汽车直流电源

2）用电设备：包括电动机、电磁阀、灯泡、仪表、各种电子控制元件和传感器等。

3）电路控制装置：除了传统的手动开关、压力开关、温控开关、继电器等，还包括电子模块和 ECU 等。继电器主要分为三种类型：常开型继电器、常闭型继电器和混合型继电器，如图 1-2 所示。在新能源汽车高压电路中，继电器又称为接触器，它具有低压控制高压的特点，即接触器励磁线圈的工作电压一般为 12V，接触器的常开触点串联在动力电池的高压电路中，通过控制 12V 励磁线圈的电路通断，达到接通或断开高压电路的目的。

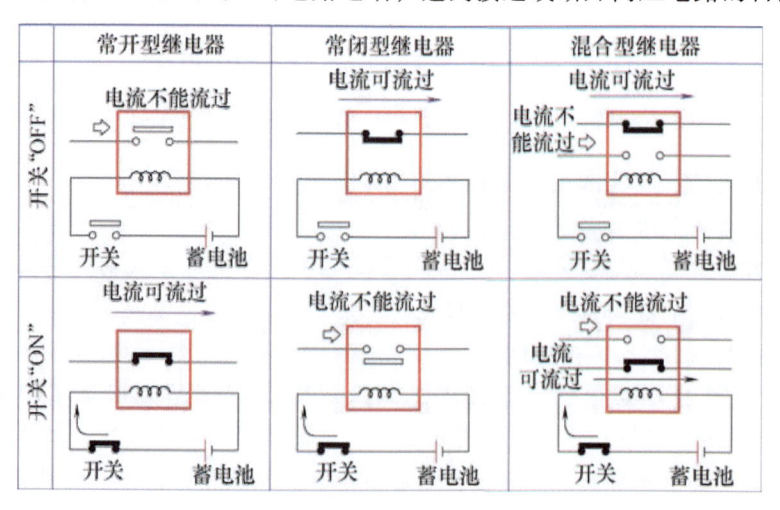

图 1-2　标准继电器

4）电路保护装置：新能源汽车电路保护装置主要包括继电器、熔断器等。继电器的工作特点是小电流控制大电流，保护控制开关。在新能源汽车电路中串联熔断器，防止电路短路而烧坏线束和用电设备等。当电路短路或较长时间内过载时，熔丝熔断而切断电路，防止烧坏导线和用电设备。熔断器一般分为插入式熔断器、螺旋式熔断器、封闭式熔断器、快速熔断器、自复式熔断器等，新能源汽车常用的熔断器如图1-3所示。

5）电路连接器件：新能源汽车电路连接器件主要包括导线和线束插接器。导线将新能源汽车上的各种电气装置连接起来构成电路。此外，汽车上通常用金属车体代替部分用电器返回电源负极的导线。新能源汽车使用的导线有橙色的高压电线（图1-4）、低压电线（多芯软铜线）和屏蔽线。为了便于汽车电路检查、维修、安装、配线等工作，低压导线常以不同的颜色来区分，横截面积在$4mm^2$以下的导线采用双色线。

图1-3 新能源汽车常用的熔断器

图1-4 新能源汽车高压电线

二、新能源汽车电路的特点

（1）高压和低压直流电源互为独立　直流电源是电压大小和方向都不随时间作周期性变化的电源，其波形如图1-5所示。新能源汽车电源由直流低压辅助蓄电池和直流高压动力电池组组成。12V低压电源与几百伏高压电路互为独立，不共用导线。

（2）低压系统负极搭铁　新能源汽车低压系统负极搭铁，即采用单线制时，将低压电源的负极连接到电机和底盘等金属部件上。目前世界上各国生产的汽车大多数采用低压系统负极搭铁方式。高压电源与低压电源隔离，高压电源负极不搭铁。

图1-5 直流电示意图

（3）低压系统单线并联制　单线制是指从电源到用电设备只用一根导线连接，并用汽车底盘、电机等金属车体作为另一条公共导线。特殊情况下，为了保证电气系统（特别是电子控制系统）的工作可靠，也需要采用双线制。单线制的优点是导线少，线路清晰，接线方便。

所谓用电设备并联，是指汽车上的各种用电设备都采用并联方式与电源连接，用电设备都由各自串联在其支路上的开关（或控制单元）控制，互不干扰，当某一支路发生故障时不影响其他支路上的用电设备。

（4）车载网络通信　随着汽车技术的不断发展，性能的不断提高，汽车电气设备和电子控制装置在汽车上的应用越来越多，为了简化线路，提高信息传输的速度和可靠性，降低故障率，车载网络技术应运而生，如图1-6所示。新能源汽车车载网络有控制局域网（CAN总线、双绞线传输）、局部连接网络（LIN）和车载以太网等。当前主流汽车电气系统以网络为纲目，发展成电力网络和数据网络两部分的结构。

三、汽车电路图

汽车电路图是一种将汽车电器和电子设备用图形符号和代表导线的线条连接在一起的关系图，是对汽车电器的组成、工作原理、工作过程及安装要求所作的图解说明。电路图中表示的是不同电路之间的相互关系及彼此之间的连接，通过对电路图的识读，可以认识并确定电路图上所画电气元件的名称、型号和规格，清楚地掌握汽车电气系统的组成、相互关系、工作原理和安装位置，便于对汽车电路进行检查、维修、安装和配线等工作。现代汽车电路图的种类繁多，电路图也因车型不同存在一定的差别，常见的电路图有接线图、线束图、原理框图和电路原理图等。

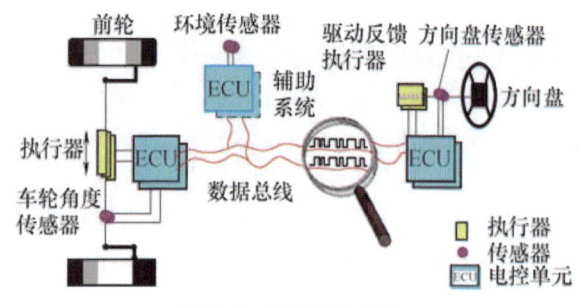

图1-6 车载网络技术

1）接线图。接线图是指专门用来标记电器安装位置、外形、线路走向等的指示图。接线图按照全车电器安装的实际位置绘制，部件与部件之间的连线按实际关系绘出，为了尽可能接近实际情况，图中的电器不用图形符号，而是用该电器的外形轮廓或特征表示，在图上还尽量将线束中同路的导线画在一起。这样，汽车接线图就较明确地反映了汽车实际的线路情况，查线时，导线中间的分支、接点很容易找到，为安装和检测汽车电路提供了方便。但因其线条密集，纵横交错，给读图、查找、分析故障带来了不便。接线图可以是整车电路的接线图，也可以是各系统电路的接线图。

2）线束图。线束图表明了电路线束与各用电器的连接部位、接线柱的标记、插头、插接器的形状及位置等，是人们在汽车上能够实际接触到的汽车电路图。从线束图中可以了解到线束的走向，并可以通过露在线束外面的插头与插接器的详细编号或字母标记得知线束各插接器的位置。线束图常用于汽车制造厂总装线和修理厂的线束连接、检修、配线和更换。目前，汽车制造商为便于用户在使用、维修过程中进行检查、测试，还往往在维修手册中给出有关电器的安装位置图和线束图。线束图与电路原理图、接线图结合起来使用，具有很大的参考价值。不同的生产厂商，线束图略有不同。图1-7所示是右前车门线束布置图。

3）原理框图。原理框图是用框图的形式来表达其原理，它的作用在于能够清晰地表达比较复杂的原理。由于汽车电气系统较为复杂，为概略地表示汽车各个电气系统或分系统的基本组成、相互关系及主要特征，常采用原理框图。原理框图所描述的对象是系统或分系统的主要特征，不必画出元器件与它们之间的具体连接情况，原理框图对内容的描述是概略的，但对于汽车电路的分析和维修有很大的帮助。原理框图通常用方框符号或者带注释的框绘制，带注释的框应用比较广泛，其框内的注释可以是文字，可以是符号，也可以同时采用文字和符号。图1-8所示为刮水器/洗涤系统原理框图。

4）电路原理图。电路原理图是利用电气符号将每一个系统合理地连接起来，能简明清晰地反映汽车电路构成、连接关系和工作原理，而不考虑其实际安装位置的一种简图。其优点是画面清晰、简单明了、通俗易懂，便于分析、查找电路故障。电路原理图分为整车电路原理图和局部电路原理图。整车电路原理图是由若干个局部电路原理图组成的，是一幅完整的全车电路图，能反映全车电路各系统之间的相互关系。局部电路原理图是从整车电路原理图中抽出的某个局部电路的原理图。局部电路原理图能反映汽车电器的内部结构、局部电路的工作原理,并将重点部位进行了放大及说明。局部电路原理图的用电器少,幅面小,阅读起来简单明了,其缺点是只能了解电路的局部。图1-9所示为前照灯部分电路原理图。

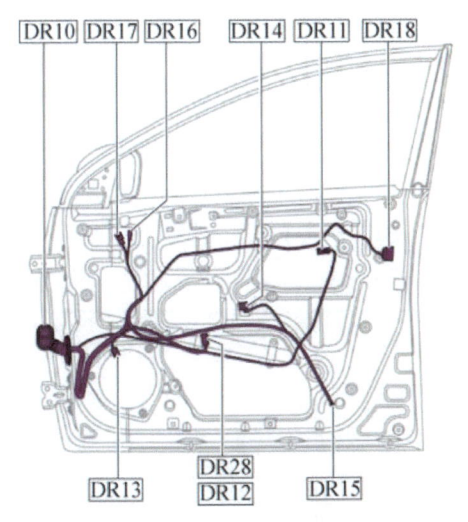

图1-7 右前车门线束布置图

图1-8 刮水器/洗涤系统原理框图

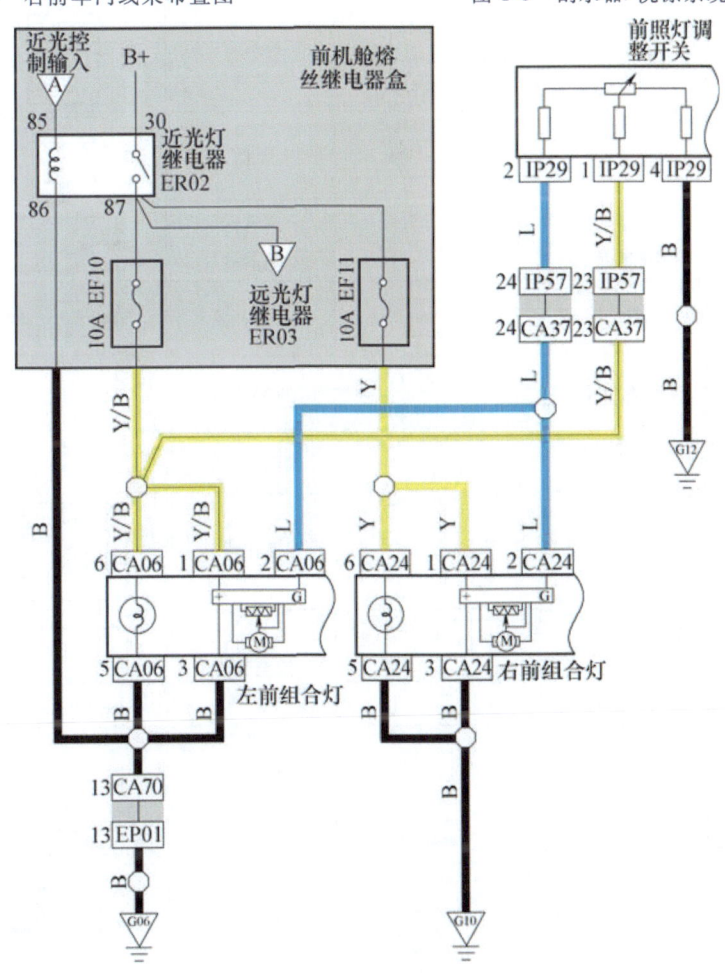

图1-9 前照灯部分电路原理图

四、汽车电路图形符号

汽车电路图是利用图形符号和文字符号，表示汽车电路组成、连接关系和工作原理，而不考虑其实际安装位置的一种简图。为了使电路图具有通用性，便于技术交流，构成电路图的图形符号和文字符号不是随意的，它有统一的国家标准和国际标准。要看懂电路图，必须了解图形符号和文字符号的含义、标注原则和使用方法。图形符号是用于电气图或其他文件中的表示项目或概念的一种图形、标记或字符，是电气技术领域中最基本的工程语言。因此，为了看懂汽车电路图，我们要熟练地掌握并运用它。汽车电路中常用的图形符号，见表1-1。

表1-1 新能源汽车电路常用的图形符号

符号	名称	符号	名称	符号	名称
	接地		电容器		蓄电池
	常开继电器		常闭继电器		双掷继电器
	短接片		温度传感器		点烟器
	电磁阀		电阻		天线
	小负荷熔断器		中负荷熔断器		大负荷熔断器
	电位计		常开开关		可变电阻器
	常闭开关		双掷开关		加热器
	二极管		光电二极管		发光二极管
	点火线圈		爆震传感器		电磁阀
	喇叭		安全气囊		氧传感器
	灯泡		限位开关		电机
	双绞线		线路走向		时钟弹簧
	安全带预紧器		未连接交叉线路		相连接交叉线路

五、汽车电路图的一般规律

1) 电源部分到各熔断器或开关的导线一般是电气设备的公共正极电源线。在电路原理图中一般是画在电路图的上部。

2) 标准画法的电路图，开关的触点是位于零位或静态。即开关处于断开状态，继电器线圈处于不通电状态，晶体管、晶闸管、绝缘栅双极型晶体管（IGBT）等具有开关特性元件的导通和截止视具体情况而定。

3) 汽车电路为双电源、低压系统单线制，各用电设备相互并联，继电器和开关串联在电路中。

4) 大部分用电设备串联了熔断器，受到熔断器的保护。

5) 整车电路按功能及工作原理划分成若干独立的电路系统。整车电路图一般按各个电路系统来绘制，如电源系统、起动系统、照明和信号系统、辅助电气系统、数据通信系统等，这些系统的电路都有自己的特点。

六、汽车电路识图技巧

1. 先看全图，把单独的系统框出来

一般来讲，各电气系统的电源和电源总开关是公共的，任何一个系统都应该是一个完整的电路，应遵循回路的原则。读图时应熟悉电器元件的结构、工作原理及端子配线规则，如：接线盒位置、熔断器、继电器、接地点、线型和色码等。

2. 分析各系统的工作过程，弄清各系统之间的联系

在分析某个电气系统之前，要清楚该电气系统所包含各部件的功能、作用和技术参数等，在分析过程中应特别注意开关、继电器触点的工作状态，大多数电气系统都是通过开关、继电器的不同工作状态来改变工作回路，以实现不同功能。

3. 牢记回路原则

在电学中，回路是一个最基本、最重要，也是最简单的概念。任何一个完整的电路都由电源、用电器、开关、导线等组成。对于直流电路而言，电流从电源的正极出发，通过导线、熔断器、开关（继电器或控制器）到达用电器，再经过导线（或搭铁）回到同一电源的负极。新能源汽车中的低压系统回路与高压系统回路互为独立。

4. 熟悉开关的作用

开关是控制电路通、断的关键，电路中主要的开关往往汇集多条导线，如点火开关、灯光组合开关。读图时应注意以下五个问题：

1) 在开关的多条接线柱中，注意哪些是接电源，哪些是直接接用电器，哪些接控制器。接线柱旁边是否有接线符号，这些符号是否常见。

2) 开关共有几个档位，在每个档位中，哪些接线柱相互接通，哪些接线柱之间断开。

3) 蓄电池提供的电流是通过什么路径到达这个开关的，中间是否经过别的开关和熔断器等，这个开关是手动还是电控的。

4) 各个开关分别控制哪个用电器，或者给哪个控制器接通哪种信号，被控用电器的作用和功能是什么。

5）在被控用电器中，哪些用电器处于常通，哪些用电器属于短时接通；哪些用电器应先接通，哪些用电器应后接通；哪些用电器应同时工作，哪些用电器不允许同时接通等。

七、识读新能源汽车电路图（以吉利帝豪 EV300 为例）

吉利汽车整车电路原理图根据功能不同分为各个系统电路，在电路图的上方标出该系统电路名称。每个系统电路都连同电源一起画出，使各个系统电路既能清晰地表达出独立的电路回路，又能反映出彼此间构成整车电路的关系。电路中一般直接标示出元件的名称，导线颜色则用相应字母表达，部分电器元件还画出了内部电路，使识图更为方便。

下面以"背光照明"电路为例，学习汽车整车电路原理图识图，电路图 1-10 中的数字是注释标号，其含义见表 1-2。

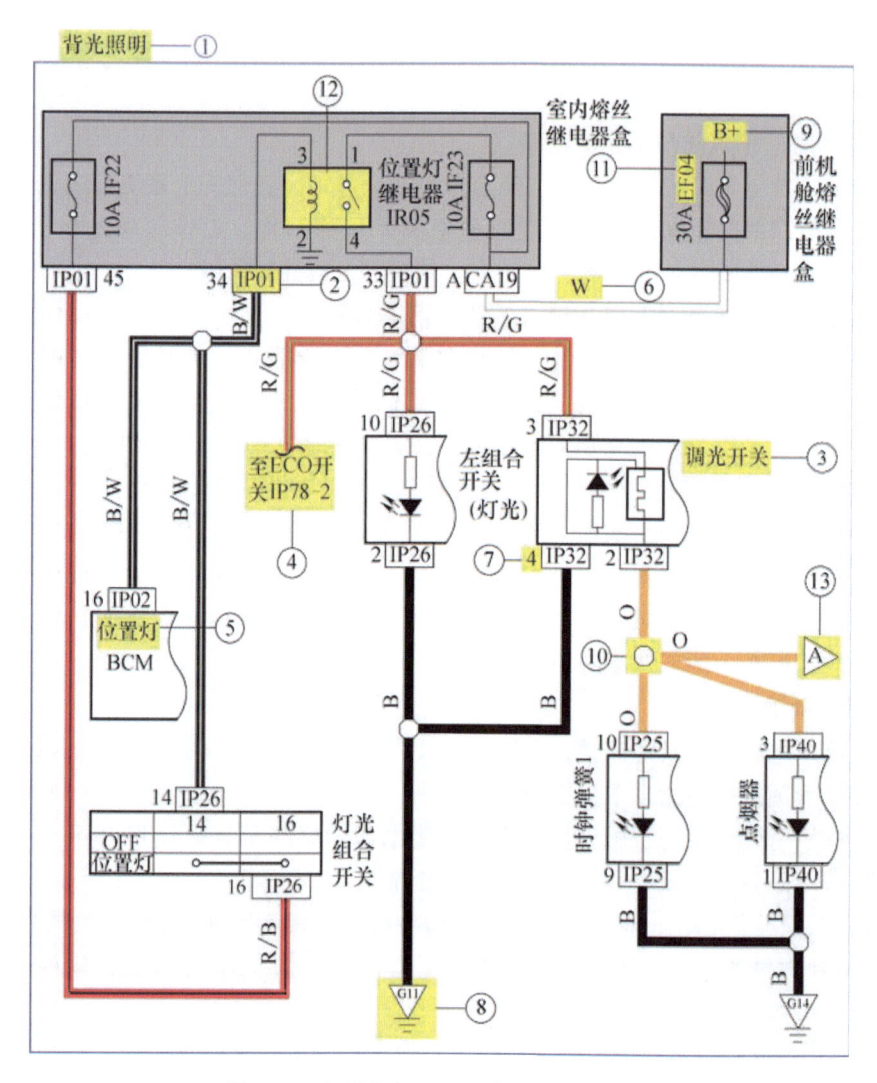

图 1-10 吉利帝豪 EV300 背光照明电路图

项目 1 新能源汽车电气设备检修基础认知

表 1-2 吉利帝豪 EV300 电路图注释

注释标号	含义说明
1	系统名称：用文字和系统符号表示下方电路系统的名称
2	线束插接器编号：线束插接器编号是以线束为基础，例如前机舱线束中的热交换器电磁阀的插接器编号为 CA57，其中 CA 为线束名称代码，57 为插接器的序列编号。下表为各代码代表的线束名称： 	代码	线束名称	代码	线束名称	代码	线束名称
---	---	---	---	---	---
CA	前机舱线束	EP	动力线束、高压配电线束	DR	车门线束
IP	仪表线束	SO	底板线束、后背门线束	RF	室内灯线束
		C	室内熔断器、继电器盒			 备注：车门线束包括四个车门的线束；两厢车的后背门线束并入底板线束；三厢车的行李舱线束、后雾灯线束并入底板线束
3	部件名称
4	显示此电路连接的相关系统信息
5	端子名称
6	显示导线颜色，颜色代码见下表： | 线色	代号	线色	代号	线色	代号	线色	代号	线色	代号
---	---	---	---	---	---	---	---	---	---
黑色	B	绿色	G	蓝色	L	橙色	O		
粉红	P	棕色	Br	灰色	Gr	淡绿色	Lg		
黄色	Y	白色	W	紫色	V	红色	R		
浅蓝色	C									 如果导线为双色线，则第一个字母显示导线底色，第二个字母显示条纹色，中间用"/"分隔。例如：标注为 G/B 的导线即为绿色底黑色条纹
7	显示接插件的端子编号，注意相互插接的线束插接器端子编号顺序互为镜像，如下图所示
8	接地点编号，所有线束接地点以 G 开头的序列编号标识。接地点位置详见接地点布置图
9	熔断器的电源类型。例如：B+ 表示熔断器上接的电源为蓄电池正极电源（常电）
10	导线节点
11	熔断器编号由熔断器代码和序列号组成，位于前机舱的熔断器代码为 EF，室内熔断器代码为 IF，分线盒内的熔断器代码为 HF。熔断器编号详见熔断器列表
12	继电器编号由英文字母和序列号组成。详见继电器列表
13	如果一个系统内容较多，线路需要用多页表示时，线路起点用 ▷ 表示，线路终点则用 ◁ 表示。如一张图中有一条以上的线路转入下页，则分别以 B、C 等字母表示，以此类推

八、比亚迪秦 EV 电路图册说明

（1）线色标准（表1-3）

表1-3　比亚迪秦 EV 电路线色标准

代码	B	L	Br	G	Gr	Lg	O	P	R	V	W	Y
颜色	黑	蓝	棕	绿	灰	浅灰	橙黄	粉红	红	紫	白	黄

（2）比亚迪线束编号　采用3~4位表示（图1-11），具体规则如下：

1）位置代码：用 A、B、C、K、M 等字母表示（I、J、O、X、i、j 不予采用），使用哪些字母取决于回路元素所属线束的位置。

2）类别代码：用序号1、2、3……或大写字母 J 表示，分三种情况：

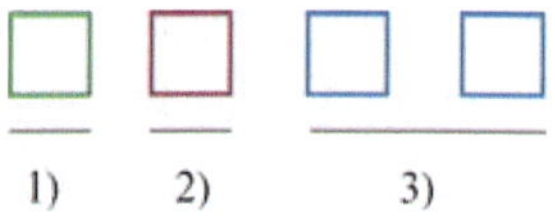

① 若是配电盒上的接插件，此位代码采用序号1、2、3……表示。

② 若是线束间的对接接插件，此位代码采用字母 J 表示。

③ 若是接车用电器模块的接插件、继电器座、外挂熔断器、线束搭铁端子，则此位为空。

图1-11　比亚迪线束编号组成

3）排序代码：用大写字母 A、B、C、D、E、F……或01、02、03、04、05……表示，分两种情况：

① 若是配电盒上的接插件，此位代码采用 A、B、C、D、E、F……表示，与接插件所插配电盒的插口位置代号一致。

② 其他回路元素按所在线束的空间位置依次编号01、02、03、04、05……

（3）电路图中线束接插件编码举例

1）电路图中编码 G2X，"G"表示仪表板线束，"2"表示仪表板主配电盒，"X"表示仪表板主配电盒 X 口的接插件。

2）电路图中编码 KJG02，"K"表示底板线束，"J"表示线束间对接接插件，"G"表示仪表板线束，"02"表示有底板线束接仪表板线束，排序代码为02。

3）电路图中编码 B68，"B"表示前舱线束，第二位为空表示一般类接插件，"68"表示前舱线束排序代码为68。

（4）电路图中熔断器编码举例

1）电路图中编码 F1/15，"F"表示熔断器，"1"表示前舱主配电盒，"/"表示分隔代码，"15"表示排序代码，为15号熔断器。

2）电路图中编码 FG/8，"F"表示熔断器，"G"表示仪表板线束里外挂独立熔断器，"/"表示分隔代码，"8"表示排序代码，为8号熔断器。

（5）电路图中继电器编码举例

1）电路图中编码为 K1/5 的继电器，"K"表示外置继电器，"1"表示前舱主配电盒，"/"表示分隔代码，"5"表示排序代码，为5号继电器。

2）电路图中编码为 KM/3 的继电器，"K"表示外置继电器，"M"表示底板线束，"/"表示分隔代码，"3"表示排序代码，为3号继电器。

>> 任务实施

一、任务方案制订

查阅维修手册，扫描二维码，观看就车查找喇叭电路元件微课视频，制订在新能源实训车辆或台架上查找 12V 蓄电池、前机舱熔丝继电器盒、室内熔丝继电器盒、喇叭熔断器、喇叭继电器、喇叭开关、高低音喇叭及各种线束位置的任务方案。

二、实施准备工作

维修手册、安全防护工具、新能源汽车电气系统检修套装工具、实训车辆或实训台架等。

就车查找喇叭电路元件

1.任务分工 → 2.扫描二维码观看微课视频 → 3.工具准备 → 4.安全注意事项

三、详细操作步骤

Step1 参照维修手册，绘制喇叭电路，如图 1-12 所示。

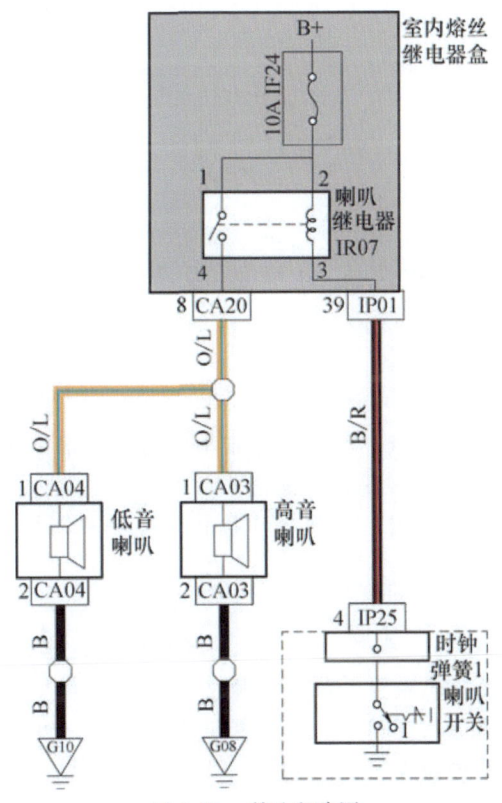

图 1-12 喇叭电路图

Step2 组装三件套、翼子板布和前格栅布，放置三角木，确认驻车制动。
完成情况：□完成

☐未完成，原因：＿＿＿＿＿＿＿＿＿＿＿＿＿＿＿＿＿＿＿＿＿＿＿＿＿＿＿＿＿
Step3 查找蓄电池、机舱熔丝继电器盒、室内熔丝继电器盒。
完成情况：☐完成
　　　　　☐未完成，原因：＿＿＿＿＿＿＿＿＿＿＿＿＿＿＿＿＿＿＿＿＿＿
Step4 查找喇叭继电器、喇叭开关。
完成情况：☐完成
　　　　　☐未完成，原因：＿＿＿＿＿＿＿＿＿＿＿＿＿＿＿＿＿＿＿＿＿＿
Step5 查找高低音喇叭。
完成情况：☐完成
　　　　　☐未完成，原因：＿＿＿＿＿＿＿＿＿＿＿＿＿＿＿＿＿＿＿＿＿＿
Step6 按照 6S 管理规范清理作业现场。
完成情况：☐完成
　　　　　☐未完成，原因：＿＿＿＿＿＿＿＿＿＿＿＿＿＿＿＿＿＿＿＿＿＿

四、任务小结

正确识读新能源汽车电路图是新能源汽车检修人员必备的基本技能。要掌握汽车电路的特点、规律和识图技巧。

>>> 思考与练习

任务 2　认识新能源汽车电气故障诊断常用仪器及诊断方法

>>> 任务目标

1. 能正确描述汽车电路故障的基本形式。
2. 掌握万用表、数字式万用表、示波器等常用仪器的使用方法。
3. 掌握新能源汽车电气故障常用诊断方法。
4. 能小组合作、发扬工匠精神，按照安全操作规范完成新能源汽车高压器件的绝缘测试任务。

>>> 任务导入

某 4S 店售后维修小组接到一张任务工单：一辆纯电动汽车，行驶里程 42000km，因交通追尾事故，出现高压无法上电故障。维修技师初步诊断故障原因为高压电路漏电。在这次检修任务中，需要用到汽车专用万用表、绝缘电阻测试仪等。如果你是维修技师，应该如何使用这些仪器进行高压电路绝缘电阻的测量？

>>> 知识链接

一、汽车电路故障的基本形式

汽车电路故障大多数是因为绝缘层老化（或损坏）、过载或车辆振动使导线连接松脱，从而造成电路断路、短路、搭铁故障和接触不良。

(1) 断路故障　断路是指电路导线断开，使电路不能构成闭合回路，电路中没有电流流过，因此用电器不能正常工作。造成电路断路的原因通常是熔丝熔断、导线接线端子变形或从导线插接器滑出，或用电设备内部导线断开（如灯泡灯丝烧断）等。如图 1-13 所示，小灯 B 所在的支路出现了断点 E，造成小灯 B 没有电流流过，故小灯 B 不亮。

(2) 短路故障　短路是指电路的电流全部或部分经旁路电路构成回路流回电源，因此，用电器不能正常工作。造成电路短路的原因通常是导线与导线、线圈与线圈之间的绝缘层老化或破损，使其互相导通而出现短路。如图 1-14 所示，小灯 B 的两端被短接线 EF 短路，电流经短接线 EF 流过，造成小灯 B 没有电流流过，故小灯 B 不亮。

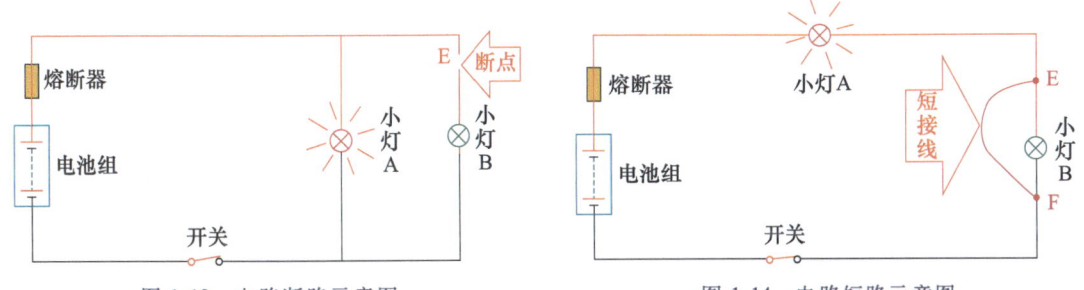

图 1-13　电路断路示意图　　　　图 1-14　电路短路示意图

(3) 搭铁故障　搭铁故障是指汽车电器的正极电源线或信号线因绝缘层损坏，而直接经车架导体与电源的负极（蓄电池的负极）构成回路，是电路短路的一种表现形式。搭铁电路的电阻很小（接近 0Ω），因此，正极电源线搭铁时回路电流很大，可能会迅速烧断熔丝，也可能出现导线绝缘材料受热燃烧冒烟等现象。

(4) 接触不良故障　电路接触不良是指导线连接不牢固而表现的虚接（似接非接），是电路断路的一种表现形式，在汽车电路故障维修中此现象较多。当车辆行驶发生振动时，电路出现时通、时断的现象，用电器不能正常工作。电路接触不良故障通常是接线端子固定螺母、螺钉松动或腐蚀造成的。电路接触不良部位电阻较大，通电后电压较大，温度升高，甚至烧蚀。

二、新能源汽车电气检测常用仪器的使用

目前，新能源汽车电气设备检测常用的工具和仪表有跨接线、测试灯、汽车专用万用表、绝缘电阻测试仪、汽车故障诊断仪及汽车专用示波器等。正确掌握常用检测仪器的使用方法是新能源汽车电气设备检修的基本要求，在检测过程中务必确保人身安全和设备安全。

1. 跨接线

跨接线就是一段专用导线。不同形式的跨接线主要是其长短和两端插头不同。跨接线两端的插头一般做成不同形式的插头或鳄鱼夹，以适应对不同位置的跨接。使用跨接线跨接电路中的两点后，要确保不能造成电源正负极之间的短路故障。跨接线实物如图 1-15 所示。

图 1-15　跨接线实物图

2. 测试灯

测试灯实际就是带导线的电笔，其内部的灯是发光二极管（LED）或小灯泡。测试灯主要用来检查新能源汽车电源电路的通或断。常见的测试灯实物如图1-16所示。

3. 汽车专用万用表

万用表是检测电子电器和电路最常用的仪表之一，它因为具有携带和使用方便、可测参数多等显著特点而深受汽车检修人员的青睐。万用表可以用来测量电压、电流、电阻、晶体管等。汽车修理中常用万用表来测量电阻和电压，以判断电路的通断和电气设备的技术情况。万用表可分为指针式（模拟式）万用表和数字式万用表两种类型。指针式万用表具有造价低、保护功能较完善、易于维修等优点，使用电阻档可以对晶体管及电解电容的质量及性能作出定性判断。数字式万用表具有读数准确、电压档灵敏度高、电流档量程大、测量种类功能齐全以及使用方便等优点，但是测量时数字跳跃，确定读数需要较长时间。汽车数字式万用表，面板说明如图1-17所示。

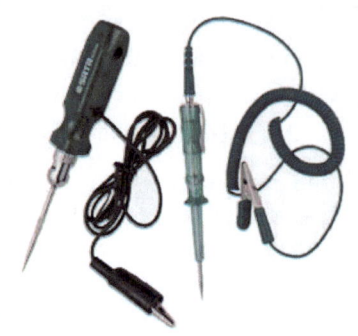

图1-16 汽车测试灯实物图

电阻的测量

（1）电阻的测量

① 测量步骤。如图1-18所示，首先将红表笔插入"VΩ"孔，黑表笔插入"COM"孔，功能/量程转换开关打到"Ω"量程档适当位置，分别用红、黑表笔接触电阻两端金属部分，读出显示屏上显示的数据。

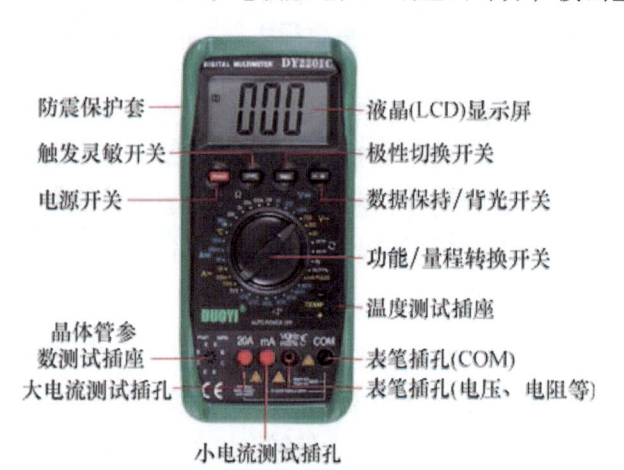

图1-17 汽车数字式万用表面板说明图

图1-18 电阻测量

② 注意事项。量程的选择和转换。选择的量程小于被测电阻时（或当被测电阻值为无穷大时），显示屏上会显示"1."，此时应选用更大量程；反之，量程过大时，显示屏上会显示一个接近于"0"的数，此时应选用更小量程。

如何读数？显示屏上显示的数字再加上此时档位选择的单位，就是它的读数。要注意的是，在电阻档时，"200"档单位是"Ω"，在"2k~200k"档时，单位是"kΩ"，在"2M~2000M"档时，单位是"MΩ"。

如果被测电阻值超出所选择量程的最大值，将显示过量程"1."，应选择具有更高量程的万用表，对于大于 1MΩ 或更大的电阻，要几秒钟后，读数才能稳定，这是正常的。

当红黑表笔没有与被测电阻连接好，即开路情况时，仪表显示"1."为正常。当用万用表检测线路的阻抗时，要保证被测线路中的所有电源被切断，如有电容应首先放完电。被测线路中，如有电源和储能元件，会影响线路阻抗测试的正确性。

万用表的 200MΩ 档位，短路校零时有数值，在测量时应从测量读数中减去这个数值。如测一个电阻时，短路校零时显示为 1.0，测量电阻时显示为 101.0，则应从 101.0 中减去 1.0，即被测元件的实际阻值为 100MΩ。

（2）直流电压的测量

① 测量步骤。将红表笔插入"VΩ"孔，黑表笔插入"COM"孔，功能/量程转换开关打到直流电压档"V-"适当位置（图 1-19 所示为测量 12V 蓄电池的电压时功能/量程转换开关位置）；分别用红、黑表笔并联到被测电路两端，数值稳定后读出显示屏上显示的数据。

② 操作注意事项。将万用表的功能/量程转换开关，选择大于且最接近被测值的直流电压档。红黑表笔并联到被测电路的两端，要求接触良好，等待显示屏的数字稳定后可以直接从显示屏上读取测量值。若显示为"1."，则表明量程太小，需选择更大的量程后再测量。若在数值左边出现"-"，则表明表笔极性与实际电源极性相反，此时红表笔接的是负极，黑表笔接的是正极。在新能源汽车低压电路检测中，经常需要测量的电路电压值一般是指电路中某条线或某点与电池负极（搭铁点）之间的电压值。具体操作方法是万用表调到 20V 直流电压档，将黑表笔搭铁，红表笔接触被测点，读取显示屏上的电压值。这种方法只能用于测量和诊断电压大于 0V 的电位点是否正常，而无法测量和诊断本来就是 0V 的电池负极线和搭铁线是否正常，因为电池负极线和搭铁线断路后对负极的电压还是 0V，与正常时测得的电压一样，即无法判断负极线或搭铁线是否断路。用万用表检测负极线或搭铁线是否断路的方法有两种：一种是在断电状态下将万用表功能/量程转换开关打到"20"Ω 的电阻档，测量测试点与电池"-"极（或搭铁点）之间的电阻值，测量值小于 1Ω 线路为正常；另一种是在带电状态下，将万用表功能/量程转换开关打到 20V 直流电压档，红表笔接 12V 蓄电池正极线，黑表笔接被测的负极线（或搭铁线），如果显示屏显示为低压蓄电池的电压值，则线路正常，如果显示屏显示为"0V"，则搭铁线有断路故障。

③ 安全注意事项。新能源汽车直流高压测量和进行高压断电后的验电时，一定要注意人身安全，操作时要佩戴符合电压等级要求的绝缘手套，不要用手触摸表笔的金属部分及裸露的带电导线；在高压系统检查中严格遵守一人监督、一人操作和单手操作原则。

（3）交流电压的测量

① 测量步骤。将红表笔插入"VΩ"孔，黑表笔插入"COM"孔，功能/量程转换开关打到交流电压"V~"适当位置（图 1-20），红、黑表笔并联到被测的交流电路中，数值稳定后读出显示屏上显示的数据。

图 1-19 12V 蓄电池电压测量档位

② 操作注意事项。红黑表笔插孔方法与直流电压的测量一样，不同的是将功能/量程转换开关打到交流档"V～"处所需的量程，选择的量程应大于且接近被测电压值。如果被测交流电压为 180V，则可选择"200V～"量程，如图 1-20 所示。测量交流电压时无正、负极之分，红、黑表笔测量位置可随意互换，测量结果不变。

图 1-20　交流电压测量档位

③ 安全注意事项。交流电压测量时，一定要注意人身安全，不要用手触摸表笔的金属部分及裸露的带电导线。

（4）直流电流的测量

① 测量步骤。将黑表笔插入"COM"孔，红表笔插入"mA"或者"20A"孔，功能/量程转换开关打至"A-"档。选择大于且最接近被测电流值的量程。先断开被测电路的电源，再断开被测点的线路，将数字式万用表串联到被测点线路中，让被测线路中的电流从一端流入红表笔，经万用表黑表笔流出，再流入被测线路中。接通被测电路的电源，数值稳定后读出显示屏上显示的数字。

② 操作注意事项。测量前预估电路中电流的大小。若测量大于 200mA 的电流，则要将红表笔插入"20A"孔，黑表笔插入"COM"孔，并将功能/量程转换开关打到直流"20A"档；若测量小于 200mA 的电流，则将红表笔插入"mA"孔，黑表笔插入 COM 孔，将功能/量程转换开关打到直流 200mA 以内的合适量程。将万用表串联到被测电路中进行测量，如果读数显示为"1"，说明量程小于被测电路电流值，应更换更大量程档再进行测量；如果在数值左边出现"-"，则表明电流从黑表笔流进万用表。

（5）交流电流的测量

① 测量步骤。将黑表笔插入"COM"孔，红表笔插入"mA"或者"20A"孔，功能/量程转换开关打至"A～"（交流电流档）位置，并选择合适的量程。首先切断被测电路的电源，其次断开被测线路，将数字式万用表串联到被测线路中，被测线路中的电流从一端流入红表笔，经万用表黑表笔流出，再流入被测线路中。接通电路电源进行测量，数值稳定后读出显示屏上显示的数字。

② 注意事项。电流测量完毕后，应将红表笔插回"VΩ"孔。如果使用前不知道被测电流值范围，将功能/量程转换开关置于最大量程并逐渐下降。如果显示屏显示"1."，表示被测值超过量程，功能/量程转换开关应置于更高量程。选择"200mA"档位时，表示万用表最大输入电流为 200mA，如果通过大于 200mA 的电流将烧坏对应的熔断器，应更换相同规格的熔断器，"20A"量程无熔断器保护，测量时间不能超过 15s。测量高于安全电压（50V）电路的交流电流时，一定要注意人身安全，不要用手触摸表笔的金属部分及裸露的带电导线。

（6）数字式万用表使用注意事项　当无法估计被测电压或电流的大小时，则应先选择最高量程档测量一次，再视情况逐渐把量程减小到合适位置。测量完毕，应将功能/量程转换开关拨到最高电压档，并关闭电源开关。当被测值超过量程时，万用表显示屏仅在最高位显示数字"1."，其他位均消失，这时应选择更高的量程。测量电压时，应将数字式万用表与被测电路并联。测量电流时,应将数字式万用表与被测电路串联。测交流电时,不必考虑正、负极性。当误用交流电压档去测量直流电压,或者误用直流电压档去测量交流电时,显示屏将显示"000",或低位上的数字出现跳动。禁止在测量时换量程,特别是测量高电压(220V以上)或大电流(0.5A以上)时,以防止产生电弧,烧毁开关触点等。当万用表内部电池的电量即将耗尽时,显示屏左上角电池电量低将提示,即有电池符号显示,表示电量不足,若仍进行测量,测量值会比实际值偏高。

4. 绝缘电阻测试仪

(1) 常见绝缘电阻测试仪的分类 常见绝缘电阻测试仪有两种:手摇式绝缘电阻测试仪和电子式绝缘电阻测试仪。

① 手摇式绝缘电阻测试仪,又叫手摇式万用表,如图1-21所示,由高压手摇发电机及磁电式双动圈流比计组成,具有输出电压稳定、读数正确、噪声小、振动轻等特点,且装有防止测量电路泄漏电流的屏蔽装置和独立的接线柱,有500V、1000V、2000V等规格。手摇式绝缘电阻测试仪电压规格是与被测电气设备的工作电压相匹配的,即1000V的万用表宜用来测量工作电压为1000V以下的电气设备。

② 电子式绝缘电阻测试仪。电子式绝缘电阻测试仪一般由直流电压变换器将低压电池电压转换为直流高压作为测试电压,该测试电压施加于被测物体上,产生的电流经电流电压变换器转换为与被测物体绝缘电阻相对应的电压值,再经模数转换电路变为数字编码,然后经微处理器处理,由显示器显示相应的绝缘电阻值。图1-22所示为一种电子式绝缘电阻测试仪实物图。电子式绝缘电阻测试仪采用干电池供电,带有电量检测,有指针式和数字式两种,具有操作方便、输出功率大、带载能力强、抗干扰能力强的特点。输出短路电流可直接测量,不需带载测量进行估算。

图1-21 手摇式绝缘电阻测试仪　　图1-22 电子式绝缘电阻测试仪

(2) 绝缘电阻的测量

① 利德牌UT526绝缘电阻测试仪面板,如图1-23所示。

② 绝缘电阻的测量步骤。绝缘电阻测量是新能源汽车高压部件检测的重要内容之一。使用电子式绝缘电阻测试仪测量绝缘电阻的步骤如下:

第一步,如图1-24所示,将红表笔插入"L"孔,黑表笔插入"E"孔,功能转换开关打至适当的位置。如果被测器件电路工作电压为250V以下,则功能转换开关置于"250V"的位置;如果被测器件电路工作电压为250V以上500V以下,则功能转换开关置于"500V"的位置;如果被测器件电路工作电压为500V以上1000V以下,则功能转换开关置于

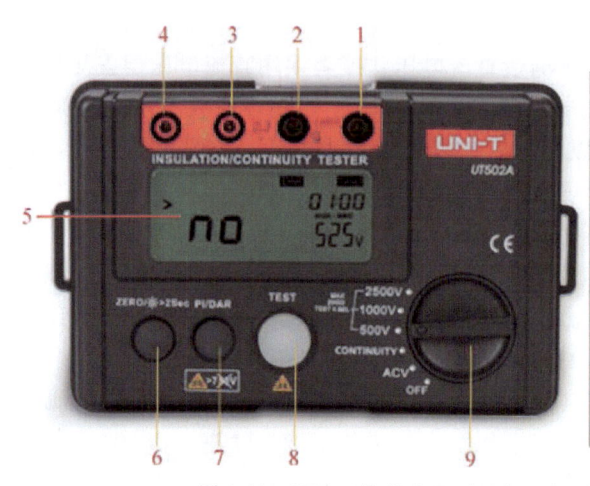

图 1-23　UT526 绝缘电阻测试仪面板说明图

1—EARTH：绝缘电阻测试取样插孔
2—G：电压测量输入负极插孔
3—V：电压输入正极插孔
4—LINE：绝缘电阻测试高压输出插孔
5—显示液晶屏
6—吸收比和极化指数转换按钮
7—测量按钮
8—功能按钮
9—功能转换开关

"1000V"的位置。

第二步，在确认高压器件断电（处于不带电状态）的情况下，佩戴好绝缘手套，将红、黑表笔分别接到被测器件的两端。如果测量一条高压线束的绝缘电阻，则将红表笔接到高压线的线芯，黑表笔接到高压线束的外层绝缘，屏蔽层与"G"孔相连。

第三步，按下测量按钮"TEST"进行绝缘电阻测量，数值稳定后读出显示屏上显示的数字。

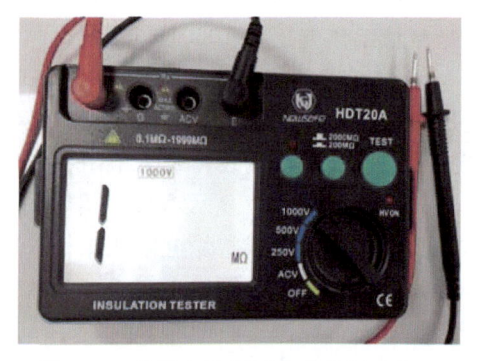

图 1-24　绝缘电阻测试仪表笔插孔位置

（3）注意事项

① 在测试前，确定待测电路是无电状态，请勿测量带电设备或带电线路的绝缘电阻。

② 勿在高压输出状态短路两个测试表笔和高压输出之后再去测量绝缘电阻。

③ 当 100V 档位测量电阻低于 500kΩ、250V 档位测量电阻低于 1MΩ、500V 档位测量电阻低于 2MΩ、1000V 档位测量电阻低于 5MΩ 时，测量时间不要超过 10s。

④ 测试完毕，勿用手触摸电路，此时电路中的电容可能带电，存在被电击的危险。

5. 汽车故障诊断仪

1）汽车故障诊断仪是车辆故障自检终端，汽车故障诊断仪（又称汽车解码器）是用于检测汽车故障的便携式智能汽车故障自检仪，利用它可以迅速地读取汽车电控系统中的故障，并通过液晶显示屏显示故障信息，方便维修人员查明发生故障的部位及原因。

汽车故障诊断仪是维修中非常重要的工具之一，一般具有以下几项或全部的功能：

① 读取故障码。

② 清除故障码。

③ 读取车辆各电控系统动态数据流。

④ 示波功能。

⑤ 元件动作测试。

⑥ 匹配、设定和编码等功能。

⑦ 英汉辞典、计算器及其他辅助功能。

汽车故障诊断仪一般可分为原厂专用型和通用型两类。汽车故障诊断仪一般由主机、测试卡、测试主线、测试辅线和测试插头组成。通用型故障诊断仪（道通 MS908 诊断仪）如图 1-25 所示。

2）汽车故障诊断仪使用注意事项。

① 自诊断系统只能监视电控系统电路。

② 自诊断系统一般只能监视信号变化的范围，不能监视传感器特性的变化。

③ 自诊断系统监视的是某一电路，而非某一元件，如某传感器相应线路故障或某电磁阀相应线路故障，故障码反映系统存在故障，但实际上并非相应线路故障。

④ 要善于运用故障诊断仪的动态测试功能。

图 1-25　通用型故障诊断仪
（道通 MS908 诊断仪）

6. 汽车专用示波器

示波器可以用来显示汽车电气控制系统中输入、输出信号的电压波形，以供维修人员进行波形分析、判断汽车电气系统的故障。示波器比一般电子设备的显示速度快，能显示瞬时波形，是汽车电气系统尤其是车载网络系统故障诊断中的重要设备。优利德双通道示波器及面板说明如图 1-26 所示。

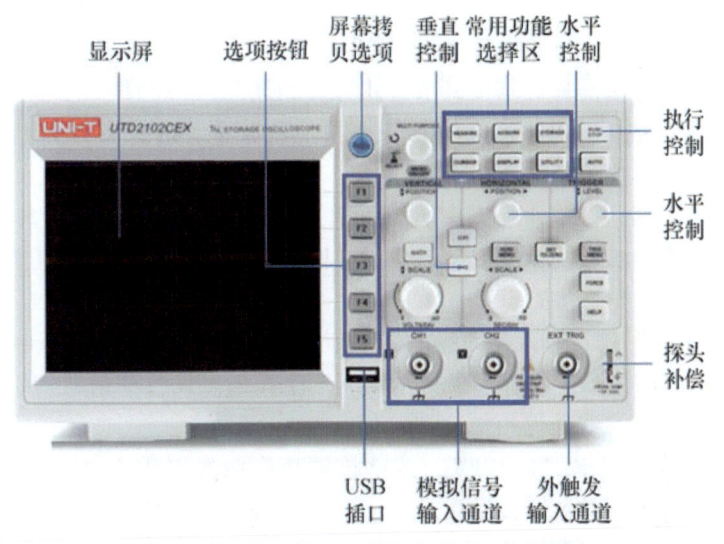

图 1-26　优利德双通道示波器及面板说明

（1）功能检查

① 按"Storage"键，将示波器恢复为默认配置。

② 将探头的接地鳄鱼夹与探头补偿信号输出端下面的"接地端"相连。

③ 使用探头连接示波器的通道 1（CH1）输入端和探头"补偿信号输出端"。

④ 按"AUTO"键。

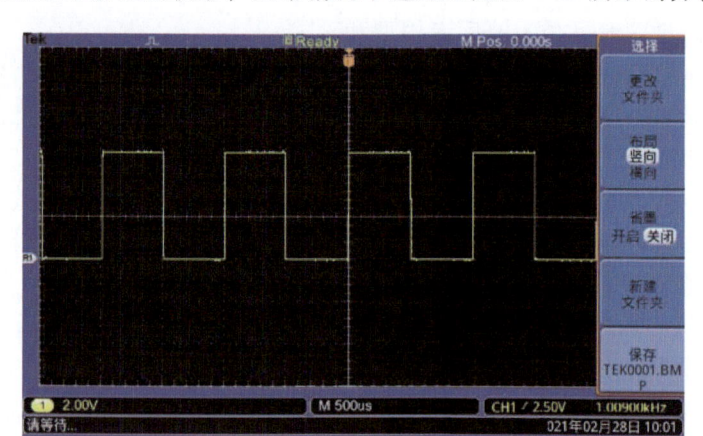

⑤ 观察示波器显示屏上的波形，正常情况下应显示如图1-27所示的方波。

图1-27 校准信号波形图

（2）垂直控制 CH1、CH2通道标签用不同颜色标识，并且屏幕中的波形和通道输入插接器的颜色也与之对应。

按下任一按键打开相应通道菜单，再次按下关闭通道。

垂直控制开关"POSITION"：修改当前通道波形的垂直位移。顺时针转动增大位移，逆时针转动减小位移。修改过程中波形会上下移动，同时屏幕左下角弹出的位移信息实时变化。按下该旋钮可快速复位垂直位移。

垂直量控制开关"SCALE"：修改当前通道的垂直档位。顺时针转动减小档位，逆时针转动增大档位。修改过程中波形显示幅度会增大或减小，同时屏幕下方的档位信息实时变化。按下该旋钮可快速切换垂直档位调节方式为"粗调"或"微调"。

（3）水平控制 按下"MENU"键打开水平控制菜单。可开关延迟扫描功能，切换不同的时基模式，切换档位的微调或粗调，以及修改水平参考设置。

水平"SCALE"键：修改水平时基。顺时针转动减小时基，逆时针转动增大时基。修改过程中，所有通道的波形被扩展或压缩显示，同时屏幕上方的时基信息实时变化。按下该旋钮可快速切换至延迟扫描状态。

水平"POSITION"键：修改触发位移。转动旋钮时触发点相对屏幕中心左右移动。修改过程中，所有通道的波形左右移动，同时屏幕右上角的触发位移信息实时变化。按下该旋钮可快速复位触发位移（或延迟扫描位移）。

（4）触发控制 模式键"MODE"：按下该键切换触发方式为Auto、Normal或Single，当前触发方式对应的状态背光灯会变亮。

触发"LEVEL"键：修改触发电平。顺时针转动增大电平，逆时针转动减小电平。修改过程中，触发电平线上下移动，同时屏幕左下角的触发电平消息框中的值会实时变化。按下"FORCI"键可快速将触发电平恢复至零点。

三、新能源汽车故障常用诊断方法

1. 仪表指示灯诊断法

仪表指示灯诊断法是指利用车上安装的指示仪表和故障警告灯的显示，对新能源汽车运行中的故障做出初步的诊断，如图 1-28 所示。例如根据汽车仪表的蓄电池故障灯、高压动力电池组故障灯、充电枪指示灯、动力系统故障灯等是否点亮，初步诊断哪个系统有故障。

图 1-28　蓄电池和动力系统故障灯点亮仪表图

2. 万用表诊断法

用万用表（最好用高阻抗的数字式万用表）检测汽车电器的工作性能（工作电压、工作电流、电阻值）及电路的通断情况，是诊断新能源汽车电气系统故障常用的重要方法。例如，用万用表直流电压档测量 DC/DC 变换器输出端的电压值诊断汽车高压正常上电条件下 DC/DC 变换器工作是否正常（电压值 13~14V 为正常）；用万用表电阻档测量线束的电阻值，如果测量某条线束的电阻值小于 1Ω，则说明该条线束阻值正常。

3. 测试灯诊断法

测试灯诊断法是检测汽车电路中某点是否通电的常用方法。用测试灯检查断路故障时，接通被检测电路的控制开关，将测试灯的鳄鱼夹子夹在金属车架或电动机等器件的金属外壳上或 12V 电池的负极线上，将测试灯的探针从电源端开始按电路顺序逐段向用电设备检查，如图 1-29 所示。若测试 A、B、C 点时测试灯点亮，则表明从电源到测试点（电源正极到 C 点）的电路良好；若测试灯不亮，则表明前面的电路有断路故障，其断路故障点就在测试灯亮时的测试点与测试灯不亮时的测试点之间（如即 C 点到 D 点之间）。

4. 短接诊断法

短接诊断法就是用一根导线将可能有故障的电路的中间环节（如开关、熔断器、部分导

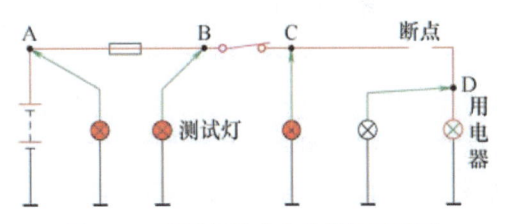

图 1-29　测试灯检查电路故障示意图

线等）短路隔离，再通过观察短接后用电设备能否正常工作来诊断故障发生部位。如图 1-30 所示，短接 A 点和 C 点时灯不亮，而短接 A 点和 D 点时灯正常发亮，则表明故障点在 C、D 之间。使用短接法前务必确认两点被短接后不会造成电源正负极人为短路故障。

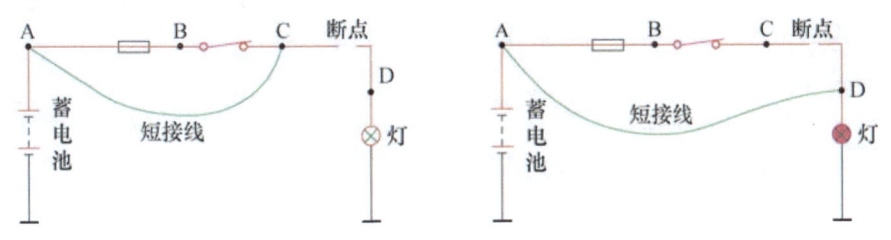

图 1-30　短接法检查电路故障

5. 换件诊断法

换件诊断法是指用良好的器件将可疑损坏的旧件换下，然后进行试验对比。若器件换上后故障现象消除，则证明旧件已损坏。有些器件特别是控制器更换后要进行匹配工作。

6. 故障诊断仪检测法

用与车型相符的故障诊断仪，找到合适的插头，连接好诊断仪。打开点火开关，按操作程序和提示进入要查找系统菜单。选择"读取故障码"选项，若车辆有故障码，则在诊断仪的显示屏上会显示故障码。再根据故障码所对应的具体信息，结合对应的维修手册等资料进行综合分析故障原因和可能的故障点。也可选择"读取动态数据流"选项，按维修手册的标准数据流对照实际数据，判断故障所在。

在诊断新能源汽车故障时，要根据不同车型及各系统的结构特点，在不扩大故障和损坏器件的前提下，采取既简便又安全的诊断方法。有些故障的诊断，往往需要两种或两种以上的方法，予以综合分析，才能最后确认故障所在。

四、新能源汽车电气设备故障检修步骤

1. 确认故障现象

为了正确地检修新能源汽车电气设备故障，首先要确认客户所描述的故障现象，详细了解故障发生时的有关状况和环境条件，仔细核查相关部件以确认故障现象并做好记录。不允许在未确定故障范围及原因之前对部件进行分解工作。必要时进行路试，确认故障信息。如果不能再现故障，请参见"故障模拟测试"。

2. 电路图识读及故障原因分析

根据系统电路图对故障部件从电源到接地的整个电路进行分析、判断，确定维修操作方案。如果无法确定维修操作方案，需参考维修手册中的说明与操作中对该系统的描述，明白其工作原理。同时需要检测与故障电路公用的其他电路，如熔断器、接地、开关等公用的系统电路。如果公用电路中的其他部件工作正常，则故障就在电气设备本身电路上。如果公用电路上的部件有故障，则先排除熔断器或接地电路的故障。

3. 电路及部件的检查

检修时，电路图应该结合维修手册使用，参考维修手册中对电路及部件的检查流程。对于有模块控制的电路，应该充分结合诊断测试仪对部件进行测试，有效的故障诊断应该是具有逻辑性的合理操作过程。充分结合维修手册中的故障诊断流程，从可能性最大的原因和最容易检查的部件开始检查。优先检查系统中是否有线路缠结、插头松动或线路损坏。确定故障涉及的电路和元件，并根据电源电路和线束布置图进行诊断。

4. 故障维修

发现故障，参考维修手册中对故障处理方法的描述，修理或更换故障电路或元件。例如：接地不良时的处理流程、线束插头的处理方法。

5. 确认电路工作状态

维修结束后，确认故障已经排除，应该重新检测所有功能是否已经恢复正常。如果是熔

丝熔断故障，则应该对所有共用该熔丝的电路进行检测，排除其短路故障。应在所有模式下运行系统，确认系统在所有条件下均能正常工作。确认没有在诊断和修理过程中因粗心而引起新故障。

>>> **任务实施**

一、任务方案制订

查阅维修手册，扫描二维码观看微课视频，制订在新能源实训车辆（或新能源汽车实训台架）上测量高压部件绝缘电阻的任务方案。

绝缘电阻测量

二、实施准备工作

新能源汽车维修手册、高压安全防护工具、汽车专用万用表、数字式万用表、新能源汽车电气系统检修套装工具、新能源实训车辆（或新能源汽车实训台架）。

1.任务分工 → 2.扫描二维码观看微课视频 → 3.工具准备 → 4.安全注意事项

三、详细操作步骤

Step1 高压测试点准备。
1) 组装三件套、翼子板布和前格栅布，放置三角木，确认驻车制动。
2) 操作车辆起动开关使电源模式切换至 OFF 状态。
3) 断开蓄电池负极电缆，等待 5~10min。
4) 佩戴绝缘手套，打开高压分电盒端盖。
5) 用万用表测量高压分电盒内部高压线路的直流电压值，确保高压已下电。
完成情况：□完成
　　　　　□未完成，原因：_____

Step2 测试仪表准备。
1) 检查万用表连接线的绝缘层是否完好，连接万用表测试线。
2) 按"ON/OFF"开机，将测试档位调至 100V 档位。
3) 通过开路和短路测试检验数字式万用表的性能。
完成情况：□完成
　　　　　□未完成，原因：_____

Step3 测量绝缘电阻值。
1) 佩戴绝缘手套，将万用表测试线连接到高压分电盒测试点，如图 1-31 所示。
2) 将测试档位调至 500V 档位。
3) 按下"TEST"键，显示屏显示 146MΩ。当空气相对湿度小于或等于 90% 时，绝缘电阻标准值应大于或等于 20MΩ。
完成情况：□完成
　　　　　□未完成，原因：_____

图 1-31 绝缘电阻测量

四、任务小结

新能源汽车高压系统的绝缘性能测试,是新能源汽车检修过程中重要的检测项目之一。在绝缘电阻测量过程中,首先要保证人员、器件和设备的安全,严格执行安全操作规范。

>>> 思考与练习

项目 2
新能源汽车低压无法上电故障检修

项目描述

无钥匙进入和起动系统简称 PEPS（Passive Entry Passive Start）系统，是一种新型智能汽车电子防盗系统。PEPS 系统工作正常，是进入车辆和起动车辆的基础。12V 低压电源系统正常工作又是新能源汽车高压上电的基础。因此，12V 蓄电池亏电、PEPS 系统故障等原因引起的新能源汽车低压无法上电故障是新能源汽车电气系统最重要的检修内容之一。

项目目标

1. 能描述新能源汽车低压电源系统的组成。
2. 能描述 PEPS 系统的组成和工作原理。
3. 能查阅维修手册，小组合作并发扬工匠精神等，完成新能源汽车低压无法上电故障检修任务。
4. 能按 6S 管理要求管理施工现场。

任务 1　检修新能源汽车 12V 蓄电池亏电故障

任务目标

1. 能描述新能源汽车低压电源系统组成。
2. 掌握新能源汽车低压电源系统故障的检修方法。
3. 能小组合作，按照维修手册安全操作规范，完成新能源汽车 12V 蓄电池亏电故障检修任务。

任务导入

某 4S 店售后维修小组接到一张任务工单：一辆 2016 款新能源汽车，行驶里程 75000km，突然出现车辆无法起动现象，维修技师初步断定为 12V 蓄电池亏电故障。如果你是维修技师，应如何检修该故障？

知识链接

一、新能源汽车 12V 电源

图 2-1 所示为新能源汽车低压电源系统示意图。纯电动汽车的电源分为主电源和辅助电源。主电源是动力电池组，实物如图 2-2 所示，它为驱动电机、空调和 DC/DC 变换器等提

供直流高压电源；辅助电源是 12V 蓄电池，它为车载各种仪表、控制系统等提供直流低压工作电源。

电动汽车电源系统是汽车稳定运行的能源保障。电源的可靠性对整车系统的性能起着至关重要的作用。电动汽车设计和选择电源时要考虑配电方案、布局、搭铁回路等，以实现对负载良好的供电，达到电压调整高精度、低噪声，同时避免系统中电路之间的干扰、振荡以及过热等问题的出现。混合动力汽车和纯电动汽车一般采用 DC/DC 变换器替代传统汽车的交流发电机。DC/DC 变换器将高压直流电转换为 14V 左右的直流电源，为汽车电器供电，同时为 12V 蓄电池充电。

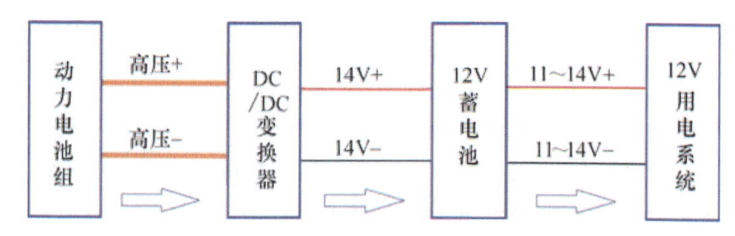

图 2-1 新能源汽车低压电源系统示意图

蓄电池是一种将化学能转换为电能的装置，是一种可逆的直流电源。目前乘用车上广泛使用的起动性能较好的两种酸性电池是普通铅酸蓄电池和免维护蓄电池，如图 2-3 所示。

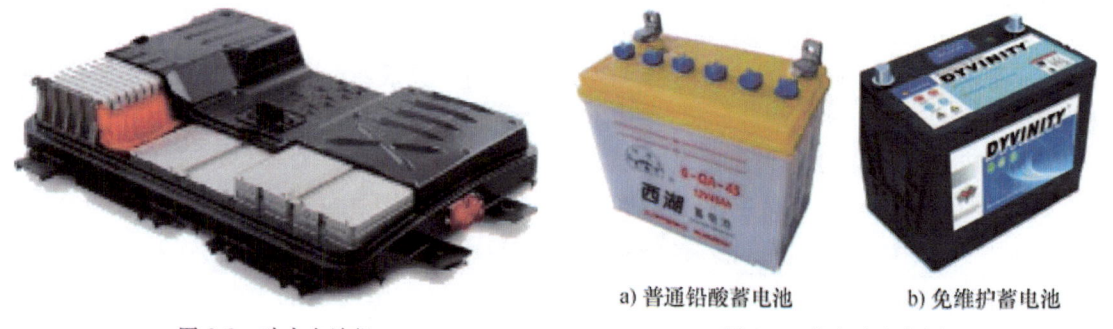

图 2-2 动力电池组

a) 普通铅酸蓄电池　　b) 免维护蓄电池

图 2-3 蓄电池实物图

12V 的铅酸蓄电池是由 6 个单格电池串联而成，每个单格电池的额定电压为 2V。蓄电池主要由极板、隔板、电解液、壳体、联条和极桩等组成。

1. 极板

极板是蓄电池的核心部分，它由栅架和活性物质组成。极板分为正极板和负极板两种。铅酸蓄电池正极板上的活性物质为二氧化铅（PbO_2），呈深褐色；铅酸蓄电池负极板上的活性物质为海绵状纯铅（Pb），呈青灰色。一片正极板和一片负极板浸入电解液中，可得到 2.1V 的电动势，极板如图 2-4 所示。为增大蓄电池容量，常将多片正、负极板分别并联组成正、负极板组。在单格电池中负极板总比正极板多一片。

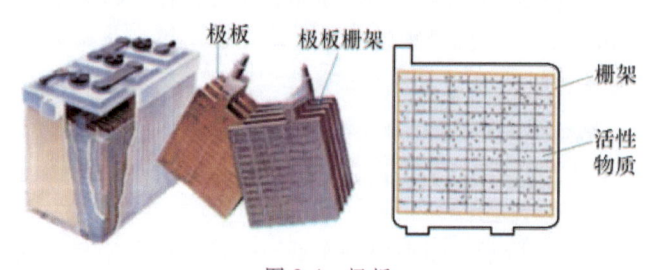

图 2-4 极板

将正极板夹在负极板之间，可使两侧均匀放电，防止活性物质因体积变化不一致而造成极板拱曲。

2. 隔板

隔板的作用是将正、负极板隔离，防止相邻的正负极板短路，隔板常用的材料有木质、微孔橡胶、玻璃纤维和微孔塑料等。微孔塑料隔板具有孔径小、孔率高、薄而软、生产效率高、成本低等特点，目前被广泛采用。隔板的结构特点是一面平整，另一面有沟槽。

注意：正极板在充电、放电过程中的化学反应比较剧烈，沟槽面应对着正极板，且与底部垂直。

3. 电解液

铅酸蓄电池的电解液，是由密度为 $1.84g/cm^3$ 的纯硫酸和蒸馏水按一定的比例配制而成的。蓄电池电解液的密度一般为 $1.24 \sim 1.31g/cm^3$，使用中密度应根据地区、气候条件和制造厂的要求而定，见表2-1。电解液的密度、温度、纯度会影响蓄电池的性能、寿命。一般工业用的硫酸和普通水中含有铁、铜等杂质，绝对不能加入蓄电池中，否则会造成蓄电池自行放电，也易损坏极板。蓄电池电解液要用规定的蓄电池专用硫酸和蒸馏水配制。电解液密度还与充放电状态直接相关。

表2-1 不同气温下电解液密度的选择

使用地区最低温度/℃	冬季/(g/cm³)	夏季/(g/cm³)
<-40	1.31	1.27
-40~-30	1.29	1.25
-30~-20	1.28	1.25
-20~0	1.27	1.24
0~20	1.26	1.23

4. 壳体

蓄电池壳体由电池槽和电池盖组成，其作用是盛装电解液和极板组。电池槽被隔板分为6个互不相通的单格，底部制有凸起的筋条。每个单格都有一个加液孔，用于加注电解液或检测电解液密度。加液孔用螺塞或盖板密封，防止电解液外溢。在加液孔盖上设有通气孔，以便排出化学反应所产生的气体。该通气孔在使用中应保持畅通，防止壳体膨胀而发生事故。

5. 联条

联条的作用是将单格电池串联起来，以提高整个蓄电池总成的端电压。制造联条的材料是铅锑合金。单格电池串联的方式可分为传统外露式、穿壁式、跨越式，如图2-5所示。

a) 传统外露式　　b) 穿壁式　　c) 跨越式

图2-5 单格电池的串联方式

6. 极桩

蓄电池极桩的形状有圆锥形和 L 形等。蓄电池极桩分为正极桩和负极桩。为了便于区分，正极桩的直径通常比较粗，且用"+"或符号"P"表示，表面常涂红色油漆；负极桩的直径通常较细，且用"-"或符号"N"表示，表面可涂成蓝色或不涂颜色，如图 2-6 所示。

7. 免维护蓄电池的电眼

电眼又称为密度指示器，如图 2-7 所示。密度指示器以蓄电池内部电解液的密度为测试标准。蓄电池在使用过程中，电解液的密度随着电量多少的变化而变化。电量大则密度高，电量少则密度低。电眼内有两个密度球，一个红色和一个绿色，它们随着密度的变化而升降，显示不同的颜色。但因准确度低，一般只作参考。

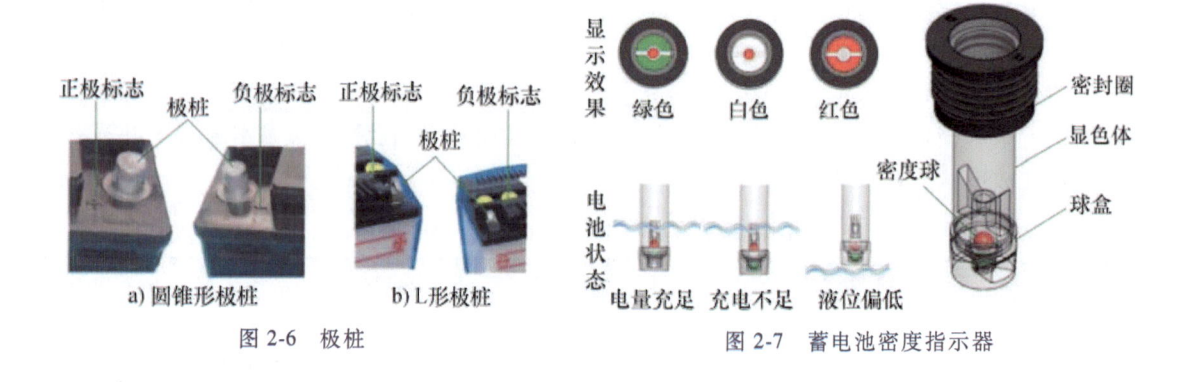

图 2-6 极桩

图 2-7 蓄电池密度指示器

二、12V 蓄电池亏电对新能源汽车的影响

大部分新能源汽车采用 DC/DC 变换器取代传统汽车的发电机，为新能源汽车低压电气系统提供工作的直流电源，使得原有 12V 蓄电池的功用产生了改变，使 12V 蓄电池只作为新能源汽车的辅助能源单元，而不需要提供瞬时过高功率。在较早的普锐斯 HEV 车型上，12V 蓄电池采用了循环充电能力比铅酸蓄电池高 3 倍、使用寿命为 7~10 年的 AGM 免维护专用电池。DC/DC 变换器由于本身是电子控制器件，对电流和电压均可较精确地进行控制，所以可以实现对 12V 蓄电池的能量管理，某些整车企业已经用 12V 锂电池代替原有的铅酸蓄电池，如比亚迪 e5 纯电动汽车的 12V 磷酸铁锂电池。

实际上，汽车的电动化、智能化、网联化，使得新能源汽车的电气和控制系统结构相对传统汽车要复杂一些，模块更多。电子控制模块的增加，使得车辆的静态电流增大；电子控制模块之间通信网络（以 CAN 为主）的增加，使得网络的睡眠唤醒机制较为复杂，特别是充电（快充和慢充）能导致 12V 蓄电池需要提供较大的电流；又因为新能源汽车接入车联网的监控等需求，使得车辆某些电子控制系统总是处于工作或准备工作的状态，可能在某些状态下没办法完全让车辆"休眠"。这些原因有可能导致停置一段时间（几天或者一周以上）的车辆，即使高压动力电池满电的情况下，车辆也起动不了。主要是因为，控制模块正常工作电压通常是 9~16V，造成亏电的铅酸/AGM 蓄电池持续输出电流，电压就会持续下降（降到低于继电器正常工作电压），而 DC/DC 变换器给蓄电池充电电路本身就需要 12V 电源给继电器线圈供电来维持触点的接通。所以一旦 12V 蓄电池供电不足，这个系统就无法正常工作。

三、新能源汽车 12V 蓄电池亏电故障检修思路

1. 故障现象：新能源汽车无法上电起动。
2. 可能原因
1）12V 蓄电池本身故障。
2）DC/DC 变换器供电故障。
3）DC/DC 变换器内部故障。
4）DC/DC 变换器与蓄电池连接电路故障。
3. 检查与排除方法
1）检查蓄电池电压及性能，标准电压值为 11~14V。
2）检查低压熔丝盒内 DC/DC 变换器的熔断器是否正常。
3）检查 DC/DC 变换器电源正负极供电电路是否正常。
4）检查高压分电盒高压插件与 DC/DC 变换器高压插件的插头是否导通。
5）检查 DC/DC 变换器输出端的搭铁线负极接插件端子是否正常。

>>> **任务实施**

一、任务方案制订

查阅维修手册，扫描二维码，观看新能源汽车低压电源系统故障检修微课视频，制订新能源汽车 12V 蓄电池亏电故障检修任务方案。

二、实施准备工作

新能源汽车维修手册、新能源汽车实训车辆或台架、新能源电气设备检修工具和仪器、安全防护工具等。

新能源汽车低压电源系统故障检修

1.任务分工 → 2.扫描二维码观看微课视频 → 3.工具准备 → 4.安全注意事项

三、详细操作步骤

Step1 组装三件套、翼子板布和前格栅布，放置三角木，确认驻车制动。
完成情况：□完成
　　　　　□未完成，原因：_____
Step2 检查 12V 蓄电池。
用万用表测量蓄电池电压，测量值为 10V，表明蓄电池亏电。标准值为 11~14V。
完成情况：□完成
　　　　　□未完成，原因：_____
Step3 更换蓄电池或补充充电。
更换电量充足的蓄电池或给 12V 蓄电池补充充电。
完成情况：□完成

□未完成，原因：_____

Step4 测量 12V 蓄电池的电压值。

1）起动车辆，车辆高压上电正常。

2）用万用表测量 12V 蓄电池两极之间的电压值，正常值约为 14V，实际测量值为 12.4V，说明 12V 蓄电池充电系统工作异常。

完成情况：□完成

□未完成，原因：_____

Step5 测量 DC/DC 变换器输出电压值。

1）起动车辆，车辆高压上电正常。

2）用万用表测量 DC/DC 变换器输出端正负极之间的电压值，如图 2-8 所示，正常值约为 14V，测量数据为 13.8V，说明 DC/DC 变换器工作正常。

完成情况：□完成

□未完成，原因：_____

图 2-8　DC/DC 变换器输出端位置图

Step6 检查 DC/DC 变换器到 12V 蓄电池之间的线束。

1）操作车辆起动开关，使电源模式切换至 OFF 状态。

2）检查 DC/DC 变换器与 12V 蓄电池之间的线束，处理断路和接触不良故障。

完成情况：□完成

□未完成，原因：_____

四、任务小结

新能源汽车 12V 蓄电池亏电故障主要原因及处理方法如下：

1）12V 蓄电池本身故障，导致储电性能下降。可以用专用检测仪或高频放电计确定蓄电池的性能。如果蓄电池储电性能不达标，则更换新的蓄电池；如果蓄电池储电性能正常，只是电量不足，则给蓄电池补充充电。

2）充电系统工作异常，无法给 12V 蓄电池充电。新能源汽车将动力电池的高压直流电通过 DC/DC 变换器转换成低压直流电给车载 12V 电源系统电器供电，同时给 12V 蓄电池充电。当车辆 12V 系统电器使用的功率大于 DC/DC 变换器输出功率时，蓄电池协助 DC/DC 变换器供电而满足车辆低压用电器的用电需求。首先检查 DC/DC 变换器是否能正常工作，DC/DC 变换器正常工作时能输出约 14V 的直流电，否则检查 DC/DC 输入电源和内部电路；

其次是检查 DC/DC 低压输出的电路，更换或修复故障线束。

>>> 思考与练习

任务 2　检修新能源汽车无钥匙进入和起动系统故障

>>> 任务目标

1. 能描述新能源汽车无钥匙进入和起动系统的基本组成。
2. 能描述新能源汽车无钥匙进入和起动系统的工作原理。
3. 会查找维修手册，能发扬工匠精神完成新能源汽车无钥匙进入和起动系统常见故障检修任务。

>>> 任务导入

某 4S 店售后维修小组接到一张任务工单：一辆 2018 款纯电动汽车，行驶里程 60000km，因发生被追尾事故，无钥匙进入系统功能正常，低压电源无法上电，车辆无法起动。作为维修技师的你，应如何检修该故障？

>>> 知识链接

一、无钥匙进入和起动系统组成

无钥匙进入和起动系统简称 PEPS（Passive Entry Passive Start）系统，是一种新型智能汽车电子防盗系统。无钥匙进入和起动系统主要由车身控制模块（BCM）、无钥匙进入和起动模块（PEPS）、电子转向柱锁（ESPL）、起动开关、门把手（电容传感器或者触点传感器）、低频天线和智能钥匙等零部件组成。吉利帝豪 EV300 纯电动汽车 PEPS 系统零部件位置图如图 2-9 所示。

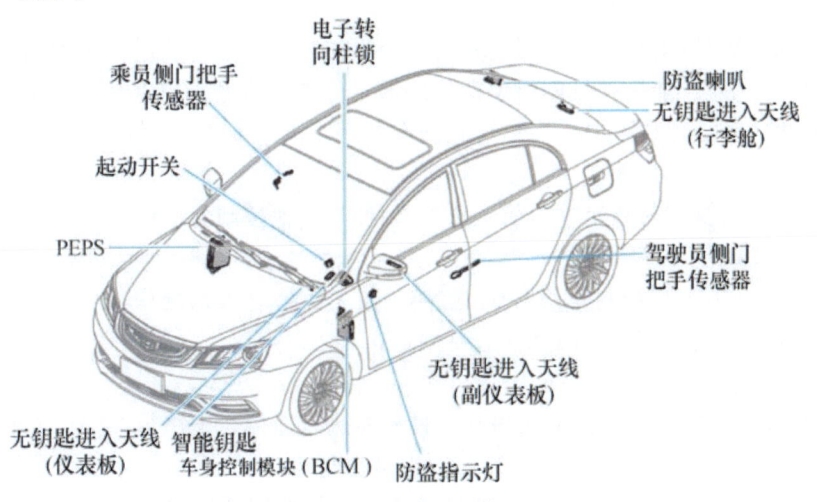

图 2-9　PEPS 系统零部件位置图

1. 智能钥匙

智能钥匙是由发射器、遥控中央锁控制模块、驾驶授权系统控制模块三个接收器及相关线束组成。遥控器和发射器集成在车钥匙上,车辆可以根据智能钥匙发来的信号,进入锁止或不锁止状态,甚至可以自动关闭车窗和天窗。智能钥匙内安装有三向 125kHz 的低频接收天线,保证智能钥匙在任意角度均能接收到良好的低频信号。智能钥匙接收到合法低频信号后向外发送 433.92MHz 的高频认证信号。智能钥匙一般有 3 个功能按键,如图 2-10 所示,实现遥控中控门锁功能。按下遥控器上的解锁键一次,四门解锁,转向灯闪烁三次确认,室内灯渐亮,位置灯点亮。按下遥控器上的上锁键一次,四门上锁,转向灯闪烁确认,室内灯渐灭,位置灯熄灭。按行李舱开启键 2s 以上,行李舱弹开。智能钥匙具有的功能包括:

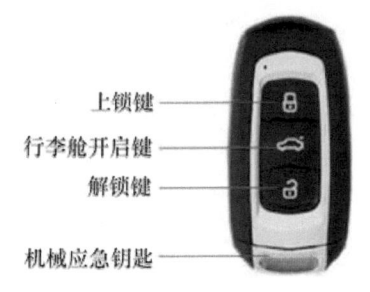

图 2-10 智能钥匙

1)安全的射频连接。智能钥匙将在用户携带的发射器和接收器之间提供一个安全的射频连接,这种射频连接对每个智能钥匙是唯一的。

2)安全的低频连接。已匹配过的智能钥匙可以接收低频信号和发射射频响应信号。

3)智能钥匙电池低电压检测功能。

4)通过低频场强测试实现智能钥匙定位功能。

2. PEPS 控制单元

PEPS 控制单元是无钥匙进入和起动系统的主控单元,也是钥匙授权识别代码的解码器。PEPS 控制单元的主要功能有:控制和监测无钥匙进入和起动系统;使用外部天线和内部天线与遥控器进行通信;检查遥控钥匙的标识,并传输信号给 BCM 控制单元来控制车门上锁/解锁。无钥匙进入和起动系统主控制器包括必要的电子元器件,用以产生和发送低频征询信号及接收射频响应信号、CAN 总线通信、车辆防盗认证、电源模块和其他功能。无钥匙进入和起动系统主控制器的主要功能有以下几点:

1)从车辆向钥匙提供低频连接,用以通信。

2)读取起动/停止按钮信号开始无钥匙起动。在钥匙验证有效后,控制电源模块和电源继电器的输出,实现与车辆防盗和报警系统的防盗认证。

3)识别从驾驶员/前排乘员侧门手柄传感器上传来的信号,用以开始无钥匙进入过程。

4)识别从驾驶员/前排乘员侧门手柄传感器上传来的信号,用以开始无钥匙自动锁车。

5)钥匙进入和退出过程中,当钥匙验证有效后,BCM 会驱动门锁电动机控制车门的锁止和解锁。

6)主控制器还具有射频接收功能,通过 CAN 与其他控制器通信、诊断功能等。

3. 门锁控制单元

中央集控器(BCM)控制车门解锁/上锁。在无钥匙进入系统中,中央集控器(BCM)收到智能钥匙的信号后进行车门解锁/上锁控制。

4. 起动/停止开关

为预防智能钥匙在亏电情况下无法与主控制器进行通信,采用带 IMMO(车辆防盗)线圈、IMMO 基站芯片功能的起动/停止开关。为预防起动/停止开关损坏或线束故障导致整车无法起动或停止,起动/停止开关采用两路联动开关与控制器连接(图 2-11),当某一开关或线束出现故障时，控制器可利用另一路开关信号通过故障模式处理方法对整车进行控制。起动/停止开关 10 号线接 12V 蓄电池正极（+B）；5 号线连接到 G14 搭铁点（该点位于前排乘员左前方）；当接通按钮开关时，6 号和 1 号线是将两路联动开关的搭铁信号传送给 PEPS 模块，来表达驾驶员要起动车辆的意图；7 号线为开关的背景灯控制线；3 号线为开关绿色指示灯控制线；8 号线为开关橙色指示灯控制线，9 号线为 LIN 网通信线。

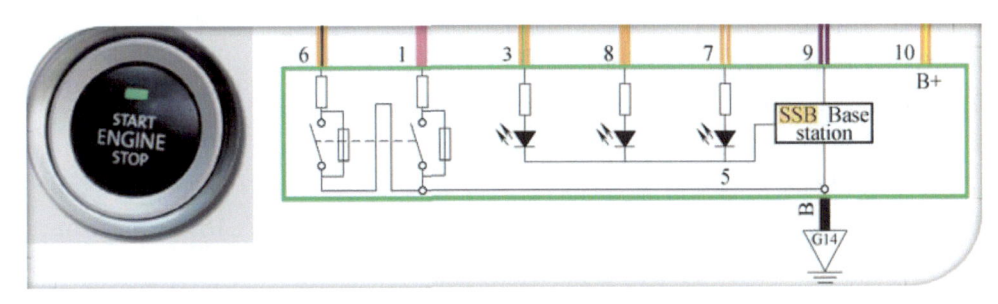

图 2-11 起动/停止开关及内部电路图

5. 低频天线

由控制器驱动低频天线向外发送 125kHz 低频信号。由于无线信号的传输是通过天线的辐射得以实现的，信号在一个平面内沿着各个方向传播，汽车无钥匙进入和起动系统中采用低频通信模块，为了保证系统的功能要求，低频信号的通信距离成为影响系统工作情况的关键因素，而低频信号通信距离取决于汽车端的天线与钥匙端的天线电感性耦合程度。为了达到最高的耦合度往往需要天线正面重合率达到 100% 才可以。考虑到 PKE 系统的应用环境，汽车钥匙端在驾乘人员身上的放置方向可能是任意的。因此钥匙端的天线与汽车端的天线考虑到三维空间的前提，面对面的概率最高只有 30% 左右。但如果钥匙端采用有三副空间方向各异的天线，则这种概率可增加至 100% 左右。此时钥匙端可以收到任何方向上的信号。无钥匙进入和起动系统一般有 5 个天线，2 个前门把手总成中有 2 个外部天线，室内有 3 个天线（图 2-12），天线的主要作用是激发智能钥匙，使智能钥匙发送密码给 PEPS 控制单元进行验证。

6. 门把手

门把手内封装了低频天线及触感传感器或电容传感器，门把手天线用于在门把手周围特定区域内发射征询信号，触感传感器或电容传感器用于监测被动进入/退出车内动作。车内、车外门把手传感器的位置，如图 2-13 所示。

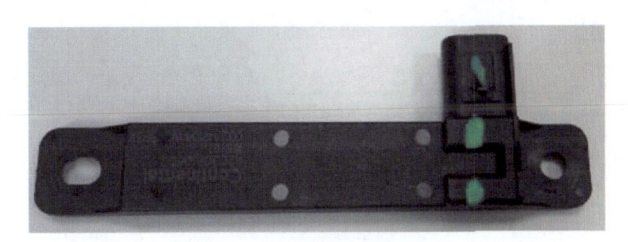

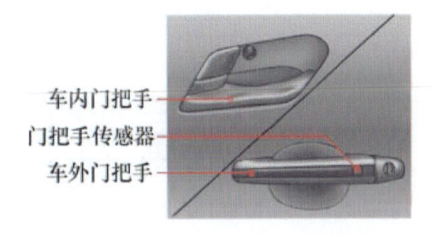

图 2-12 天线总成实物图　　图 2-13 车门内外把手位置图

7. 电子转向柱锁

图 2-14 所示为吉利帝豪 EV300 电子转向柱锁电路图。电子转向柱锁通过 LIN 总线与

PEPS 和 SSB 通信。起动车辆时,在钥匙验证有效后,与车辆防盗和报警系统进行防盗认证后,电子转向柱锁进行解锁。

二、无钥匙进入和起动系统工作原理

无钥匙进入和起动功能可以使驾驶员拉门把手即可进入车辆,并使用一键式起动按钮起动车辆。当驾驶员拉动门把手时,无钥匙进入和起动模块(PEPS)检测周围遥控钥匙的有效性,遥控钥匙发出信号回应车辆,并使车身控制模块解锁所有车门。当驾驶员按下起动开关,无钥匙进入和起动模块(PEPS)检测周围遥控钥匙的有效性,遥控钥匙发出信号回应车辆,以解锁电子转向柱锁(ESCL),无钥匙进入和起动模块(PEPS)通过 CAN 网络系统与动力系统进行信息认证,若所有信息合法有效,无钥匙进入和起动模块(PEPS)将控制继电器以起动车辆。无线电频率干扰或电池电量用完都可能使该系统失效。无钥匙进入和起动系统原理框图,如图 2-15 所示。

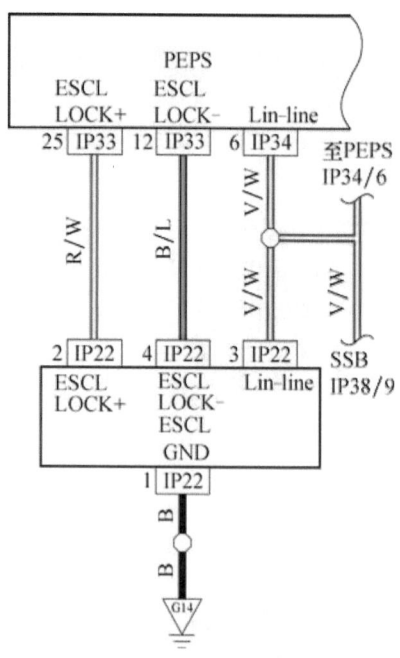

图 2-14 吉利帝豪 EV300 电子转向柱锁电路图

图 2-16 所示为车内天线位置图,无钥匙进入和起动系统的天线可通过调整驱动电压的大小来确定覆盖范围(以天线为圆心的圆),并划分出不同的区域。比如:将车内的区域作为一键起动使用,行李舱区域作为行李舱检测使用,两

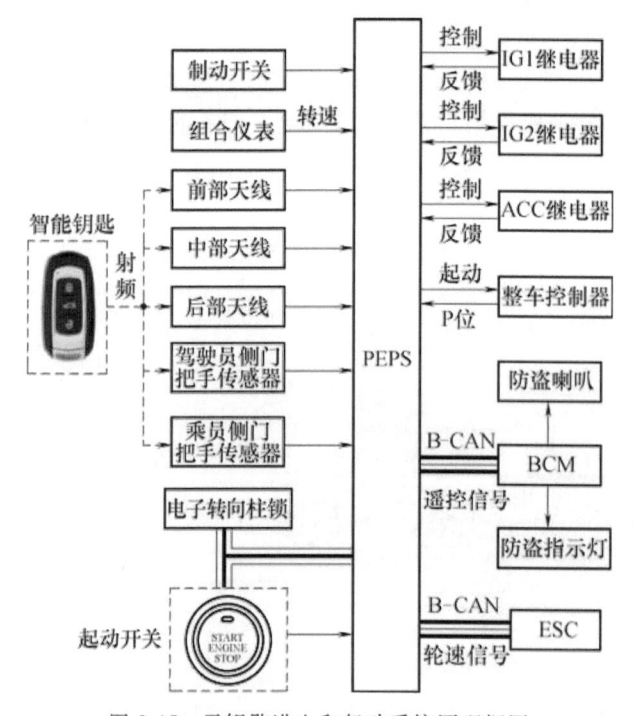

图 2-15 无钥匙进入和起动系统原理框图

边门把手天线覆盖的区域可以用作车辆两边门锁解锁使用。当用户携带合法钥匙，触发相应的功能后（比如：门把手上的按钮、门把手内侧的电容传感器、车内的一键起动按钮、行李舱的开启按钮等触发设备），相应的天线便开始被驱动来搜索其覆盖范围内是否有合法钥匙存在，当智能钥匙收到低频触发命令后，通过射频返回给车辆控制器认证信息，控制器对认证信息进行解码解密，密码正确后执行相应的功能。

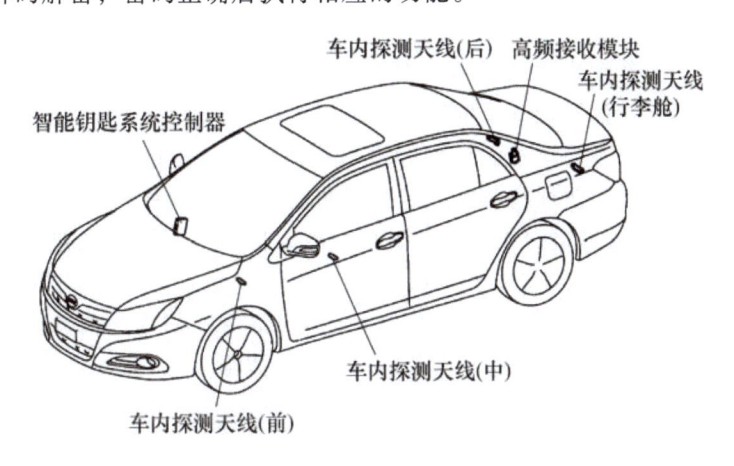

图 2-16　车内天线位置图

1. PEPS 系统开门原理

图 2-17 所示为无钥匙进入和起动系统（PEPS）开门逻辑示意图。驾驶员手握车门把手时，车门把手内的传感器检测到此信息后，向控制器提供触发信号，控制器驱动车门把手内低频天线发出 125kHz 低频编码信号。智能钥匙将接收到的低频信号与保存的身份信息对比，识别通过后，智能钥匙再根据低频信号强度识别智能钥匙与门把手的距离。当智能钥匙与门把手的距离在 1.5m 范围内时，智能钥匙发射 433.92MHz 高频加密信号。控制器将接收到的高频加密信号进行解密和认证，认证通过后车身控制模块（BCM）进行解锁。车身控制模块（BCM）解锁成功后，驾驶员拉门把手即可打开车门。

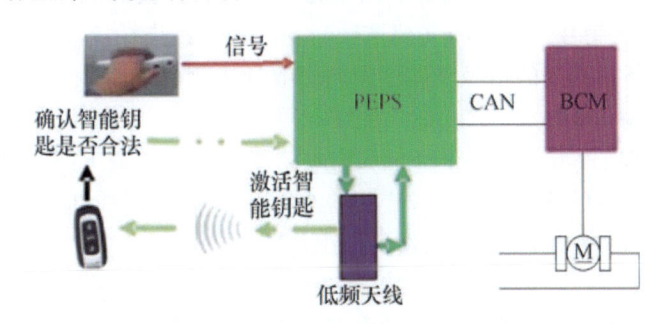

图 2-17　PEPS 系统开门逻辑示意图

2. PEPS 系统锁门原理

将车门关闭后，控制器通过室内低频天线发出 125kHz 低频编码信号，查询车内和车外是否存在智能钥匙。当检测到车外没有合法智能钥匙存在时，控制器不发送锁门控制信号；

当检测到车外和车内均有合法智能钥匙存在时，控制器通过声、光报警方式提醒驾驶员，车内有智能钥匙；当检测到车外有合法智能钥匙而车内无合法智能钥匙存在时，控制器通知车身控制器（BCM）进行车门闭锁操作。车身控制器（BCM）闭锁操作成功后，车门闭锁完成。

3. PEPS 系统车辆起动原理

车辆未起动时，驾驶员按下起动/停止开关，无钥匙起动控制器通过室内低频天线向外发送低频编码信号。智能钥匙将接收到的低频信号与保存的身份信息进行对比，识别通过后，智能钥匙再根据低频信号强度识别智能钥匙在车内还是车外。当智能钥匙识别为在车外时，不响应此低频信号。当智能钥匙识别为在车内时，智能钥匙发射 433.92MHz 高频加密信号；控制器将接收到的高频加密信号进行解密和认证，控制器与智能钥匙认证通过后，控制器接通 IG 电源，并通过网络总线与电子转向柱锁、防盗和报警系统进行通信、认证和解锁操作。当电子转向柱锁、防盗和报警系统进行认证未通过或解锁失败时，控制器通过 CAN 总线在仪表上显示认证失败或解锁失败，并出现请重试的声光信息。当认证通过且解锁成功，控制器控制电子转向柱锁，完成电子转向柱锁解锁过程。车身控制模块（BCM）将控制电源继电器上电，以起动车辆。

三、无钥匙进入和起动系统电路分析（以吉利帝豪 EV300 为例）

1. PEPS 系统正极电源电路

图 2-18 所示为吉利帝豪 EV300 PEPS 系统电路图，吉利帝豪 EV300 电动汽车的无钥匙进入和起动系统正极电源电路有 2 条：一条由 12V 蓄电池正极（+B）→室内熔丝继电器盒的熔断器 IF21/10A→PEPS 插接器 IP33 的 26 号端子；另一条由 12V 蓄电池正极（+B）→发动机舱熔丝继电器盒的熔断器 EF24/15A→PEPS 插接器 IP33 的 13 号端子，为 PEPS 系统提供正极工作电源。

2. PEPS 系统起动/停止开关电路

图 2-19 所示为吉利帝豪 EV300 PEPS 系统起动/停止开关电路，吉利帝豪 EV300 纯电动汽车 PEPS 系统起动/停止开关总成内部有两个常开的按钮开关和三个 LED 指示灯。按下开关时两个触点开关同时闭合，将起动（即搭铁）信号通过线束插接器 IP33 的 6 号和 15 号线传递给 PEPS，结合制动踏板的信号来表达驾驶员起动车辆的意图。

3. PEPS 系统搭铁电路

图 2-20 所示为吉利帝豪 EV300 PEPS 系统电路图，吉利帝豪 EV300 电动汽车的无钥匙进入和起动模块（PEPS）搭铁电路：12V 蓄电池负极 → G14 搭铁点 → PEPS 的线束插接器 IP33 的 11 和 24 号线，为 PEPS 系统提供负极工作电源。

4. 天线信号电路

如图 2-20 所示，吉利帝豪 EV300 电动汽车的中部、前部天线分别通过线束插接器 IP35 的 7、8、18、19 号线连接到 PEPS。

5. 通信电路

如图 2-20 所示，吉利帝豪 EV300 电动汽车的 PEPS 系统通信方式为 CAN 网，IP34 插接器的 7 号和 8 号为 CAN-L 和 CAN-H 线，连接到车辆 B-CAN 网，实现无钥匙进入/起动控制模块（PEPS）与车辆 B-CAN 网系统和诊断接口之间的通信。

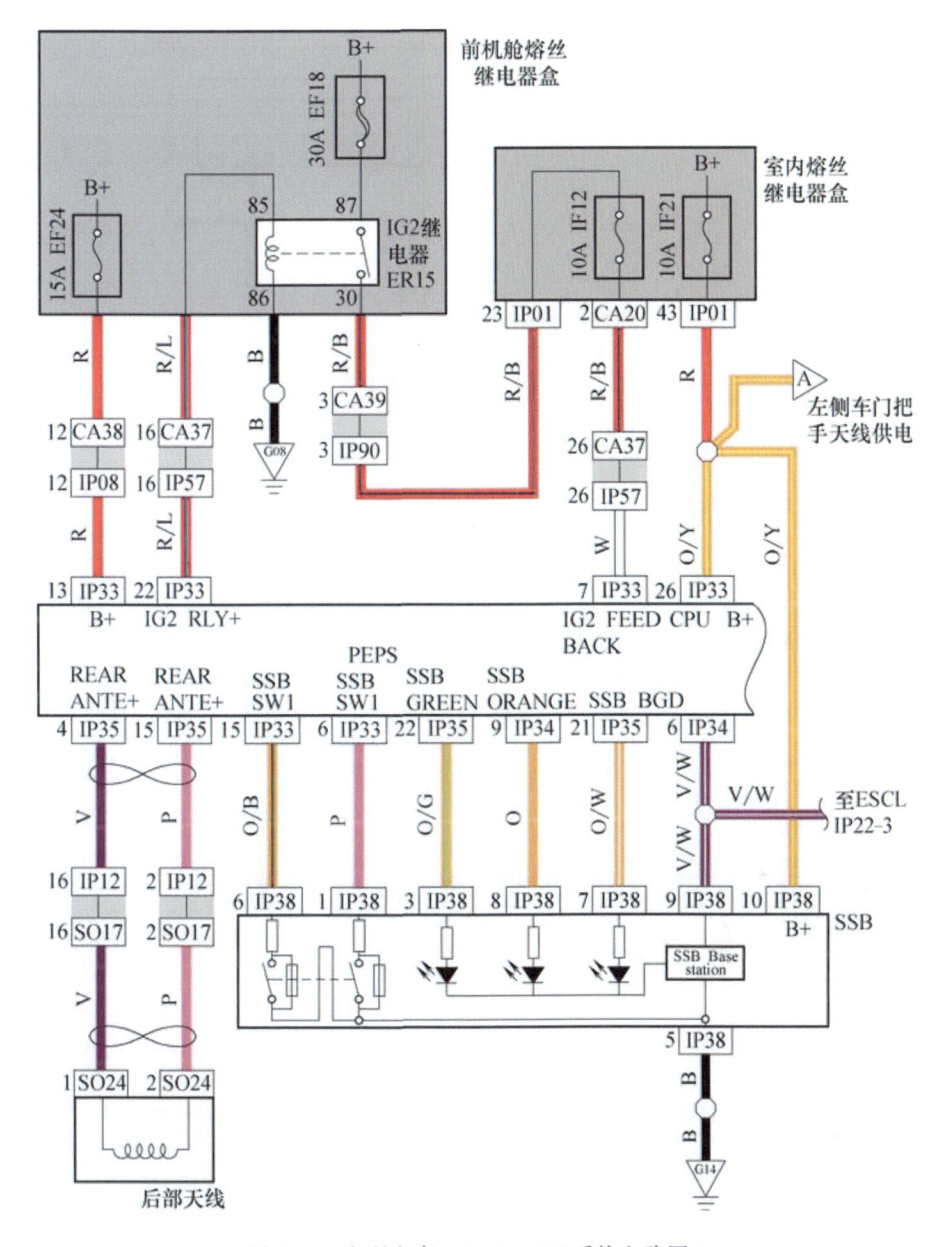

图 2-18 吉利帝豪 EV300 PEPS 系统电路图 1

6. 门把手传感器电路

（1）电源电路　图 2-21 所示为吉利帝豪 EV300 门把手总成电路图，其电源电路：蓄电池 B+→前机舱熔丝继电器盒 100A 熔断器 EF01→左前门把手总成线束插接器 DR02 的 2 号端子和右前门把手总成线束插接器 DR11 的 2 号端子，给左前、右前门把手总成提供 12V 正极工作电源。另外左前门把手总成插接器 DR02 的 3 号端子通过搭铁点 G16 连接到 12V 蓄电池负极，右前门把手总成插接器 DR11 的 3 号端子通过搭铁点 G19 连接到 12V 蓄电池负极，分别给左前、右前门把手总成提供搭铁信号。

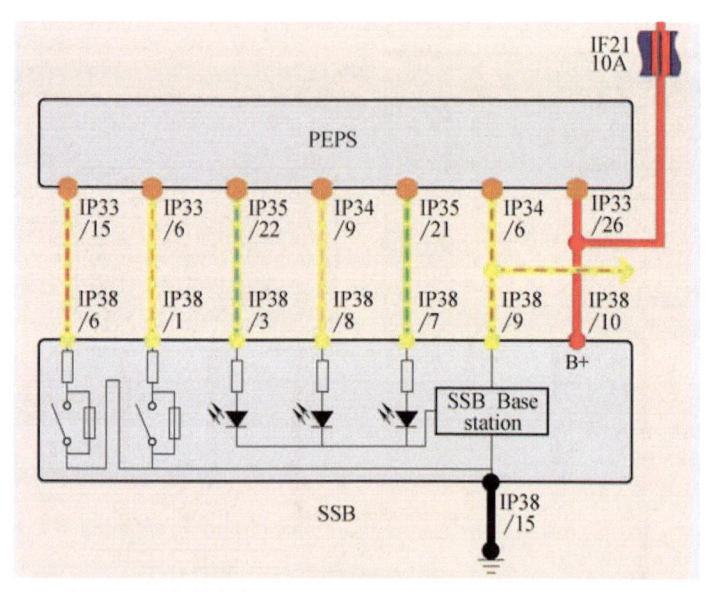

图 2-19　吉利帝豪 EV300 PEPS 系统起动/停止开关电路

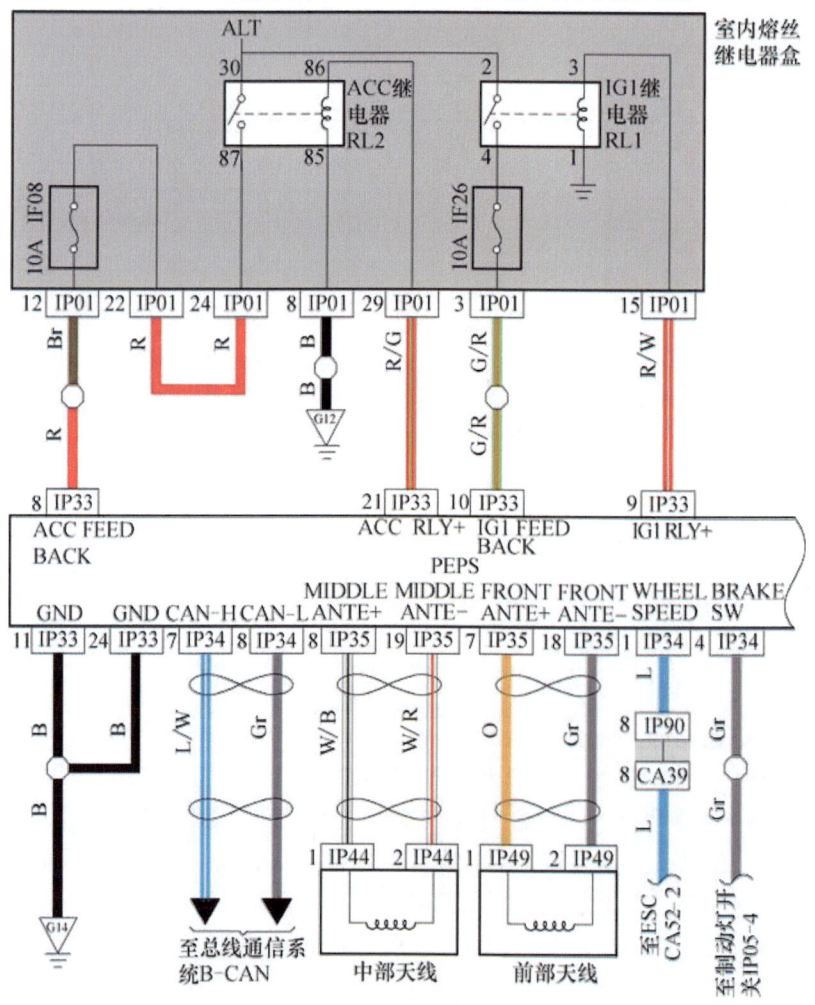

图 2-20　吉利帝豪 EV300 PEPS 系统电路图 2

(2) 门把手传感器信号电路 如图 2-21 电路所示，左前门把手传感器信号经过线束插接器 DR02 的 6、5 号端子连接到线束插接器 IP35 的 12、1 号端子与 PEPS 进行通信。右前门把手传感器信号经过线束插接器 DR11 的 6、5 号端子连接到线束插接器 IP35 的 13、2 号端子与 PEPS 进行通信。

(3) 开锁、闭锁电路 如图 2-21 电路所示，PEPS 从线束插接器 IP33 的 18 号线经过左前门把手总成线束插接器 DR02 的 4 号端子向左前门把手总成输送开锁信号，PEPS 从线束插接器 IP33 的 5 号线经过右前门把手总成线束插接器 DR11 的 4 号端子向右前门把手总成输送开锁信号；PEPS 从线束插接器 IP34 的 16 号线经过左前门把手总成线束插接器 DR02 的 1 号端子向左前门把手总成输送闭锁信号，PEPS 从线束插接器 IP33 的 14 号线经过右前门把手总成线束插接器 DR11 的 1 号端子向右前门把手总成输送闭锁信号。

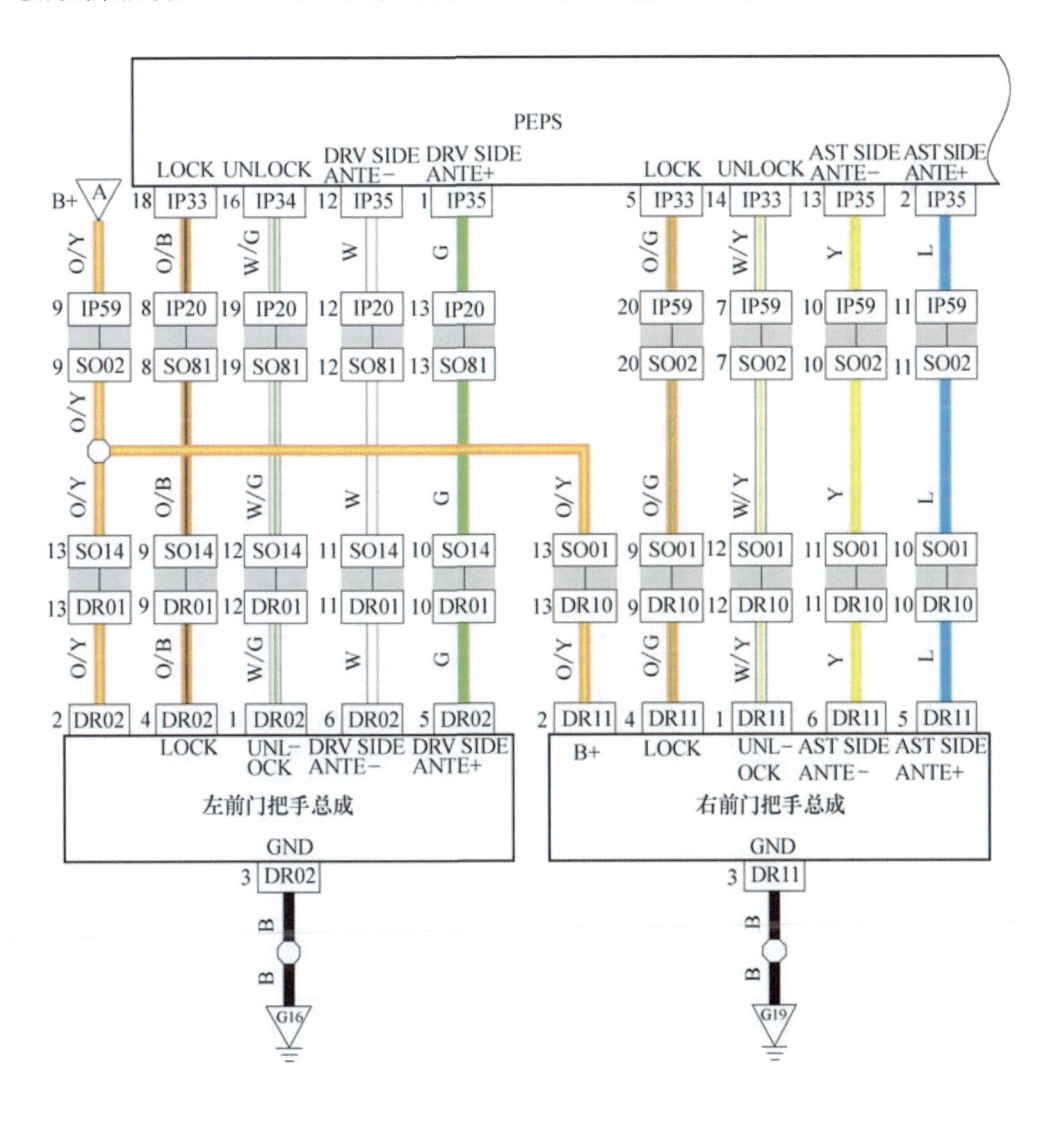

图 2-21　吉利帝豪 EV300 门把手总成电路图

新能源汽车电气设备检修

>> 任务实施

一、任务方案制订

查阅维修手册，扫描二维码，观看无钥匙进入和起动系统故障检修的微课视频，小组分工合作，发扬工匠精神，制订新能源汽车无钥匙进入和起动系统故障检修任务方案。

二、实施准备工作

PEPS 系统故障检修

维修手册、新能源汽车电气系统检修仪器工具、新能源汽车故障诊断仪、汽车专用万用表、吉利帝豪纯电动实训整车或实训台架。

1.任务分工 → 2.扫描二维码观看微课视频 → 3.工具准备 → 4.安全注意事项

三、详细操作步骤

Step1 确认故障现象：车辆无钥匙进入系统正常，按下起动开关，电源状态无法从 OFF 切换到 ACC 或者 ON，即车辆无法上电，车辆无法起动。

完成情况：□完成

□未完成，原因：_____

Step2 查看维修手册，分析起动上电流程，如图 2-22 所示。

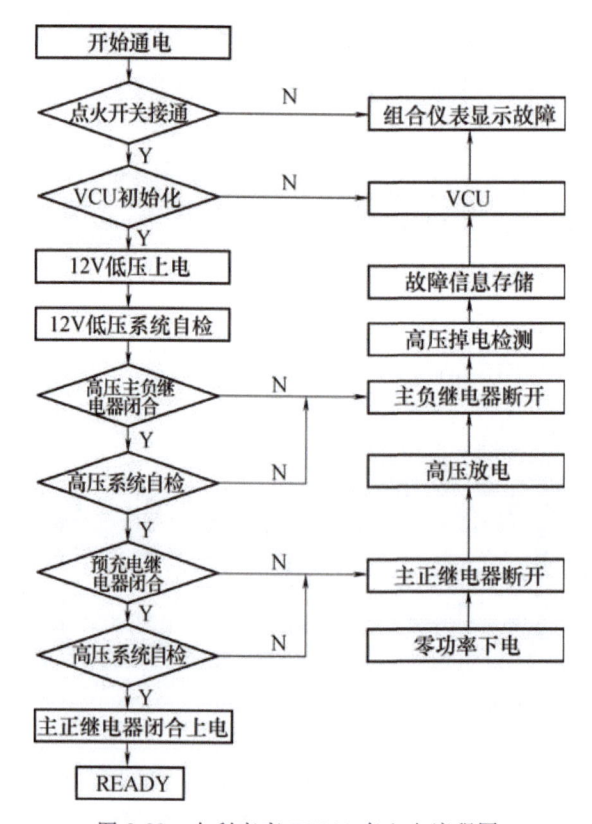

图 2-22 吉利帝豪 EV300 车上电流程图

完成情况：□完成

　　　　　　□未完成，原因：_____

Step3 分析故障原因。

无钥匙进入和起动系统故障常见的原因有：

1) 12V 蓄电池亏电，电压难以维持 PEPS 控制器工作。

2) PEPS 系统电源熔丝熔断。

3) 智能钥匙电池电量过低。

4) ESCL 供电故障或线路故障。

5) ACC、IG 继电器及相关电路故障。

完成情况：□完成

　　　　　　□未完成，原因：_____

Step4 检查智能钥匙。

1) 用智能钥匙遥控车门开/闭锁，工作正常。验证无钥匙进入系统工作正常。

2) 否则，检查智能钥匙电池电量。此时将智能钥匙放入备用天线处，如果可以起动车辆，则说明智能钥匙电池电量低，更换遥控钥匙电池即可。

完成情况：□完成

　　　　　　□未完成，原因：_____

Step5 检查 12V 蓄电池的电压。

用万用表测量蓄电池电压，正常值是 11～14V。若电压过低，PEPS 控制器无法工作，需给蓄电池补充充电，或更换 12V 蓄电池。并试车检查是否可以解决问题。

完成情况：□完成

　　　　　　□未完成，原因：_____

Step6 检查 PEPS 系统供电熔断器。

1) 用万用表检测 PEPS 系统供电熔丝是否熔断，若熔丝未熔断，则检查线路是否有断路故障。

2) 如果熔丝熔断，在排除线路短路故障后，更换相同规格的熔丝。

完成情况：□完成

　　　　　　□未完成，原因：_____

Step7 检查 ACC、IG1、IG2 继电器及线路。

1) 检查 ACC、IG1、IG2 继电器。

2) 检查 ACC、IG1、IG2 继电器的工作回路是否开路。

完成情况：□完成

　　　　　　□未完成，原因：_____

Step8 检查电子转向柱锁。

1) 检查电子转向柱锁能否完成解锁动作。

2) 检查电子转向柱锁电路是否正常。

完成情况：□完成

　　　　　　□未完成，原因：_____

四、任务小结

无钥匙进入和起动系统（PEPS）出现故障后，首先确认 PEPS 模块是否工作正常，可以通过专用诊断仪读取故障码和数据流。最常见的故障现象是门把手按钮无反应或者车辆检测不到钥匙，此时需要根据相应的故障码检查相关天线、线束、模块等。一般常见的故障原因是线束插头进水或门把手开关损坏。

>>> 知识拓展

一、认识无钥匙进入系统解锁控制方式

距离车门 1.5m 范围内有一把授权的智能钥匙并激活车门把手时，信号发送给 PEPS 控制单元，PEPS 控制单元激活车辆外部天线发送低频信号给智能钥匙，智能钥匙接收到低频信号，被激活后发送带密码的高频信号给 PEPS 控制单元，PEPS 控制单元接收信号并与自身的密码进行确认，确认是合法钥匙后将信号传给 BCM，BCM 接收信号控制车门电动机执行解锁功能。如果不是合法钥匙，PEPS 控制单元将发送信号给 BCM，BCM 将起动防盗指示灯和防盗喇叭工作。一旦某一车门被打开，该车门的接触开关闭合，并向 BCM 传递信号，BCM 根据此信号通过 CAN 总线向仪表发送"门打开"信号。无钥匙进入系统框图如图 2-23 所示。

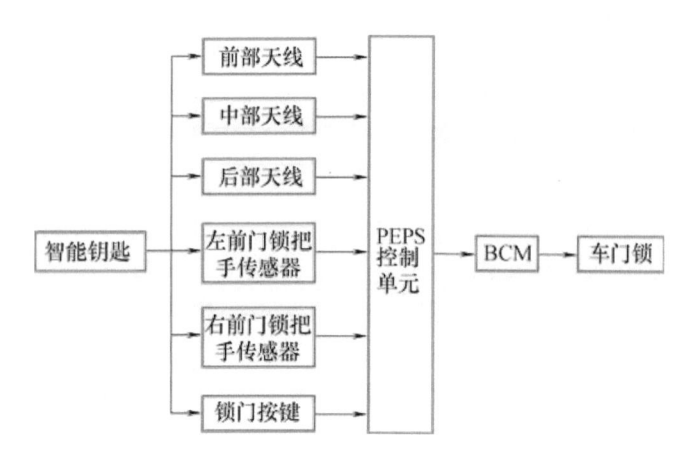

图 2-23 无钥匙进入系统框图

二、认识比亚迪 e5 智能钥匙系统

1）图 2-24 所示为比亚迪 e5 智能钥匙系统框图。智能钥匙系统除了传统的机械钥匙及电子智能钥匙控制门锁，还增加了电子智能钥匙系统，只要驾驶员随身携带电子智能钥匙，就不需要对汽车钥匙做任何操作，如按钮动作等，便可执行开门、转向柱锁解锁等动作。

2）整个系统通过一个智能钥匙系统控制器控制，当智能钥匙系统控制器探测到钥匙在某个探测区域范围内，将对钥匙进行探测与验证，并发送运行的信号给相关执行动作的 ECU，完成整个系统的工作。

3）探测系统是由 6 个探测天线总成（车内 3 个，车外 3 个）和 1 个高频接收模块组成，可探测车内有效范围及车外一定的范围。

4）智能钥匙系统故障症状表，见表 2-2。

表 2-2 比亚迪 e5 智能钥匙系统故障症状表

症状	可疑部位
电子智能钥匙的所有遥控功能不工作（持有合法钥匙，且在遥控区域内）	电子智能钥匙、I-key ECU、BCM、线束或插接器、高频接收器
遥控功能正常，但操作左前门把手微动开关无动作（持有合法钥匙，且在探测区域内）	左前门把手微动开关、左前门把手探测天线、I-key ECU、线束或插接器
遥控功能正常，但操作右前门把手微动开关无动作（持有合法钥匙，且在探测区域内）	右前门把手微动开关、右前门把手探测天线、I-key ECU、线束或插接器
遥控功能正常，但操作车后微动开关无动作（持有合法钥匙，且在探测区域内）	车后微动开关、车后探测天线、I-key ECU、线束或插接器
车内探测天线无法识别钥匙（持有合法钥匙，且在探测区域内，遥控功能正常）	车内探测天线（前、中、后）、I-key ECU、线束或插接器
无电模式下起动不能正常工作	起动按钮、智能钥匙控制器、线束或插接器

图 2-24 比亚迪 e5 智能钥匙系统框图

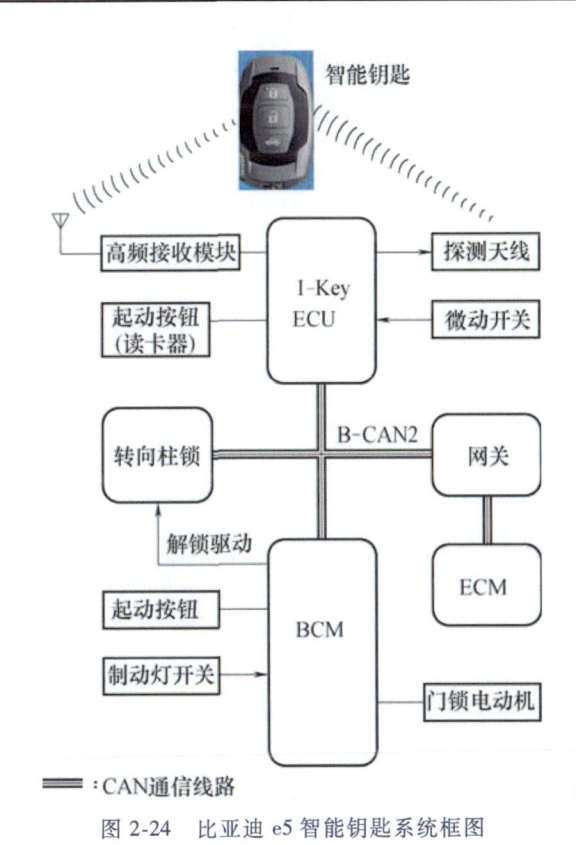

三、比亚迪秦 EV 智能钥匙系统

1. 智能钥匙系统介绍

比亚迪秦 EV 配备智能钥匙系统，通过该系统驾驶员可通过智能钥匙实现远程解锁车门、上电和起动等操作。整个系统通过一个智能钥匙系统控制器控制，当智能钥匙系统控制器探测到钥匙在某个探测区域范围内时，将对钥匙进行探测与验证，并发送运行的信号给相关执行动作的 ECU，完成整个系统工作。探测系统是由 6 个探测天线总成（车内 3 个，车外 3 个）和 1 个集成在控制器内的高频接收模块组成，可探测车内有效范围及车外一定的范围。智能钥匙系统框图，如图 2-25 所示。

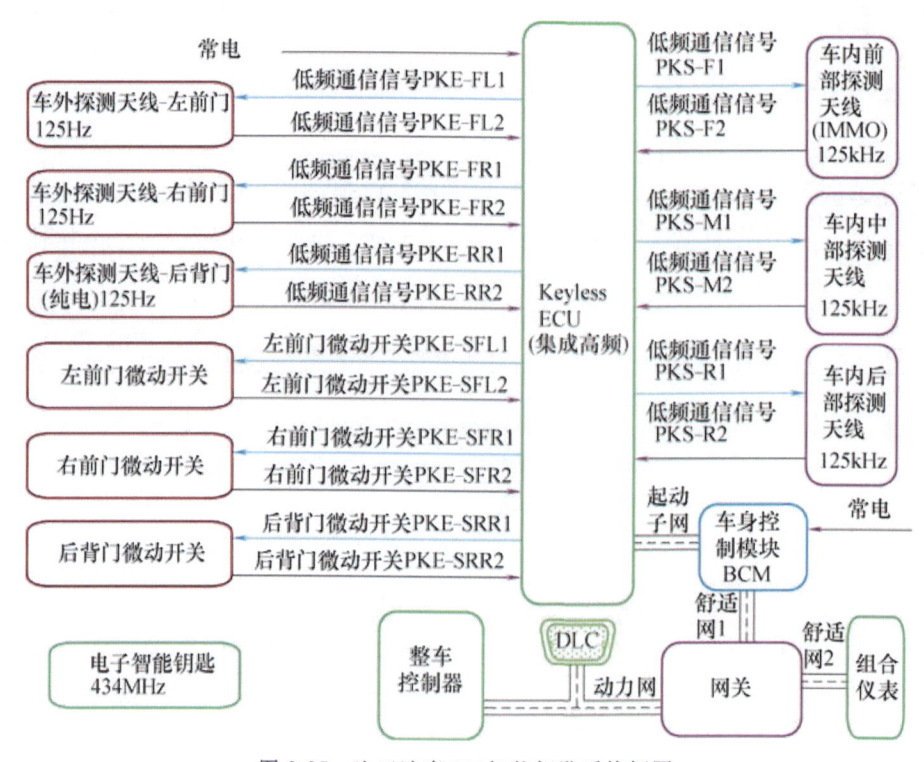

图 2-25　比亚迪秦 EV 智能钥匙系统框图

2. 智能钥匙使用注意事项

1）不要将钥匙放在高温区域。

2）不要用硬物击打或摔钥匙。

3）将钥匙远离磁场区。

4）当车门上锁并进入防盗状态后，如果不使用车辆，将钥匙远离车辆，因为车辆自动寻卡功能会消耗蓄电池的电量。

5）存在以下情况下时电子智能钥匙系统可能失效：

① 钥匙蓄电池电量不足。

② 检测系统附近有很强的磁场或电场，如 TV 信号塔等。

③ 钥匙被金属物体屏蔽。

④ 钥匙与手机放在一起。

⑤ 附近另外一辆车同时也在进行电子智能钥匙系统工作。钥匙虽然在探测范围内，但不能寻到钥匙，应将钥匙靠近磁卡天线位置。

3. 智能钥匙系统故障诊断流程

1) 车辆送入维修车间。
2) 客户故障分析检查和症状检查。
3) 检查蓄电池电压。

标准电压：11~14V，如果电压低于11V，在转至下一步前要对蓄电池充电或更换蓄电池。

4) 检查 DTC。

结果	转至
未输出 DTC	下一步
输出 DTC	步骤7)

5) 故障症状表（表2-3）。

结果	转至
故障未列于故障症状表中	下一步
故障列于故障症状表中	步骤7)

6) 总体分析和故障排除。
7) 调整、维修或更换。
8) 确认测试结果。
9) 结束。

4. 故障症状表

表2-3 比亚迪秦 EV 智能钥匙系统故障症状表

症状	可疑部位
电子智能钥匙的所有遥控功能不工作（持有合法钥匙，且在遥控区域内）	电子智能钥匙、I-key ECU、BCM、线束或插接器
遥控功能正常，但操作左前门把手微动开关无动作（持有合法钥匙，且在探测区域内）	左前门把手微动开关、左前门把手探测天线、I-key ECU、线束或插接器
遥控功能正常，但操作右前门把手微动开关无动作（持有合法钥匙，且在探测区域内）	右前门把手微动开关、右前门把手探测天线、I-key ECU、线束或插接器
遥控功能正常，但操作车后微动开关无动作（持有合法钥匙，且在探测区域内）	车后微动开关、车后探测天线、I-key ECU、线束或插接器
车内探测天线无法识别钥匙（持有合法钥匙，且在探测区域内）	车内探测天线（前、中、后）、I-key ECU、线束或插接器
无电模式下起动不能正常工作	起动按钮、智能钥匙、车内前部多功能天线、I-key ECU、线束或插接器

5. 智能钥匙系统车上检查流程

1) 检查中控门锁。
① 用机械钥匙或中控锁开关执行解锁/闭锁动作。
② 检查中控门锁是否正常工作。
异常：进入中控门锁系统。
正常：下一步。

2）检查钥匙。用所有电子智能钥匙或滑盖智能钥匙分别操作系统，检查系统是否正常工作。

正常：有一把钥匙能使系统正常工作。

异常：下一步。

3）检查周围有无磁场干扰。

① 将钥匙移近车门外侧探测天线（0.7~1.0m），注意钥匙的高度与方向，对准探测天线。

② 操作钥匙或微动开关，检查系统工作状况。

结果	转至
正常工作	排除周围有磁场干扰
无法正常工作	下一步

4）参考故障症状表诊断故障。

6. 左前门把手探测天线电路（图2-26）

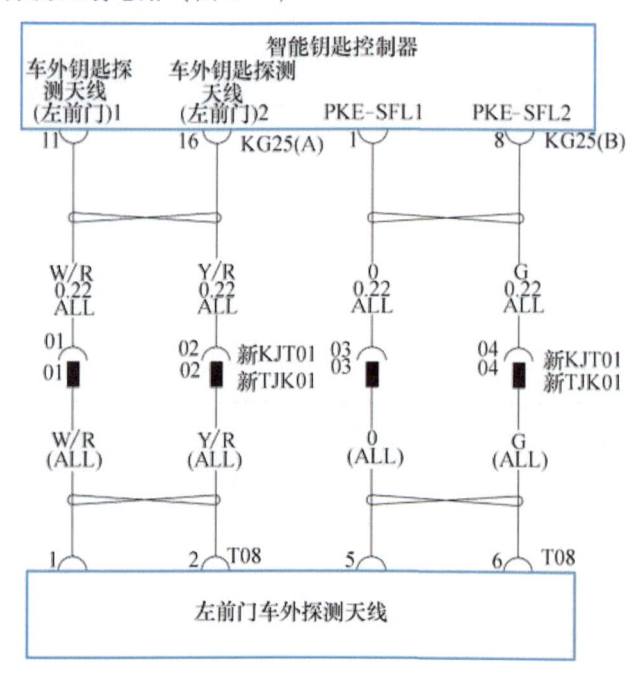

图2-26 左前门把手探测天线电路

7. 左前门把手探测天线电路检查步骤

1）检查线束。

① 断开左前门把手插接器T08。

② 断开I-key ECU插接器KG25（A）。

③ 检查插接器端子间电阻。

端子	线色	正常情况
KG25（A）-16—T08-2	W/R	<1Ω
KG25（A）-11—T08-1	W/B	<1Ω

异常：更换线束或插接器。

正常：下一步。

2）检查探测天线。

① 临时更换一个左前门把手（带探测天线与微动开关）。

② 携带钥匙靠近探测天线，按下左前门把手微动开关。

③ 检查解锁/闭锁是否正常。

异常：更换 I-key ECU。

正常：下一步。

3）更换左前门把手（带探测天线与微动开关）。

8. 比亚迪秦 EV 智能钥匙系统控制器电源电路图（图 2-27）

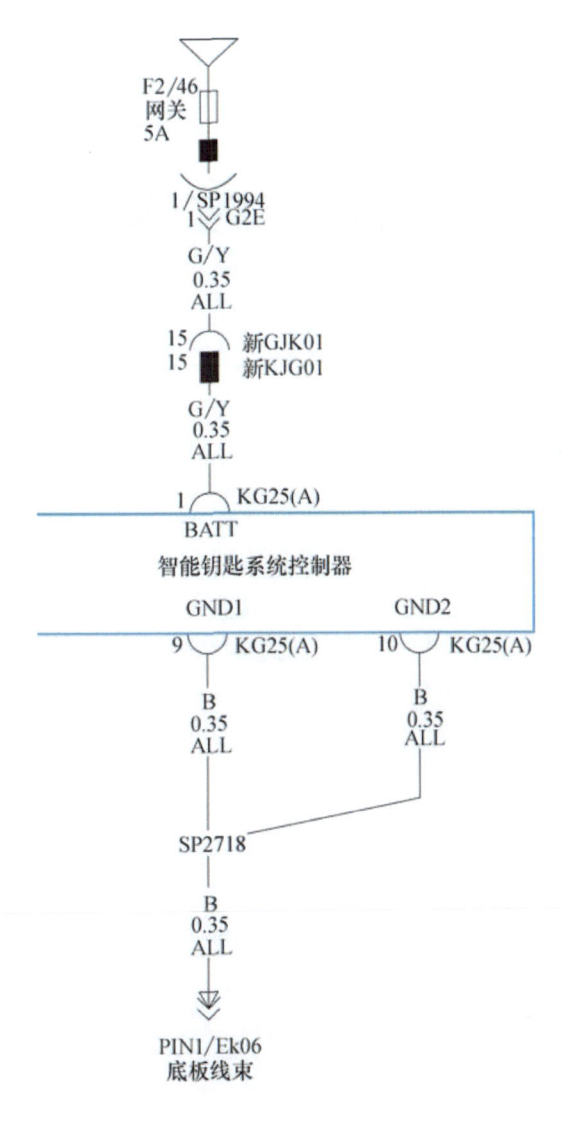

图 2-27 比亚迪秦 EV 智能钥匙系统控制器电源电路图

9. 比亚迪秦 EV 智能钥匙系统控制器电源电路检修步骤

1）检查熔丝。用万用表检查 F2/46 熔丝。

异常：更换熔丝。

正常：下一步。

2）检查电源。

① 断开 I-key ECU 插接器 KG25（A）。

② 测量线束端插接器各端子间电压或电阻。

端子	线色	条件	正常情况
G2E-1	R	始终	11~14V

正常：更换前舱配电盒。

异常：下一步。

3）检查线束。

① 断开仪表板配电盒 G2 插接器，断开 I-key ECU 插接器 KG25（A）。

② 检查线束端插接器各端子间电阻。

端子	线色	条件	正常情况
G2E-1—KG25（A）-1	R	始终	<1Ω
KG25（A）-9—车身地	B	始终	<1Ω
KG25（A）-10—车身地	B	始终	<1Ω

异常：更换线束

正常：电路正常。

▶▶ 思考与练习

项目 3
新能源汽车照明与信号系统故障检修

项目描述

新能源汽车的照明与信号系统主要包括照明系统和信号系统。为了保证车辆在夜间无光或微光的条件下能安全行驶,保证车辆和行人安全,并使其他车辆和行人能注意到本车的行驶状况,汽车上安装了各种照明与信号灯。部分外部照明灯光能够根据车外光线强弱、车辆方向盘转角、车速和路面状况等自动开启和变换远近光及光束方向,保证驾驶员在无光(或微光)及车辆转弯时能看清前方并安全行驶。前照灯不亮、转向灯工作异常等故障检修是新能源汽车最常见的操作任务之一。

项目目标

1. 能描述新能源汽车照明系统和信号系统的组成及工作原理。
2. 能看懂新能源汽车照明系统和信号系统的电路图。
3. 会查阅维修手册,能小组分工合作并发扬工匠精神,完成新能源汽车照明系统和信号系统故障检修的任务。
4. 能按照 6S 标准管理施工现场。

任务 1 检修新能源汽车前照灯不工作故障

任务目标

1. 能描述新能源汽车照明系统的组成。
2. 能看懂照明系统电路图,熟悉电路工作原理。
3. 能灵活运用新能源汽车照明系统故障检修的方法。
4. 会查阅维修手册,能小组分工合作并完成新能源汽车前照灯不工作故障的检修任务。

任务导入

某 4S 店售后维修小组接到一张任务工作单:一辆 2018 款纯电动汽车,行驶里程 65000km,在夜间行驶过程中突然出现前照灯不工作故障。作为维修技师的你,应如何检修该故障?

>>> 知识链接

一、新能源汽车照明系统概述

照明系统为车辆夜间行驶提供照明，车外照明灯具主要有前照灯、倒车灯、牌照灯、雾灯等，车内照明灯具主要有室内灯、门灯、各开关背光灯等。各种灯具装在各自所需照明的位置，并配以各自的控制开关（有的带有控制器、继电器）、线路及熔断器等，共同组成照明系统。目前，大多数车辆将前照灯、前雾灯、前位置灯等组合起来，称为前组合灯；将后位置灯、后转向灯、倒车灯、制动灯等组合起来，称为后组合灯。外部照明部件位置图如图3-1所示。

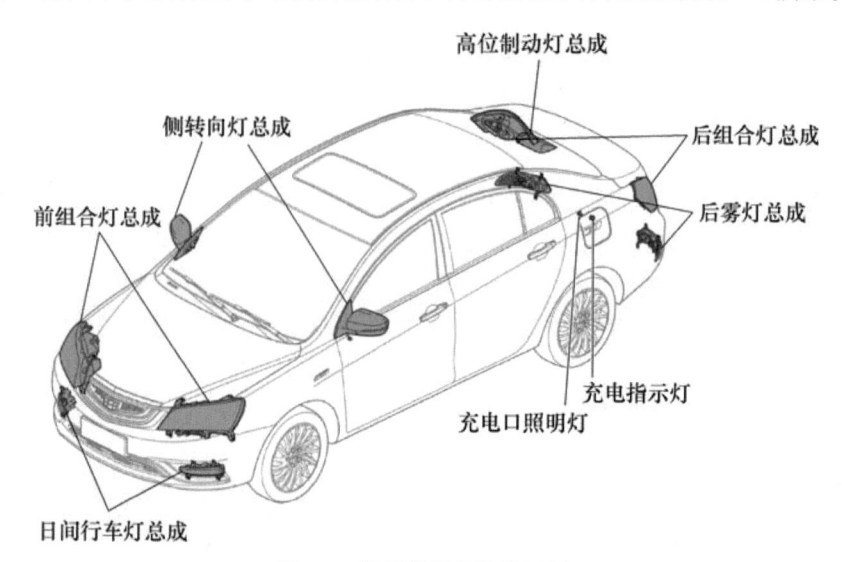

图3-1 外部照明部件位置图

1. 灯光组合开关

现代轿车的灯光开关多种多样，灯光开关主要有拉杆式、旋转式和组合式等多种。车辆上使用最多的是一体式的灯光组合开关。

（1）一体式的灯光组合开关 如图3-2所示，组合开关安装在车辆方向盘下方，操作更方便。它可以控制除危险警告灯、制动灯、室内照明灯外的所有灯光电路，如前照灯、示宽灯、雾灯、转向灯等。转向灯开关在回打方向盘时可以自动回位，但如果转动角度不够，则不会自动回位。将前照灯开关转至第一个位置时，将点亮位置灯、牌照灯和仪表板照明灯。将前照灯开关转至第二个位置时，除点亮所有上述灯外，还点亮前照灯。在开关转至关闭位置时，关闭所有灯。前照灯的远光灯和近光灯也由该操纵杆控制。当前照灯接通时，将操纵杆向前推离驾驶员直到听到咔嗒声，即从近光灯变为远光灯。在前照灯远光接通时，组合仪表总成上的远光指示灯点亮。将操纵杆朝驾驶员方向拉回，则从远光灯变为近光灯。如果继续朝驾驶员方向拉仍可以从近光灯变为远光灯，不过当手松开时，操纵杆会自动回到近光灯位置。前照灯必须选择合适的光才能实现正确的路面照明。

（2）旋转式灯光开关 旋转式灯光开关将前照灯开关与变光开关分开设计，如图3-3所示。它可以控制前照灯、行车灯（示宽灯）、雾灯。从灯光关闭"0"位开始，顺时针转动开关至行车灯（示宽灯）或近光灯，会点亮相应的灯光。

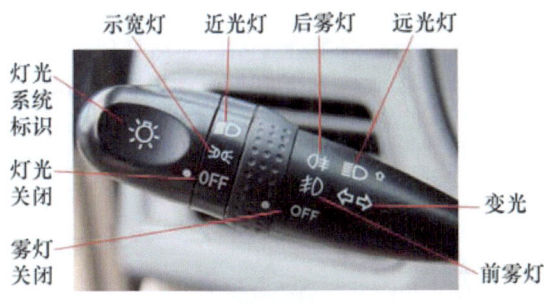

图 3-2　一体式灯光组合开关操纵杆

图 3-3　旋转式灯光开关

2. 新能源汽车常用灯泡

由于新能源汽车灯具设计的不同，所使用的灯泡也不尽相同，灯泡的种类繁多，常见的有白炽灯泡、卤素灯泡、LED 灯泡和氙气灯泡四种。

（1）白炽灯泡　白炽灯泡（见图 3-4）是从玻璃灯泡中抽出空气，再充以氩和氮的混合惰性气体制成的，这可以减少钨的蒸发，延长灯泡的使用寿命。但是灯丝的钨仍然要蒸发，使灯丝损耗而蒸发出来的钨沉积在灯泡上，使灯泡发黑。白炽灯主要用于信号灯系统，如制动灯、转向灯、行车灯等。

（2）卤素灯泡　卤素灯泡是在充入灯泡的气体中掺入某一卤族元素，如氟、氯、溴、碘等，卤素灯泡的工作温度和气压都较普通白炽灯泡高得多，因此利用卤钨的再循环原理，使得蒸发出去钨在靠近灯丝附近的高温区时，又分解重新黏附在灯丝上，有效地限制了钨的蒸发。在相同功率的情况下，卤素灯的亮度是白炽灯的 1.5 倍，而寿命是白炽灯的 2~3 倍。卤素灯用于前照灯，如前照近光灯、前照远光灯、雾灯等。如图 3-5 所示，卤素灯泡从外形上可分为 H1，H2，H3，H4，H7，9005 及 9006 等，其中 H1，H4，H7，9005 及 9006 在前照灯上应用广泛，H1 和 H7 为前照灯的单丝灯泡，H4 为前照灯远、近光双丝灯泡。由于石英卤素灯泡比普通灯泡使用时更容易发热，如果有润滑油油脂黏在灯表面，灯泡寿命会缩短。另外，人体汗液内所含的盐会污染石英，因此，更换灯泡时，要握住其凸缘，避免手指接触石英。

图 3-4　白炽灯泡

图 3-5　卤素灯泡

（3）LED 灯泡　LED 灯泡（又称发光二极管）是一种能够将电能转化为可见光的半导体，采用电场发光。LED 灯泡的特点是寿命长、光效高、无辐射和低功耗。LED 灯的光谱几乎全部集中于可见光频段，其中车辆 LED 灯根据应用可分为照明用灯、配光用灯和装饰用灯三种：照明用灯适用于前照灯；配光用灯适用于仪表指示灯背光显示、前后转向灯、制动指示灯、倒车灯、雾灯、阅读灯等；装饰用灯主要用于车辆灯光色彩变换，起到车内外美化作用。车辆 LED 灯泡如图 3-6 所示。

图 3-6　车辆 LED 灯泡

（4）氙气灯泡　氙气灯泡是指内部充满包括氙气在内的惰性混合气体的高压气体放电灯泡。氙气灯泡（图 3-7）的光色和日光灯非常相似，可以有效减少驾驶员的视觉疲劳。灯泡里没有灯丝，取而代之的是装在石英管内的两个电极，管内充有氙气及微量金属，克服了传统灯的缺陷，完全满足车辆夜间高速行驶的需要。氙气灯的发光原理是：通过起动器和电子镇流器将车辆蓄电池的 12V 电压产生一个瞬间 23000V 以上高压击穿氙气，从而导致氙气在两个电极之间形成电弧并发光；点亮后再维持 85V 的交流电压，起动电流 8A 左右，工作电流 4A 左右。氙气灯泡的亮度是目前卤素灯泡亮度的 3 倍左右，功率一般是 35W 和 55W。由于氙气灯泡亮度过高，用于远光可造成对方眩目，所以相关标准规定只能用于近光。

氙气灯一般由氙气灯泡、电子镇流器（也叫作安定器，稳压器）和线组控制盒等组成（图 3-8）。使用氙气前照灯时不要频繁开关前照灯，特别是用于远光照明时，因为氙气灯从点亮到稳定工作需要一定的时间（大概 5~10s），这是由它本身的发光原理所决定的。

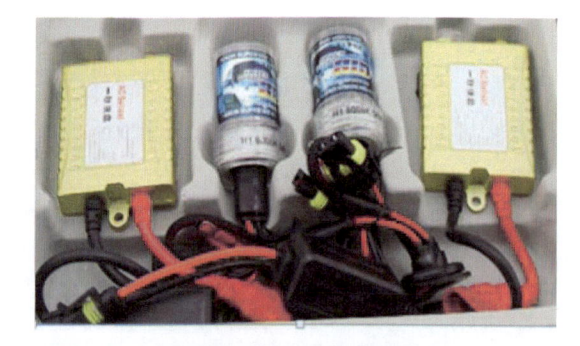

图 3-7　氙气灯实物

图 3-8　氙气灯安装组件

二、新能源汽车前照灯电路及工作原理

1. 新能源汽车前照灯电路组成

前照灯电路通常由 12V 电源、灯光组合开关、近光灯、远光灯、熔断器、继电器、灯

光控制模块、电路配线及插接器等组成。

2. 新能源汽车前照灯控制方式

新能源汽车前照灯的控制有两种方式：一种是灯光组合开关控制继电器，继电器再控制对应灯泡的供电，使之通电发光，控制原理如图3-9所示；另一种是灯光组合开关和光传感器等为信号输入元件，它们不直接控制车灯或继电器，而只负责向控制单元输送信号，控制单元对收到的信号进行运算处理，然后根据信号处理的结果来驱动相应的灯光输出电路，向对应的灯泡提供正极电源，使之通电发光，控制原理如图3-10所示。

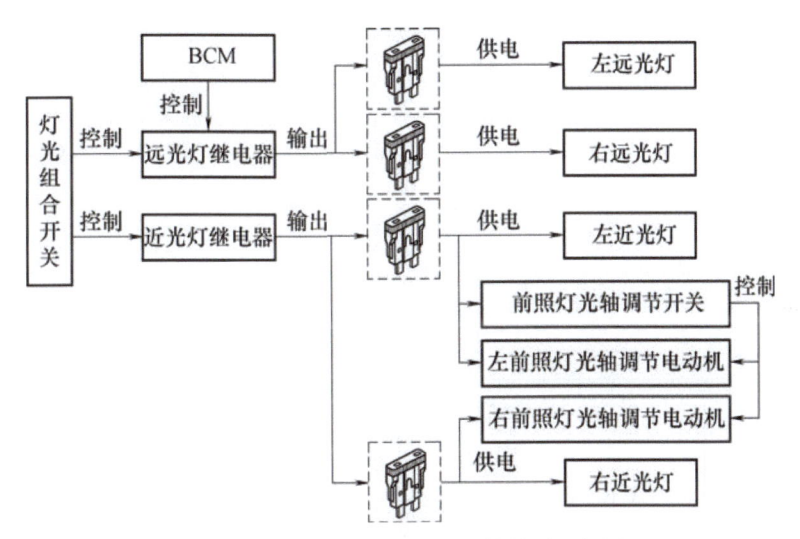

图3-9 新能源汽车前照灯灯光控制原理框图1

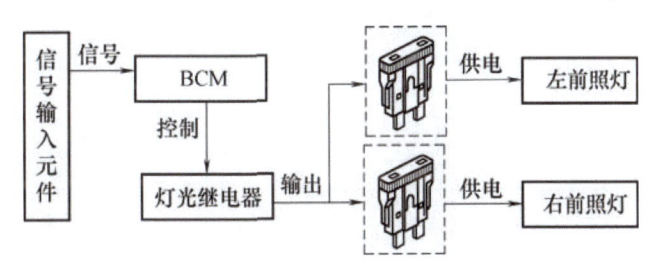

图3-10 新能源汽车前照灯灯光控制原理框图2

3. 新能源汽车前照灯电路及工作过程

图3-11、图3-12所示为吉利帝豪EV300前照灯电路图。

1）当灯光组合开关打到"近光灯"档时，灯光组合开关线束插接器IP26的16与13号端子接通，其近光灯继电器控制回路：12V蓄电池B+→熔断器IF22/10A（室内熔丝继电器盒）→灯光组合开关线束插接器IP26的16号端子→插接器IP26的13号端子→近光灯继电器的85号端子→近光灯继电器的86号端子→搭铁点G06→12V蓄电池负极。近光灯继电器线圈得电吸合，接通近光灯工作电源，点亮近光灯。同时，近光灯12V工作电压通过线束连接到前照灯光轴调节开关和左、右前照灯光轴调节电动机，此时上下拨动调节开关能改变调节电动机的信号电压，从而实现前照灯的高度调节功能。

注意：太频繁地拨动此开关有可能造成调节电动机不动作或损坏。

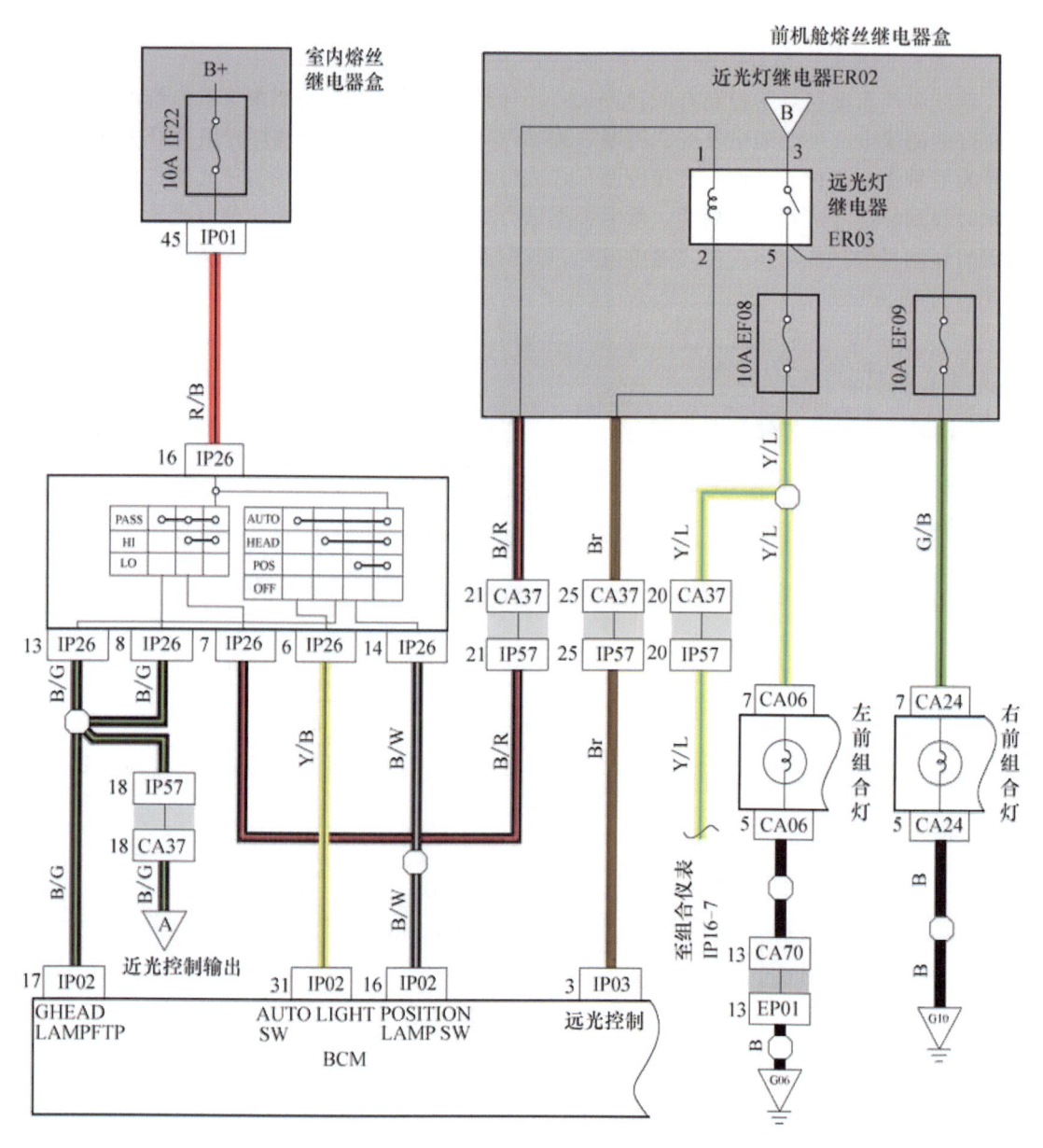

图 3-11 吉利帝豪 EV300 前照灯电路图 1

2）当灯光组合开关打到"远光灯"档时，灯光组合开关线束插接器 IP26 的 16 与 7 号端子接通，其远光灯继电器控制回路：12V 蓄电池 B+→熔断器 IF22/10A（室内熔丝继电器盒）→灯光组合开关线束插接器 IP26 的 16 号端子→插接器 IP26 的 7 号端子→远光灯继电器的 85 号端子→远光灯继电器的 86 号端子→BCM 线束插接器 IP03 的 3 号端子（由 BCM 控制搭铁）→12V 蓄电池负极。远光灯继电器线圈得电吸合，此时在近光灯继电器正常工作的条件下，点亮远光灯。同时，远光灯继电器的 87 号端子将 12V 电压信号，经过 10A 熔断器 EF08（前机舱熔丝继电器盒）通过 IP16 线束插接器的 7 号线送到组合仪表，点亮组合仪表远光信号指示灯。

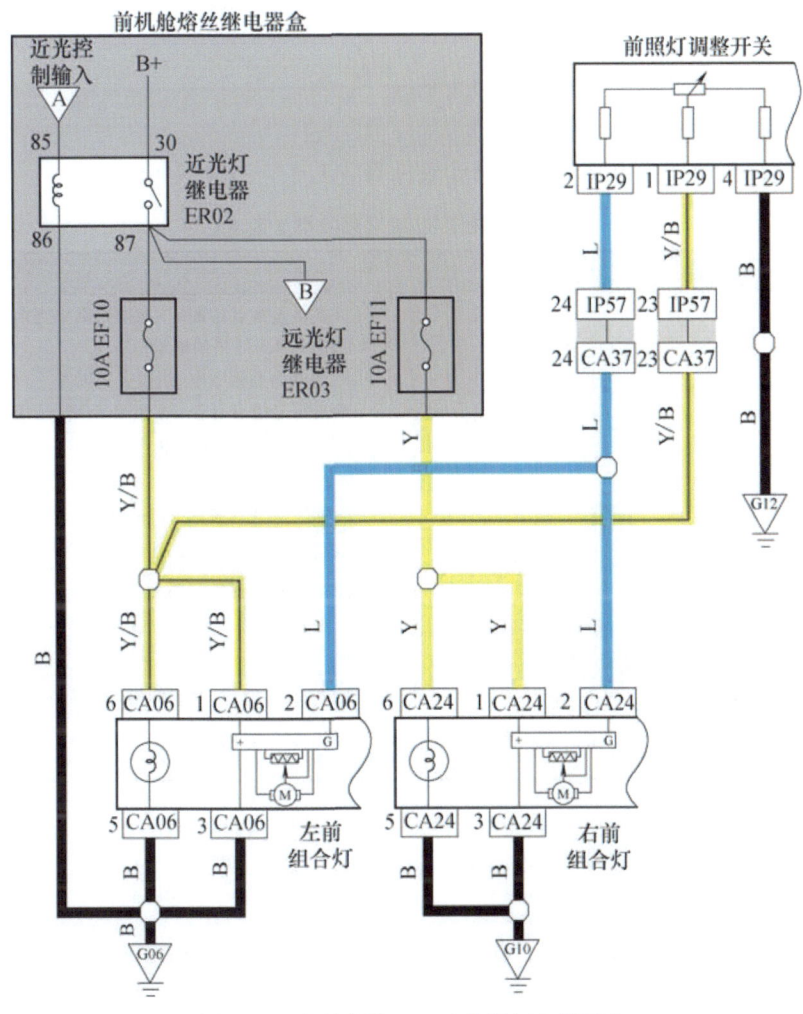

图 3-12 吉利帝豪 EV300 前照灯电路图 2

3）当组合开关拨到"AUTO"（自动灯）位置时，起动开关使车辆电源模式切换为 ON 状态，灯光组合开关线束插接器 IP26 的 16 与 6 号端子接通，将 12V 电压信号通过线束插接器 IP02 的 31 号端子传输到 BCM（中央集控器），BCM 收到信号后，BCM 会监测来自环境光线传感器的信号，如果环境光照不强，BCM 驱动近光灯继电器吸合，自动点亮近光灯；当环境光照增强时，BCM 会切断近光灯继电器的供电，从而实现前照灯自动关闭。

4. 前照灯故障诊断思路

1）前照灯故障原因。

① 灯泡损坏。

② 熔丝熔断。

③ 继电器损坏。

④ 灯光组合开关故障。

⑤ BCM 故障。

⑥ 光轴调节电动机损坏。

⑦ 12V 蓄电池亏电。
⑧ 连接线路短路或断路。
⑨ 环境光传感器损坏。
⑩ 前照灯调节开关损坏。

2）新能源汽车前照灯电路常见故障诊表见表 3-1。

表 3-1 前照灯电路常见故障诊断表

故障现象	诊断思路
灯光组合开关拨到"前照灯"档,所有前照灯不亮	1. 检查熔丝是否熔断。若熔断,则应查明原因,排除短路故障后更换相同规格的熔丝 2. 检查电池是否亏电、线路是否断路 3. 检查灯光组合开关、继电器、BCM、灯泡是否损坏
接通 IG 电源,环境光照不强的条件下,灯光组合开关拨到"AUTO"档,前照灯不亮	1. 检查光传感器 IG 电源是否正常(包含 IG 电源电路上的熔丝是否熔断) 2. 检查线路是否断路 3. 检查光传感器是否损坏
无法调节前照灯(前照灯能正常发亮)	1. 检查前照灯调整开关 2. 检查调整电动机总成 3. 检查线路是否断路、搭铁线路是否断路
单个前照灯不亮	1. 检查故障指示灯对应的熔丝是否熔断 2. 检查灯泡是否损坏 3. 检查相关线路是否断路

>>> 任务实施

一、任务方案制订

查阅吉利帝豪 EV300 维修手册,扫描二维码,观看前照灯电路故障检修微课视频,制订近光灯故障检修的任务方案。

新能源汽车前照灯电路故障检修

二、实施准备工作

吉利帝豪 EV300 维修手册、新能源汽车实训车辆或台架、新能源电气设备检修工具和仪器、安全防护工具等。

1.任务分工 → 2.扫描二维码观看微课视频 → 3.工具准备 → 4.安全注意事项

三、详细操作步骤

Step1 查阅维修手册,绘制近光灯电路简图,如图 3-13 所示。

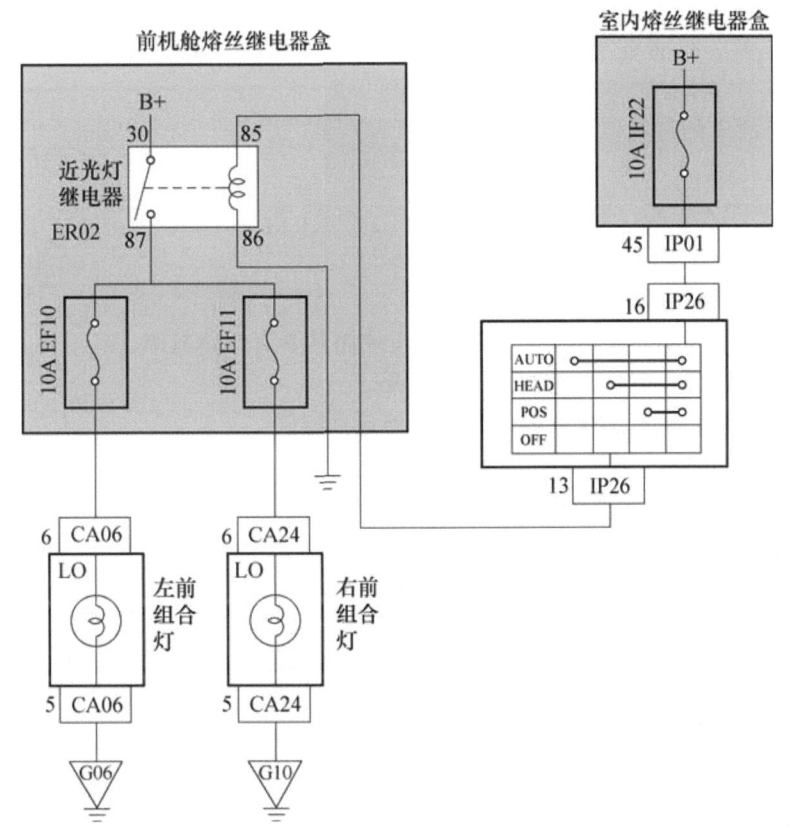

图 3-13 吉利帝豪 EV300 近光灯电路简图

Step2 分析近光灯控制电路。

1）近光灯控制回路：12V 蓄电池正极 B+→熔断器 IF22/10A→灯光组合开关 IP26 插接器的 16 号端子→组合开关的内部触点→灯光组合开关 IP26 插接器的 13 号端子→近光灯继电器 85 号端子→继电器的线圈→近光灯继电器 86 号端子→G06 搭铁→12V 蓄电池负极。

2）近光灯主电路两条回路：

① 左前近光灯主电路：12V 蓄电池正极 B+→近光灯继电器 30 号端子→继电器内部触点→近光灯继电器 87 号端子→熔断器 EF10/10A→左前组合灯插接器 CA06 的 6 号端子→左前近光灯灯丝→左前组合灯插接器 CA06 的 5 号端子→搭铁（G06 搭铁点）→12V 蓄电池负极。

② 右前近光灯主电路：12V 蓄电池正极 B+→近光灯继电器 30 号端子→继电器内部触点→近光灯继电器 87 号端子→熔断器 EF11/10A→右前组合灯插接器 CA24 的 6 号端子→右前近光灯灯丝→右前组合灯插接器 CA24 的 5 号端子→搭铁（G10 搭铁点）→12V 蓄电池负极。

Step3 组装三件套、翼子板布和前格栅布，放置三角木，确认驻车制动。
完成情况：□完成
　　　　　□未完成，原因：_____
Step4 检查左前、右前近光灯灯泡。

1）灯光组合开关拨到 OFF 档。

2）拆卸左前、右前近光灯灯泡，确认灯泡灯丝是否烧断，如图 3-14 所示。

3）更换有故障的灯泡。

完成情况：□完成

□未完成，原因：＿＿＿＿＿＿＿＿＿＿＿＿＿＿＿

Step5 检查熔断器 EF10、EF11 及相关线路。

1）确认熔丝是否烧断。

2）如果熔断器熔断，则检查 EF10、EF11 线路是否有短路故障。

3）进行线路修理，确认没有线路短路现象。

图 3-14 近光灯灯泡

4）更换熔断器，确认新熔断器与原熔断器规格相同。

完成情况：□完成

□未完成，原因：＿＿＿＿＿＿＿＿＿＿＿＿＿＿＿

Step6 检查熔断器 EF10、EF11 的电压。

1）操作车辆起动开关，使电源模式切换至 ON。

2）开启前照灯（近光灯）。

3）用万用表测量线束插接器 EF10、EF11 与车身接地之间的电压。电压标准值为 11~14V。

4）若电压值符合标准，转下一步检测，否则转 Step9。

完成情况：□完成

□未完成，原因：＿＿＿＿＿＿＿＿＿＿＿＿＿＿＿

Step7 检查前照灯线束插接器 CA06/CA24 端子 6 的电压。

1）操作车辆起动开关，将电源模式切换至 OFF。

2）拔下前照灯线束插接器 CA06/CA24，端子编号如图 3-15 所示。

3）开启前照灯（近光灯）。

4）用万用表测量前照灯线束插接器 CA06/CA24 端子 6 与车身接地之间的电压。标准电压值为 11~14V。

5）如果电压值不符合标准，则检修熔断器 EF10 和 EF11 与前照灯线束插接器 CA06/CA24 的 6 号端子之间的断路故障。

完成情况：□完成

□未完成，原因：＿＿＿＿＿＿＿＿＿＿＿＿＿＿＿

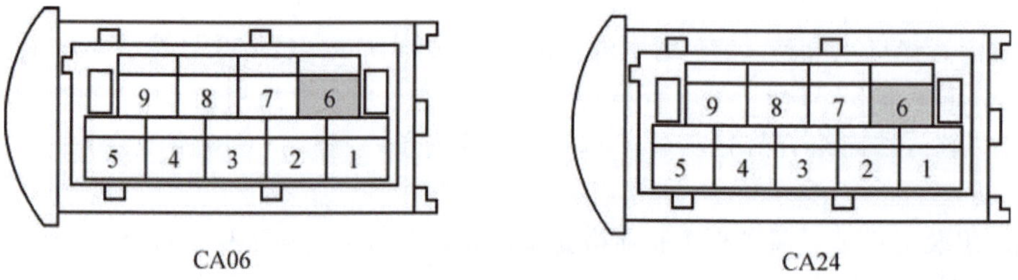

图 3-15 吉利帝豪 EV300 前照灯线束插接器 CA06/CA24

Step8 检查前照灯线束插接器 CA06/CA24 的 5 号端子与车身接地之间的电阻。

1）操作车辆起动开关，使电源模式切换至 OFF 模式。

2）拔下前照灯线束插接器 CA06/CA24，如图 3-15 所示。

3）用万用表测量前照灯线束插接器 CA06/CA24 的 5 号端子与车身接地之间的电阻。标准电阻值应小于 1Ω。

4）如果电阻值不符合标准，则修复或更换线束。

完成情况：□完成

□未完成，原因：_____

Step9 检查近光灯继电器。

1）操作车辆起动开关，使电源模式切换至 OFF。

2）将工作正常的远光灯继电器更换到近光灯继电器的位置。

3）替换继电器后，近光灯能正常工作，则需更换新的近光灯继电器。

完成情况：□完成

□未完成，原因：_____

Step10 检查灯光组合开关线束插接器 IP26 的 16 号端子与车身接地之间的电压。

1）拔下灯光组合开关线束插接器 IP26，端子编号如图 3-16 所示。

2）用万用表测量灯光组合开关线束插接器 IP26 的 16 号端子与车身接地之间的电压。标准电压值为 11~14V。

3）如果电压值不符合标准，则修复灯光组合开关线束插接器 IP26 的 16 号端子到熔断器 IF22 之间的断路故障。

完成情况：□完成

□未完成，原因：_____

Step11 检查灯光组合开关内部触点导通情况。

1）断开灯光组合开关线束插接器 IP26。

2）将组合开关拨至近光灯档位。

3）用万用表测量灯光组合开关线束插接器 IP26 的 13 号与 16 号端子之间的电阻。标准电阻值应小于 1Ω。

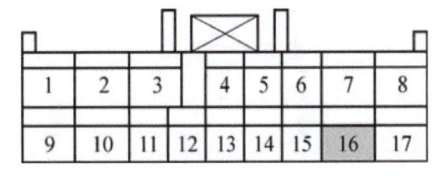

图 3-16 灯光组合开关线束插接器 IP26

4）如果电阻值不符合标准，则更换灯光组合开关。

完成情况：□完成

□未完成，原因：_____

Step12 检查灯光组合开关线束插接器 IP26 的 13 号端子到近光灯继电器的线路。

1）断开灯光组合开关线束插接器 IP26。

2）拔下近光灯继电器。

3）用万用表测量灯光组合开关线束插接器 IP26 的 13 号端子与近光灯继电器 85 号端子之间的电阻。标准电阻值应小于 1Ω。

4）如果电阻值不符合标准，修复灯光组合开关线束插接器 IP20 的 13 号端子与近光灯继电器 85 号端子之间的开路故障。

完成情况：□完成

□未完成，原因：_____

Step13 检查近光灯继电器 86 号端子与车身接地之间的电阻。

1）拔下近光灯继电器。

2）用万用表测量近光灯继电器 86 号端子与车身搭铁之间的电阻。标准电阻值应小于 1Ω。

3）如果电阻值不符合标准，修复车身搭铁与近光灯继电器 86 号端子之间的开路故障。

完成情况：□完成

□未完成，原因：_____

四、任务小结

要完成检修新能源汽车前照灯不工作故障的任务，可以通过查阅维修手册或相关资料熟悉车辆灯光电路的控制原理。在看懂电路图的基础上，结合故障现象分析故障原因和可能故障点。再通过对相关线路和器件的检测，确定故障器件或故障点。在检修过程，一般遵守先易后难的原则，即首先检查灯泡、熔断器等容易检测部分，再检测线路短路或断路故障，最后检测控制单元 BCM 等。

》》 知识拓展

一、认识比亚迪 e5 组合开关原理图

如图 3-17 所示，比亚迪 e5 组合开关总成由变光信号开关、转向灯信号开关、雾灯信号开关、刮水器信号开关、洗涤信号开关、CPU 和 CAN 信号及 I/O 接口等组成。组合开关内部的各种开关触点向 CPU 输送开关信号，经 CPU 处理后通过 CAN 网向对应驱动模块输送驱动信号，点亮对应的灯光等。

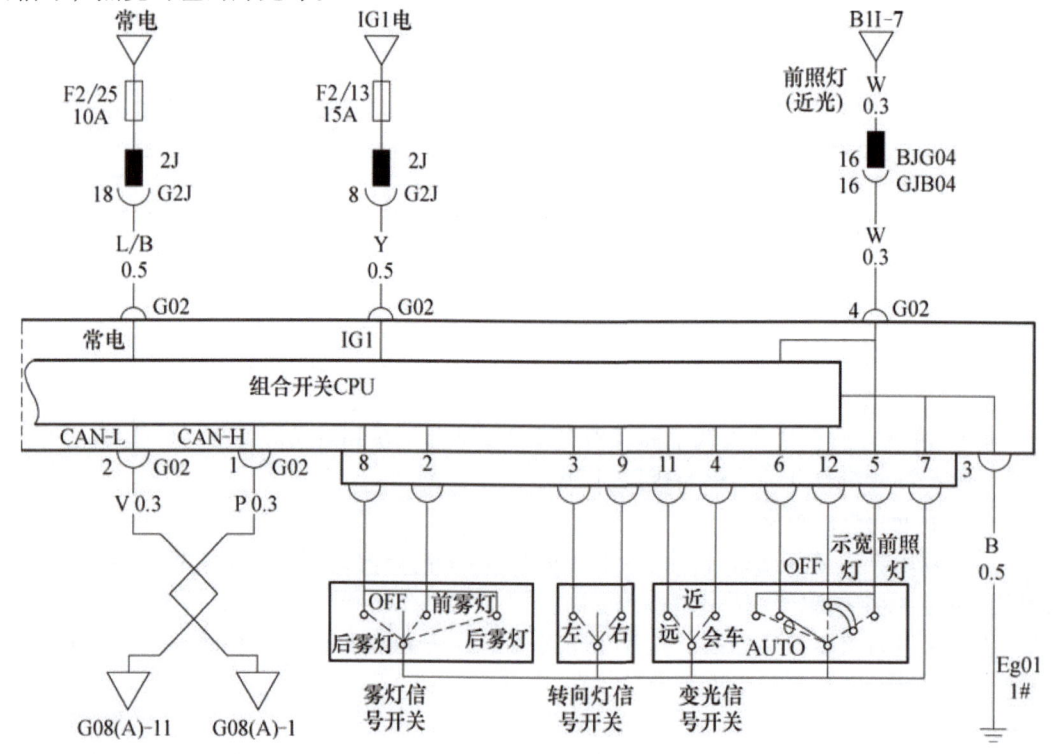

图 3-17 比亚迪 e5 组合开关原理图

二、比亚迪秦 EV 灯光系统检修

1. 比亚迪秦 EV 灯光系统概述

照明系统为汽车夜间行驶提供照明,车外照明灯具主要有前照灯、倒车灯、牌照灯、雾灯等,车内照明灯具主要有室内灯、门灯、各开关背光灯等。各种灯具装在各自所需照明的位置,并配以各自的控制开关和线路及熔断器等,组成照明系统。照明系统同时带有信号提示功能,产生光信号,向其他车辆的驾驶员和行人发出警告,以引起注意,确保车辆行驶安全,包括转向信号、制动信号、危险警告信号及示廓信号、倒车信号等。

比亚迪秦 EV 除了具有传统灯光照明功能外,还配有自动灯光及前照灯延时退电功能,使灯光的使用更便利及人性化。

自动灯光:将灯光开关组调到 AUTO 档,BCM 会根据光照强度传感器采集的外界光照强度进行判定,自动控制灯光开启和关闭,并根据光照强度不同开启示宽灯或前照灯。

前照灯延时退电:当前照灯打开,车辆电源从 ON 档退电到 OFF 档时,前照灯不会立即熄灭,灯光开关组自动计时让前照灯再亮 10s 后断开灯光继电器,熄灭前照灯。

比亚迪秦 EV 灯光系统框图如图 3-18 所示。

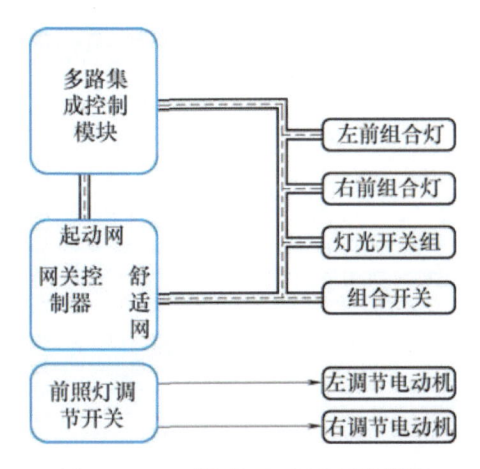

图 3-18 比亚迪秦 EV 灯光系统框图

2. 灯光系统诊断流程

1)把车辆开入维修车间。用户所述故障分析:向用户询问车辆状况和故障产生时的环境。

2)检查蓄电池电压:

标准电压值为 11~14V。

如果电压值低于 11V,在转至下一步前对蓄电池充电或更换蓄电池。

3)参考故障症状表。

结果	转至
故障不在故障症状表中	第 4)步
故障在故障症状表中	第 5)步

4)全面分析与诊断。

① 全面功能检查。

② ECU 端子检查。

③ 用诊断仪检查。

5)调整、维修或更换线路或零部件。

6)确认测试结果。

7)结束。

3. 前照灯故障症状表

故障描述	可能发生故障的部位
近光灯不亮(一侧)	LED 灯、左前组合灯 ECU 或右前组合灯 ECU
近光灯不亮(两侧都不亮)	LED 灯、左前组合灯 ECU 和右前组合灯 ECU、组合开关控制电路
远光灯不亮(一侧)	LED 灯、左前组合灯 ECU 或右前组合灯 ECU
远光灯不亮(两侧都不亮)	LED 灯、左前组合灯 ECU 和右前组合灯 ECU、组合开关控制电路
前照灯灯光昏暗(亮度不够)	蓄电池电压、线束
超车灯不工作(远光灯与近光灯正常)	组合开关控制电路、左前组合灯 ECU 和右前组合灯 ECU

4. 组合开关电路（图 3-19）

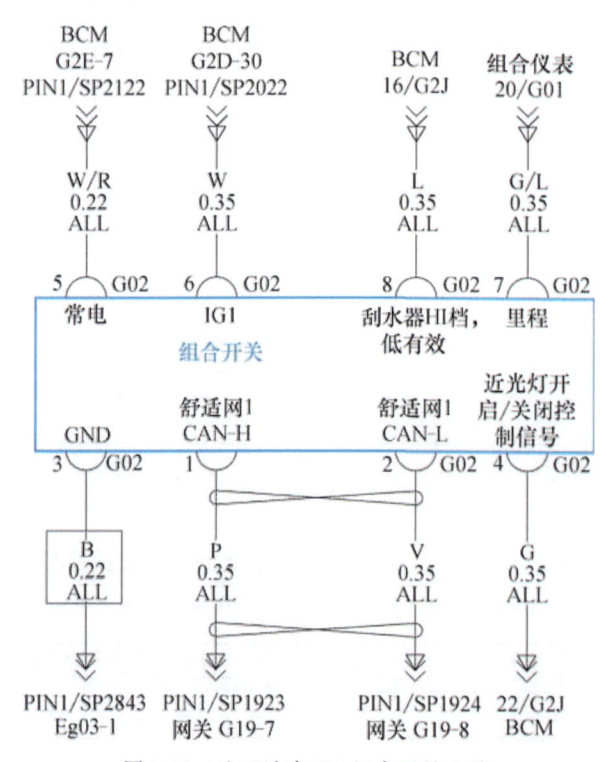

图 3-19 比亚迪秦 EV 组合开关电路

5. 组合开关电路检查步骤

1）检查故障码。

① 将诊断仪插入 DLC3。

② 清除故障码。

③ 读取组合开关故障码

故障码	含义
B24AA-00	组合开关控制装置内部错误

正常：无故障码输出。

异常：更换组合开关。

2）检查熔断器。

用万用表检查仪表板配电盒 F2/42、F2/33 熔断器通断情况。

正常：熔断器导通。

异常：更换熔断器。

3）检查线束（组合开关电源线束）。

① 断开组合开关插接器 G02。

② 电源打到 OK 档。

③ 检查端子电压。

端子	线色	正常情况
G02-5—车身地	L/W	11~14V
G02-6—车身地	L/B	11~14V
G02-3—车身地	B	<1V

异常：更换线束。

正常：下一步。

4）检查组合开关。

① 不断开组合开关插接器 G02。

② 电源打到 ON 档。

③ 从组合开关插接器 G02 后端引线，检查端子电压值。

端子	线色	条件	正常情况
G02-1—车身地	P	始终	2.5~3.5V
G02—车身地	V	始终	1.5~2.5V

异常：更换组合开关。

6. 比亚迪秦 EV 近光灯电路（图 3-20）

7. 比亚迪秦 EV 远光灯电路（图 3-21）

8. 比亚迪秦 EV 日间行车灯电路（图 3-22）

9. 日间行车灯检查步骤

1）检查熔断器。

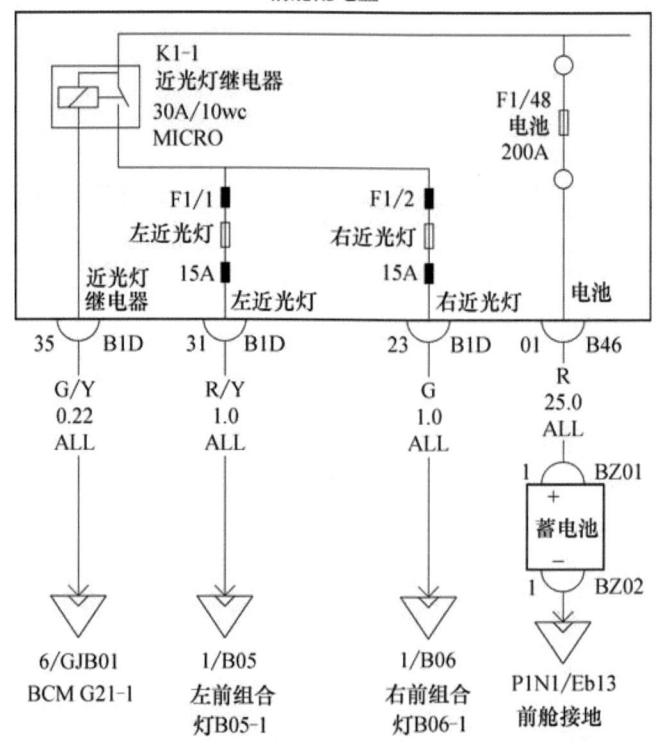

图 3-20　比亚迪秦 EV 近光灯电路

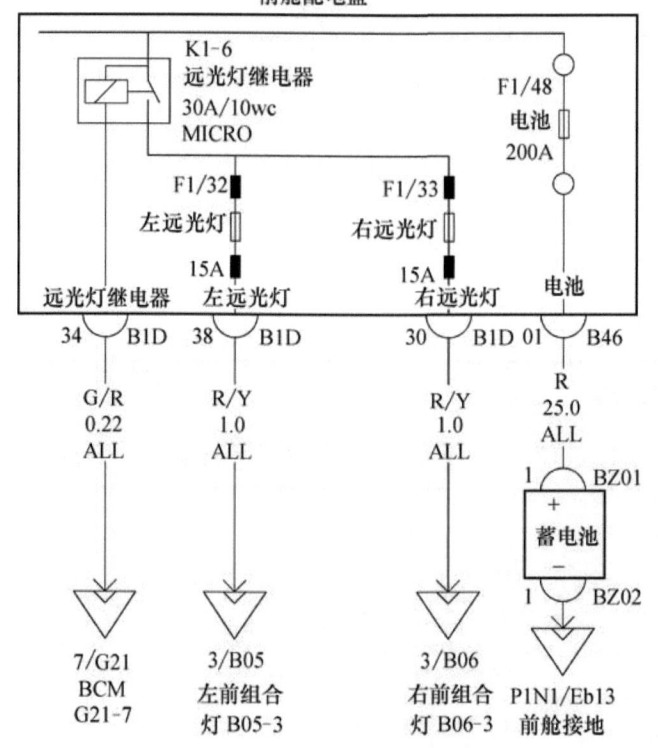

图 3-21　比亚迪秦 EV 远光灯电路

```
                    前舱配电盒
        ┌─────────────────────────────┐
        │   ┌──┐                       │
        │   │K1│-18                    │
        │   └──┘   日间行车灯继电器     │
        │          内部继电器            │
        │                               │
        │                    F1/3       │
        │                   日间行车灯    │
        │                    5A         │
        │  日间行车灯继电器  日间行车灯   │
        └────┬──────────────┬───────────┘
            36  B1D        16  B1D
            Br/W           G/L
            0.22           0.22
            ALL            ALL
         4 ┌BJG01┐              SP2028  G/L 0.22
         4 └GJB01┘                      ALL
            Br/W           G/L
            0.22           0.22
            ALL            ALL
             ▽              ▽            ▽
           5/G2J          7/B05        7/B06
           BCM          左前组合灯    右前组合灯
```

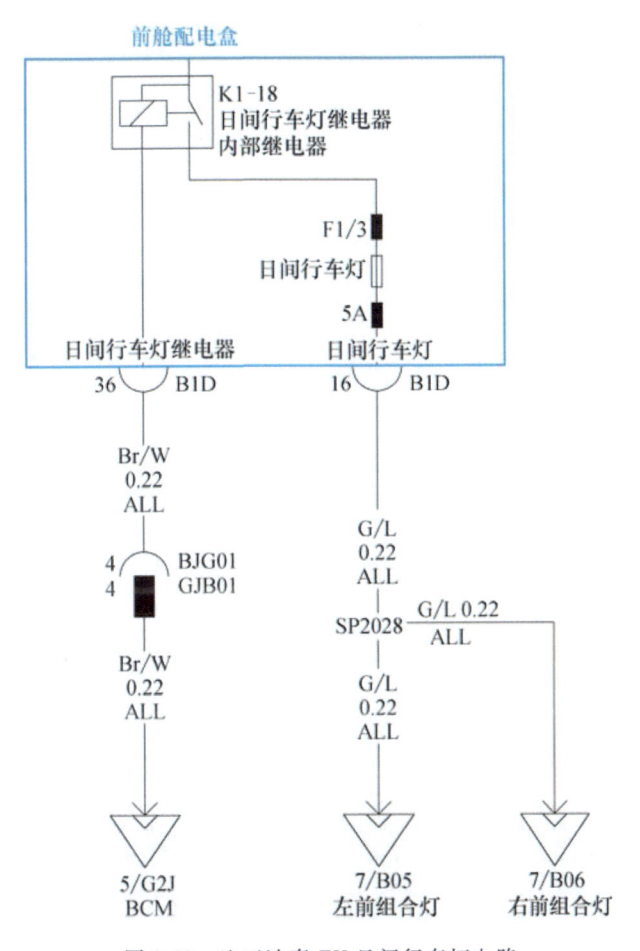

图 3-22 比亚迪秦 EV 日间行车灯电路

用万用表检查仪表板配电盒 F1/3 熔断器通断情况。

正常：熔断器导通。

异常：更换熔断器。

2）检查灯泡。

① 断开灯泡插接器。

② 给灯泡两端加电压，检查灯泡（左、右测试方法相同）是否正常。

端子	正常情况
B05-5-蓄电池(+)，B05-6-蓄电池(-)	灯泡点亮

异常：更换灯泡。

正常：下一步。

3）检查线束（前舱配电盒-日间行车灯）。

① 断开灯泡插接器 B05、B06（左、右测试方法相同）。

② 断开前舱配电盒 B44。

日间行车灯

端子	线色	正常情况
B05-7—B1D-16	G/B	<1Ω

接地

端子	线色	正常情况
B05-6—车身地	B	<1Ω

异常：更换线束。

正常：更换前舱配电盒。

10. 比亚迪秦 EV 前照灯调节电路（图 3-23）

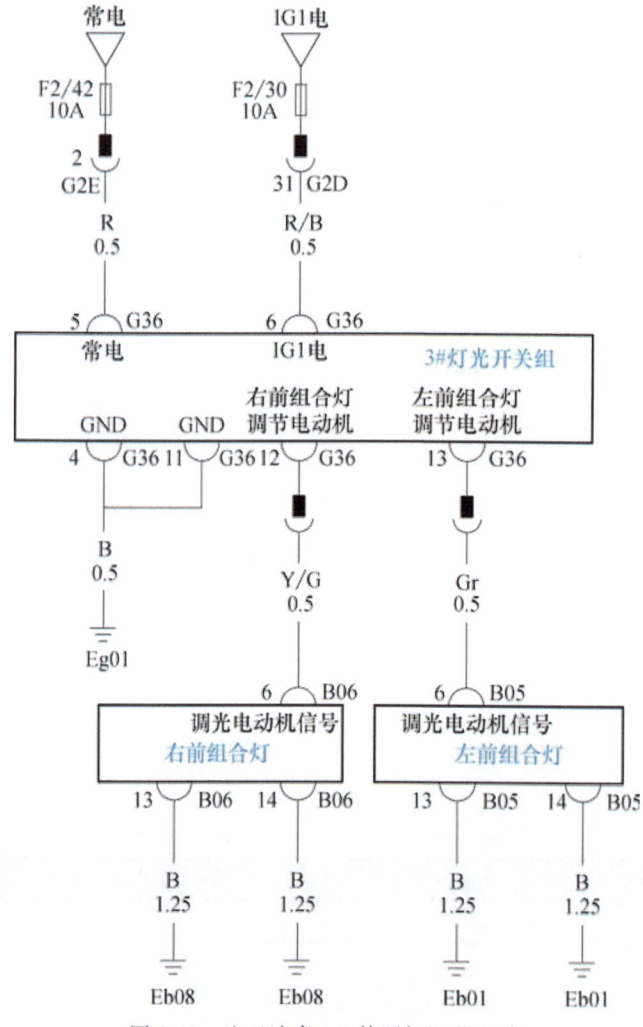

图 3-23 比亚迪秦 EV 前照灯调节电路

11. 前照灯调节不工作故障检修步骤

1）检查灯光开关组电源。

① 从灯光开关组 G36 插接器后端引线。

② 检查各端子电压。

端子	条件	正常情况
G36-5—车身地	始终	11~14V
G36-4—车身地	始终	<1Ω

异常：跳到第4）步。

正常：下一步。

2）检查前照灯调节开关。

① 调节前照灯调节开关档位。

② 检查开关 G36-12 与 G36-13 两端子输出电压。

端子	正常情况
G36-12—车身地	随着前照灯调节开关档位的变化，端子电压有变化
G36-13—车身地	电压与4号端子基本一致

异常：更换灯光开关组。

正常：下一步。

3）检查线束。

① 断开灯光开关组插接器 G36。

② 断开左前组合灯插接器 B05。

③ 断开右前组合灯插接器 B06。

端子	线色	正常情况
B05-6—G36-13	Gr	<1Ω
B06-6—G36-12	Y/G	<1Ω
B05-14—车身地	B	<1Ω
B06-14—车身地	B	<1Ω

异常：更换或维修线束。

正常：下一步。

4）更换调节电动机。

>>> 思考与练习

任务2　检修新能源汽车转向灯不工作故障

>>> 任务目标

1. 能描述新能源汽车转向灯系统的组成。
2. 能看懂转向灯系统的控制电路图，熟悉转向灯系统的工作原理。

3. 会新能源汽车转向灯系统常见故障检修的方法。

4. 会查阅维修手册，能小组分工合作、发扬工匠精神，完成新能源车转向灯不工作故障的检修任务。

》》 任务导入

某 4S 店售后维修小组接到一张任务工作单：一辆 2018 款纯电动车辆，行驶里程 46000km，近期出现转向灯不工作的故障。作为维修技师的你，应如何检修该故障？

》》 知识链接

一、新能源汽车转向信号灯系统组成

新能源汽车需要转弯时，灯光信号采用灯闪烁的方式来指示车辆将向左转或向右转，以引起车辆及行人的注意。当遇到危险情况时，可使前后左右所有的转向灯同时闪烁，作为危险警告信号告知其他车辆，并提示其他车辆避让。

新能源汽车转向信号灯电路主要由 12V 蓄电池、转向灯控制开关、转向信号灯和闪光器（或集成在控制模块内部的闪光器）等组成。闪光器的作用是在车辆转向时，使转向灯与危险警告灯、转向指示灯发出明暗交替的闪烁信号。有些新能源汽车没有单独的闪光器，而是将集成式电路闪光器内置在某个控制单元内部，新能源汽车的闪光器一般内置于 BCM（中央集控器），比亚迪 e5 电动汽车的闪光器内置于 MICU（多路集成控制单元）。

1. 转向灯控制开关

图 3-24 所示为吉利帝豪 EV300 电动汽车灯光组合开关实物及转向灯开关表。转向灯开关是灯光组合开关的一部分，转向灯开关由三个档位（OFF 档、左转向档和右转向档）、三根信号线和两对触点开关组成。将开关操作手柄（在方向盘所在的平面）向上拨动，接通右转向灯开关，即将线束插接器 IP33 的 12 号和 13 号端子经内部触点开关接通；将开关操作手柄（在方向盘所在的平面）向下拨动，接通左转向灯开关，即将线束插接器 IP33 的 11 号和 12 号端子经内部触点开关接通；当转向灯开关拨到中间位置（即 OFF 档）时，转向灯开关断开，组合开关线束插接器 IP33 的 11、12 和 13 号线互不接通。

2. 转向信号灯

转向信号灯灯泡常见的有 LED 灯和白炽灯，如图 3-25 所示。转向信号灯灯泡的功率一般为 20~25W，转向信号灯闪光的频率应控制在 50~110 次/min，一般为 60~95 次/min。

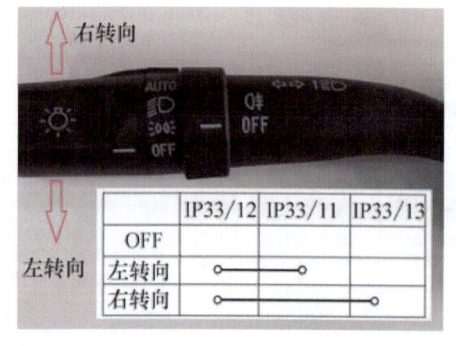

图 3-24 灯光组合开关实物及转向灯开关表

图 3-25 转向信号灯

3. 闪光器

闪光器用来控制转向信号灯的闪烁，目前得到广泛应用的闪光器有电容式、翼片式和电子式三种。电容式闪光器闪光频率稳定，工作可靠。翼片式闪光器结构简单、体积小、闪光频率稳定，监控作用明显，工作时伴有响声。电子式闪光器具有性能稳定，可靠性高等优点。有些新能源汽车将闪光器与电子控制模块集成为一体，其外形如图 3-26 所示。

图 3-26　电子式闪光器和控制模块实物图

二、转向灯系统控制原理

新能源汽车转向信号灯和危险警告信号灯常见的控制原理有两种。

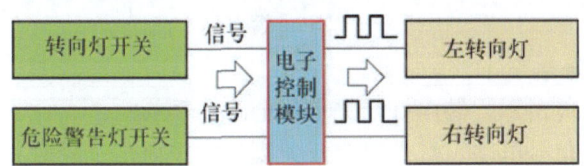

1）第一种转向信号灯和危险警告信号灯控制原理，如图 3-27 所示。

① 转向信号灯控制回路：12V 蓄电池正极→点火开关（提供工作电源）→闪光器（提供间断 12V 电）→转向灯开关（接通左或右转向灯）→左或右转向灯→12V 蓄电池负极。

② 危险警告信号灯控制回路：12V 蓄电池正极→危险警告信号开关（接通 12V 工作电源）→闪光器→危险警告信号开关（同时接通左右两边的转向灯）→左和右转向灯→12V 蓄电池负极。

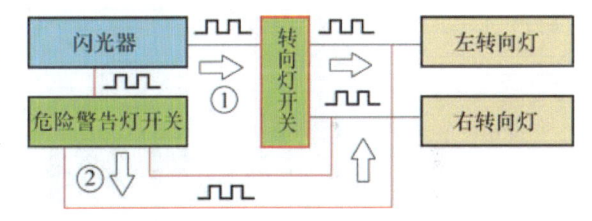

图 3-27　转向信号灯和危险警告信号灯控制原理 1

2）第二种转向信号灯和危险警告信号灯控制原理，如图 3-28 所示。转向灯开关和危险警告信号灯开关向电子控制模块输送开关信号。当电子控制模块接收到左转向开关信号时，电子控制模块驱动电路向所有左转向灯提供间断的 12V 电压，使左转向灯开始闪烁；当电子控制模块接收到右转向开关信号时，电子控制模块驱动电路向所有右转向灯提供间断的 12V 电压，使右转向灯开始闪烁；当电子控制模块接收到危险警告灯开关信号时，电子控制模块驱动电路同时向所有左和右转向灯提供间断的 12V 电压，使左右两边的转向灯都开始闪烁。

图 3-28　转向信号灯和危险警告信号灯控制原理 2

三、转向信号灯和危险警告信号灯电路分析（以吉利帝豪 EV300 为例）

1. 电源电路

如图 3-29 所示，吉利帝豪 EV300 转向灯和危险警告信号灯的电源电路有 3 条：

1）12V 蓄电池正极 B+→熔断器 IF19（5A）→BCM 插接器 IP03 的 6 号端子。

2）12V 蓄电池正极 B+→熔断器 IF17（10A）→BCM 插接器 IP03 的 14 号端子。

3）IG1 电源→熔断器 IF26（10A）→BCM 插接器 IP02 的 33 号端子，为 BCM 提供 IG 工作电源。

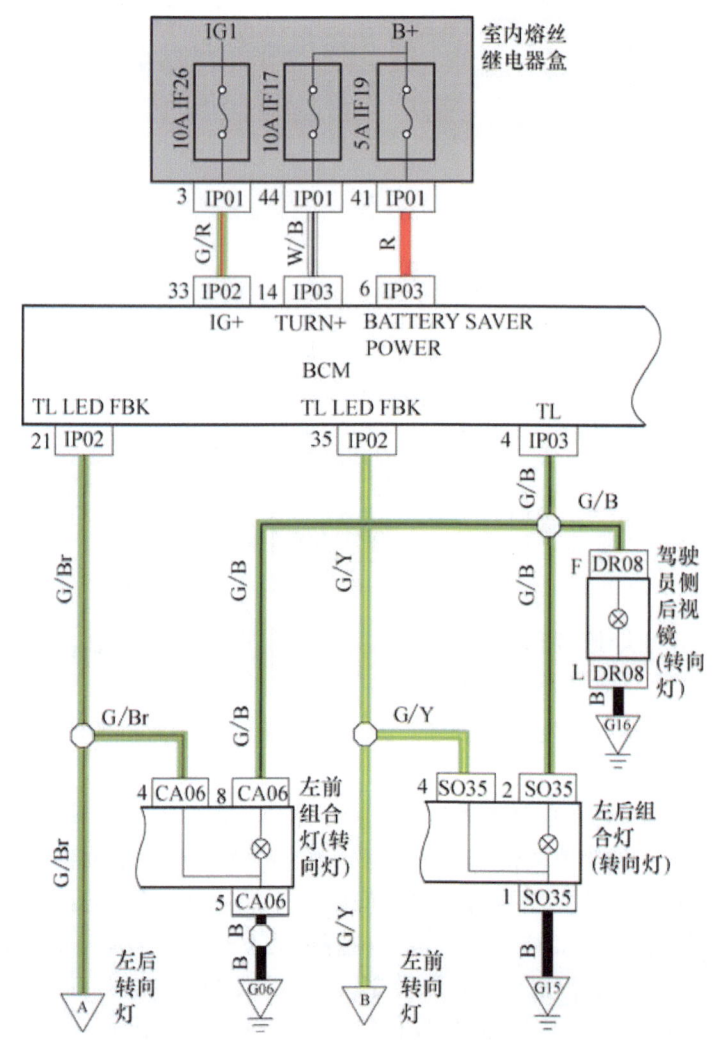

图 3-29　吉利帝豪 EV300 转向灯和危险警告信号灯电路 1

2. 转向灯开关信号电路

如图 3-29 和图 3-30 所示，转向灯开关信号电路有 2 条：

1）左转向灯开关信号电路：灯光组合开关拨到左转向灯位置时（灯光组合开关插接器 IP26 的 1 号与 2 号端子接通），12V 蓄电池负极→搭铁点 G12→灯光组合（转向）开关插接器 IP26 的 2 号端子→IP26 的 1 号端子→BCM 插接器 IP02 的 27 号端子。BCM（中央集控器）通过插接器 IP02 的 27 号端子接通搭铁信号后，BCM 通过 IP03 的 4 号线输出通断交替的 12V 电压来驱动左转向灯，使所有的左转向灯闪烁。

2）右转向开关信号电路：灯光组合开关拨到右转向灯位置时（灯光组合开关插接器 IP26 的 3 号与 2 号端子接通），12V 蓄电池负极→搭铁点 G12→灯光组合（转向）开关插接器 IP26 的 2 号端子→IP26 的 3 号端子→BCM 插接器 IP02 的 9 号端子。BCM（中央集控器）通过插接器 IP02 的 9 号端子接通搭铁信号后，BCM 通过 IP03 的 13 号线输出通断交替的 12V 电压来驱动右转向灯，使所有的右转向灯闪烁。

3. 转向灯工作电路

1）左转向灯工作电路：如图 3-29 所示，左转向灯工作时，BCM（中央集控器）插接器 IP03 的 4 号端子输出通断交替的 12V 工作电压→左前组合灯（转向灯）CA06 的 8 号端子、左后组合灯（转向灯）SO35 的 2 号端子驾驶员侧后视镜（转向灯）DR08 的 F 端子→分别连到搭铁点 G06、G15、G16→12V 蓄电池负极。此时左前组合灯（转向灯）、左后组合灯（转向灯）和驾驶员侧后视镜（转向灯）均闪烁。

2）右转向灯工作电路：如图 3-30 所示，右转向灯工作时，BCM（中央集控器）插接器 IP03 的 13 号端子输出通断交替的 12V 工作电压→右前组合灯（转向灯）CA24 的 8 号端子

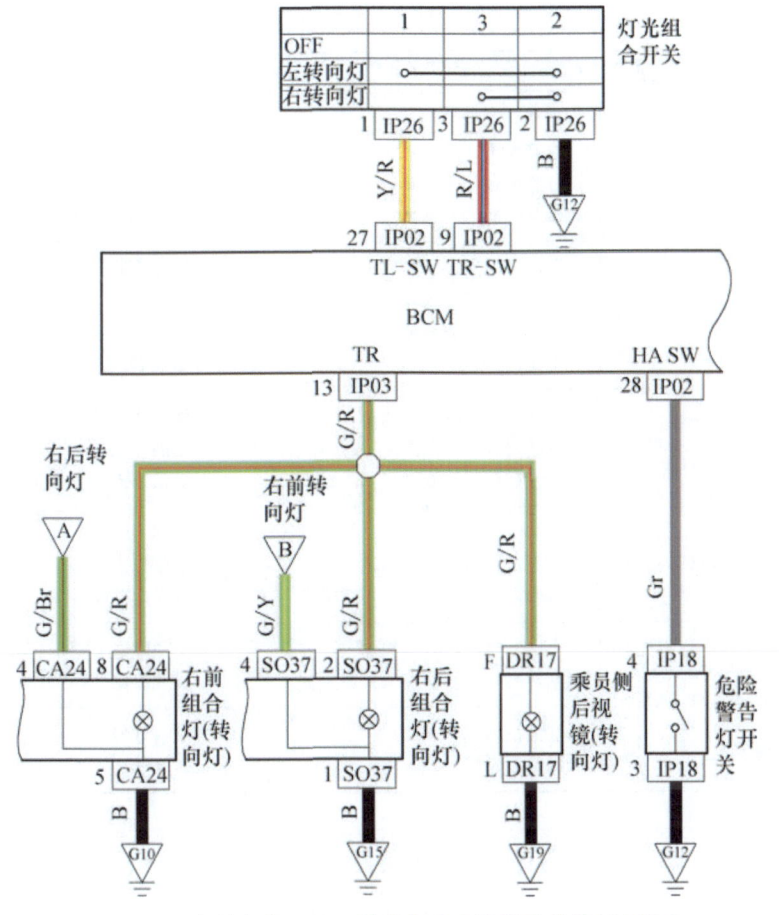

图 3-30　吉利帝豪 EV300 转向灯和危险警告信号灯电路 2

右后组合灯（转向灯）SO37 的 2 号端子、乘员侧后视镜（转向灯）DR17 的 F 端子→分别连到搭铁点 G10、G15、G19→12V 蓄电池负极。此时右前组合灯（转向灯）、右后组合灯（转向灯）和乘员侧后视镜（转向灯）均闪烁。

4. 危险警告灯电路

当按下危险警告灯开关时，12V 蓄电池负极→搭铁点 G12→危险警告灯开关触点闭合→BCM 插接器 IP02 的 28 号端子。BCM（中央集控器）通过插接器 IP02 的 28 号端子接通搭铁信号后，BCM 会通过线束插接器 IP03 的 4 号和 13 号端子输出通断交替的 12V 工作电压，驱动所有的转向灯闪烁。

5. 转向信号灯工作反馈电路

1) BCM（中央集控器）插接器 IP02 的 21 号端子→左前组合灯（转向灯）插接器 CA06 的 4 号端子和右前组合灯 B（转向灯）插接器 CA24 的 4 号端子。

2) BCM（中央集控器）插接器 IP02 的 35 号端子→左后组合灯（转向灯）插接器 SO35 的 4 号端子和右后组合灯 B（转向灯）插接器 SO37 的 4 号端子。

四、转向信号灯电路常见故障检修

新能源汽车转向信号灯常见的故障现象及排除方法见表 3-2。

表 3-2 转向信号灯常见故障现象及排除方法

故障现象	故障原因	排除方法
转向信号灯均不亮	熔断器断路 连接线路故障 灯光组合开关故障 BCM(闪光器)故障	更换熔断器 修复线路 更换灯光组合开关 更换 BCM(闪光器)
左转向灯不亮,右转向灯正常	左转向灯连接线路故障 左转向灯泡损坏 灯光组合开关故障 BCM(闪光器)故障	修复线路 更换灯泡 更换灯光组合开关 更换 BCM(闪光器)
右转向灯不亮,左转向灯正常	右转向灯连接线路故障 右转向灯泡损坏 灯光组合开关故障 BCM(闪光器)故障	修复线路 更换灯泡 更换灯光组合开关 更换 BCM(闪光器)
左转向灯正常,右转向灯闪光频率变快	个别右转向灯泡损坏 右转向灯工作信号采集线断路	更换灯泡 修复线路
右转向灯正常,左转向灯闪光频率变快	个别左转向灯泡损坏 左转向灯工作信号采集线断路	更换灯泡 修复线路
单个转向灯不亮	灯泡损坏 线路故障	更换灯泡 修复线路

五、新能源汽车转向灯不工作故障检修流程图

图 3-31 所示为新能源汽车转向灯不工作故障诊断流程图。

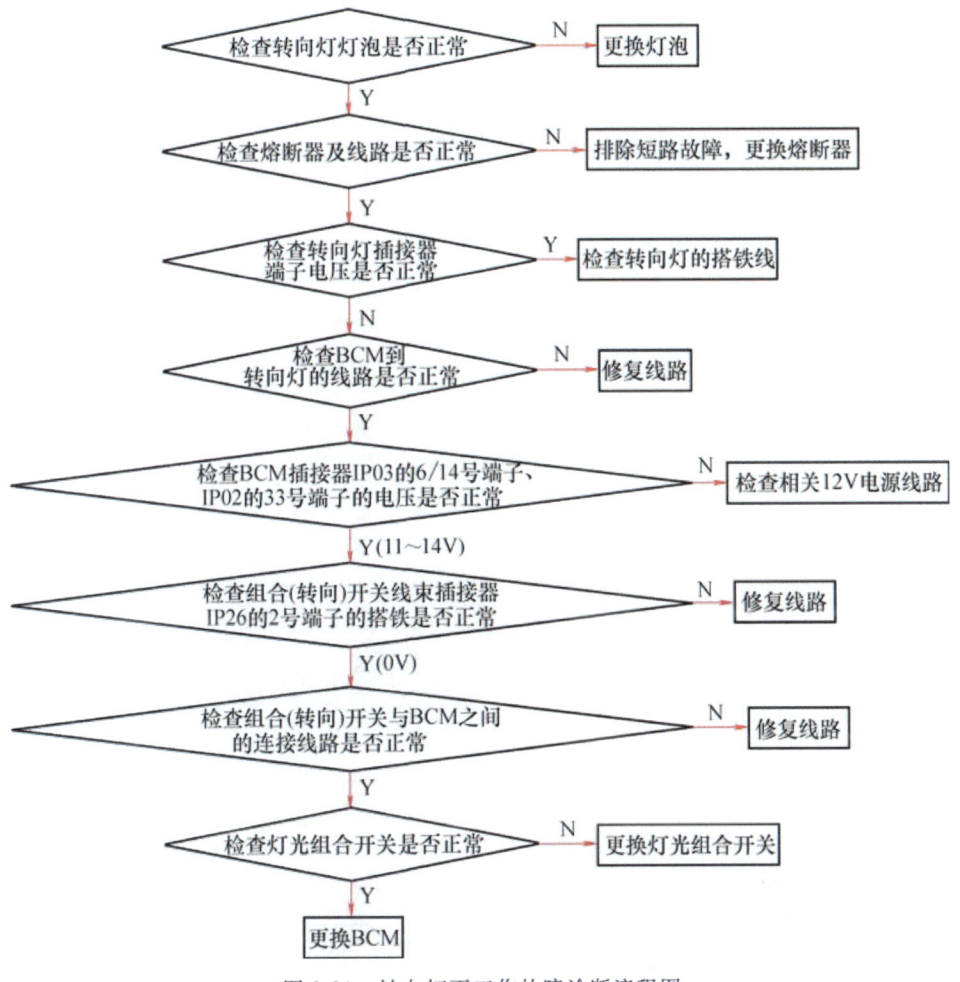

项目 3 新能源汽车照明与信号系统故障检修

```
检查转向灯灯泡是否正常 --N--> 更换灯泡
         |Y
检查熔断器及线路是否正常 --N--> 排除短路故障，更换熔断器
         |Y
检查转向灯插接器端子电压是否正常 --Y--> 检查转向灯的搭铁线
         |N
检查BCM到转向灯的线路是否正常 --N--> 修复线路
         |Y
检查BCM插接器IP03的6/14号端子、IP02的33号端子的电压是否正常 --N--> 检查相关12V电源线路
         |Y(11~14V)
检查组合(转向)开关线束插接器IP26的2号端子的搭铁是否正常 --N--> 修复线路
         |Y(0V)
检查组合(转向)开关与BCM之间的连接线路是否正常 --N--> 修复线路
         |Y
检查灯光组合开关是否正常 --N--> 更换灯光组合开关
         |Y
更换BCM
```

图 3-31　转向灯不工作故障诊断流程图

》》任务实施

一、任务方案制订

查阅维修手册，扫描二维码，观看新能源汽车转向灯不工作故障检修微课视频，制订新能源汽车转向灯不工作故障检修的任务方案。

二、实施准备工作

吉利帝豪 EV300 维修手册、新能源汽车实训车辆或台架、新能源汽车电气设备检修工具和仪器、安全防护工具等。

转向灯不工作故障检修

1.任务分工 → 2.扫描二维码观看微课视频 → 3.工具准备 → 4.安全注意事项

三、详细操作步骤

Step1 查阅维修手册电路图，绘制转向信号灯系统电路简图，如图 3-32 所示。

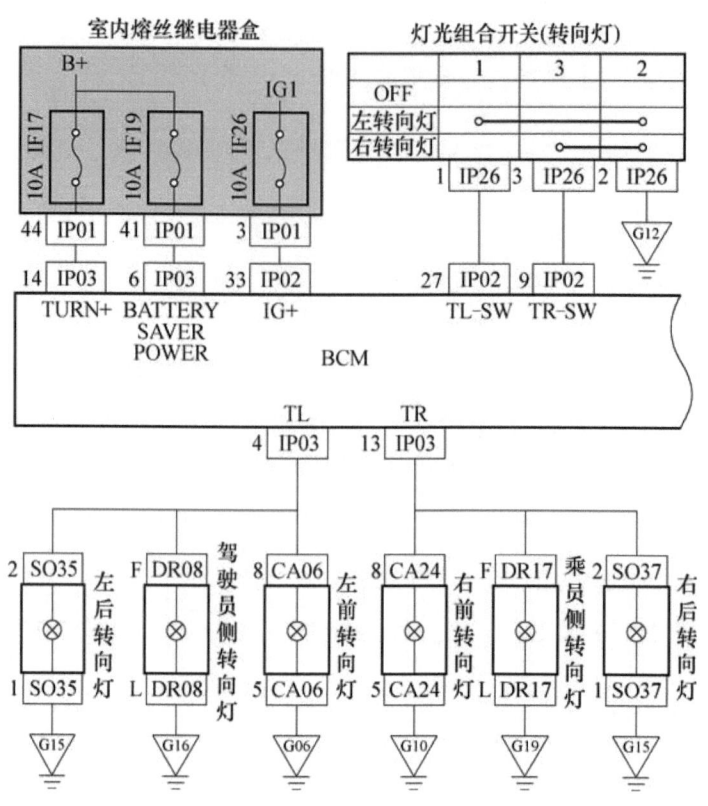

图 3-32 吉利帝豪 EV300 转向信号灯电路简图

完成情况：□完成
　　　　　□未完成，原因：_____

Step2 组装三件套、翼子板布和前格栅布，放置三角木，确认驻车制动。

完成情况：□完成
　　　　　□未完成，原因：_____

Step3 检查转向灯灯泡。

1）拆卸故障转向信号灯灯泡，检查灯泡灯丝。

2）如果转向灯灯丝熔断，则更换灯泡。

完成情况：□完成
　　　　　□未完成，原因：_____

Step4 检查熔断器。

1）拔出熔丝 IF17、IF19、IF26，检查是否熔断。

2）如果熔断，进行线路修理，确认没有线路短路故障。

3）更换相同规格的熔断器。

完成情况：□完成
　　　　　□未完成，原因：_____

Step5 检查左转向灯线束插接器 CA06 的 8 号端子、DR08 的 F 号端子、SO35 的 2 号端子的电压。

1) 操作车辆起动开关，使电源模式切换至 ON。

2) 打开左转向灯开关，同时用万用表依次测量线束插接器 CA06 的 8 号端子、DR08 的 F 号端子、SO35 的 2 号端子与车身接地之间的电压，测量端子位置，如图 3-33 所示。电压标准值为 11~14V（闪烁）。

3) 如果电压值符合标准，则检查左转向灯线束插接器 CA06 的 5 号端子、DR08 的 L 号端子、SO35 的 1 号端子与车身接地之间的连接线路。

完成情况：□完成

□未完成，原因：_____

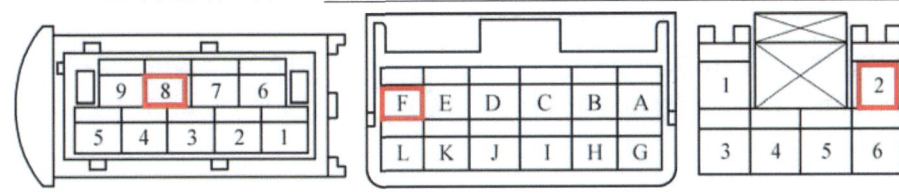

图 3-33 左转向灯线束插接器 CA06、DR08、SO35 测量端子位置图

Step6 检测左转向灯线束插接器 CA06 的 8 号端子、DR08 的 F 号端子、SO35 的 2 号端子与 BCM 线束插接器 IP03 的 4 号端子之间的线路。

1) 断开线束插接器 CA06、DR08、SO35 和 IP03。

2) 用万用表测量转向灯线束插接器 CA06 的 8 号端子、DR08 的 F 号端子、SO35 的 2 号端子与 BCM 线束插接器 IP03 的 4 号端子之间的电阻。标准电阻值应小于 1Ω。如果电阻值不符合标准，则修复或更换线束。

3) 测量转向灯线束插接器 CA06 的 8 号端子、DR08 的 F 号端子、SO35 的 2 号端子与车身接地之间的电阻。标准电阻值为 10kΩ 或更高。如果电阻值不符合标准，则修复或更换线束。

完成情况：□完成

□未完成，原因：_____

Step7 检查转向灯开关搭铁线路。

1) 断开灯光组合开关线束插接器 IP26。

2) 用万用表测量灯光组合开关插接器 IP26 的 2 号端子与车身接地之间的电阻值。标准电阻值为小于 1Ω。测量端子位置，如图 3-34 所示。

3) 如果电阻值不符合标准，则修复或更换线束。

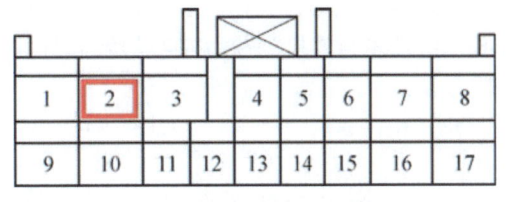

图 3-34 灯光组合开关线束插接器 IP26

完成情况：□完成

□未完成，原因：_____

Step8 检查灯光组合开关（转向灯开关），灯光组合开关线束插接器如图 3-34 所示。

1) 将转向灯开关拨到左转位置，用万用表测量插接器 IP26 的 1 号与 2 号端子之间的电阻值。

2) 将转向灯开关拨到右转位置，用万用表测量插接器 IP26 的 2 号与 3 号端子之间的电阻值。

新能源汽车电气设备检修

3) 电阻标准值应小于1Ω，如果电阻值不符合标准，则更换灯光组合开关。

完成情况：□完成

□未完成，原因：

Step9 检查转向灯开关与BCM之间的连接线路。

1) 断开灯光组合开关线束插接器IP26和BCM线束插接器IP02（图3-35）。

2) 用万用表测量灯光组合开关插接器IP26的1号端子与BCM插接器IP02的27号端子之间的电阻值。电阻标准值应小于1Ω。如果电阻值不符合标准，则修复或更换线束。

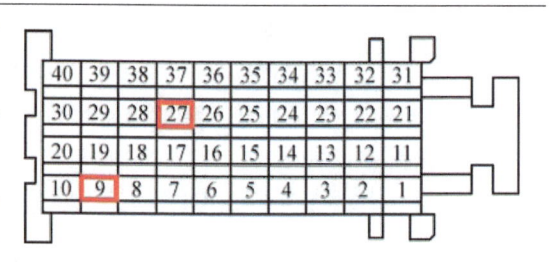

图 3-35　BCM 线束插接器 IP02

完成情况：□完成

□未完成，原因：

Step10 检查BCM线束插接器IP02的33、14、6号端子的电压。

1) 断开BCM线束插接器IP02。

2) 操作车辆起动开关，使电源模式切换至ON。

3) 用万用表测量BCM插接器IP03的33、14和6号端子与车身接地之间的电压。电压标准值为11~14V。

4) 如果电压值不符合标准，则修复或更换相关线束。

5) 如果前面测量都正常，转向灯仍不工作，则更换BCM。

完成情况：□完成

□未完成，原因：

四、任务小结

通过本次检修任务的学习，掌握了新能源汽车转向灯典型故障的检修方法。在这次检修任务中发现除因为单个转向灯不工作、相关线路故障、转向灯的功率与原厂的不符会引起单边转向灯闪光频率变快以外，如果BCM（中央集控器）插接器IP23的5号端子"TL TED FBK"信号线与连接到前后左右的转向灯的线路断路，也会引起单边转向灯闪光频率变快的故障现象。

>>> 知识拓展

一、认识吉利帝豪EV450转向信号灯和危险警告信号灯电路

1. 电源电路

如图3-36和图3-37所示，吉利帝豪EV450转向灯和危险警告灯的电路：12V蓄电池正极B+→熔断器IF01（30A）→BCM插接器IP22a端子3。

2. 左转向灯电路

1) 左转向灯开关信号采集电路：灯光组合（转向）开关拨到左转向灯位置时（灯光组合开关插接器IP38的11号与12号端子接通），12V蓄电池负极→搭铁点G28→灯光组合（转向）开关插接器IP38的12号端子→IP38的11号端子→BCM插接器IP20a的33号端

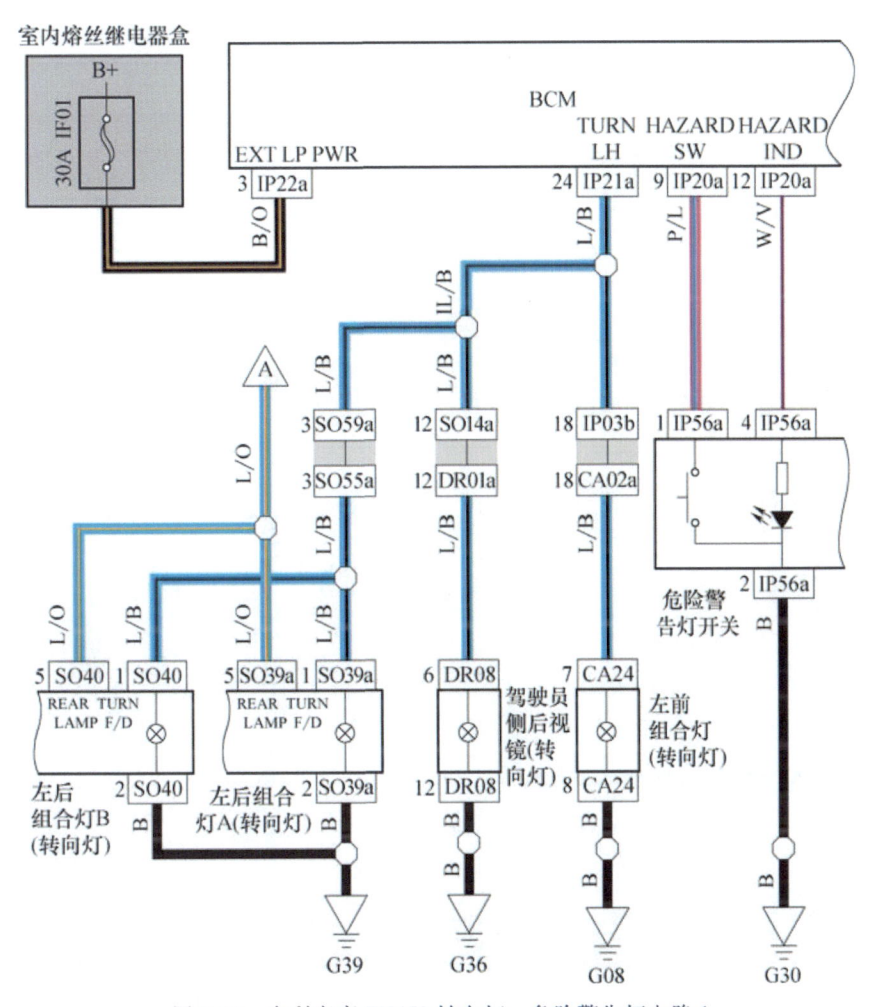

图 3-36 吉利帝豪 EV450 转向灯、危险警告灯电路 1

子。BCM（中央集控器）通过插接器 IP20a 的 33 号端子接通搭铁信号后，BCM 经过 IP21a 线束插接器 24 号线输出通断交替的 12V 电压，驱动左转向灯，使所有的左转向灯闪烁。

2）左转向灯工作电路：BCM（中央集控器）插接器 IP21a 的 24 号端子（输出通断交替的 12V 电压）→左前组合灯（转向灯）、左后组合灯 A（转向灯）、左后组合灯 B（转向灯）、驾驶员侧后视镜（转向灯）→分别到搭铁点 G08、G39、G39、G36→12V 蓄电池负极。此时左前组合灯（转向灯）、左后组合灯 A（转向灯）、左后组合灯 B（转向灯）和驾驶员侧后视镜（转向灯）均闪烁。

3. 右转向灯电路

1）右转向灯开关信号采集电路：灯光组合（转向）开关拨到右转向灯位置时（灯光组合开关插接器 IP38 的 13 号与 12 号端子接通），12V 蓄电池负极→搭铁点 G28→灯光组合（转向）开关插接器 IP38 的 12 号端子→IP38 的 13 号端子→BCM 插接器 IP20a 的 34 号端子。BCM（中央集控器）通过插接器 IP20a 的 34 号端子接通搭铁信号后，BCM 经过 IP21a 线束插接器 35 号线输出通断交替的 12V 电压，驱动左转向灯，使所有的左转向灯闪烁。

2）右转向灯工作电路：BCM（中央集控器）插接器 IP21a 的 35 号端子（输出通断交

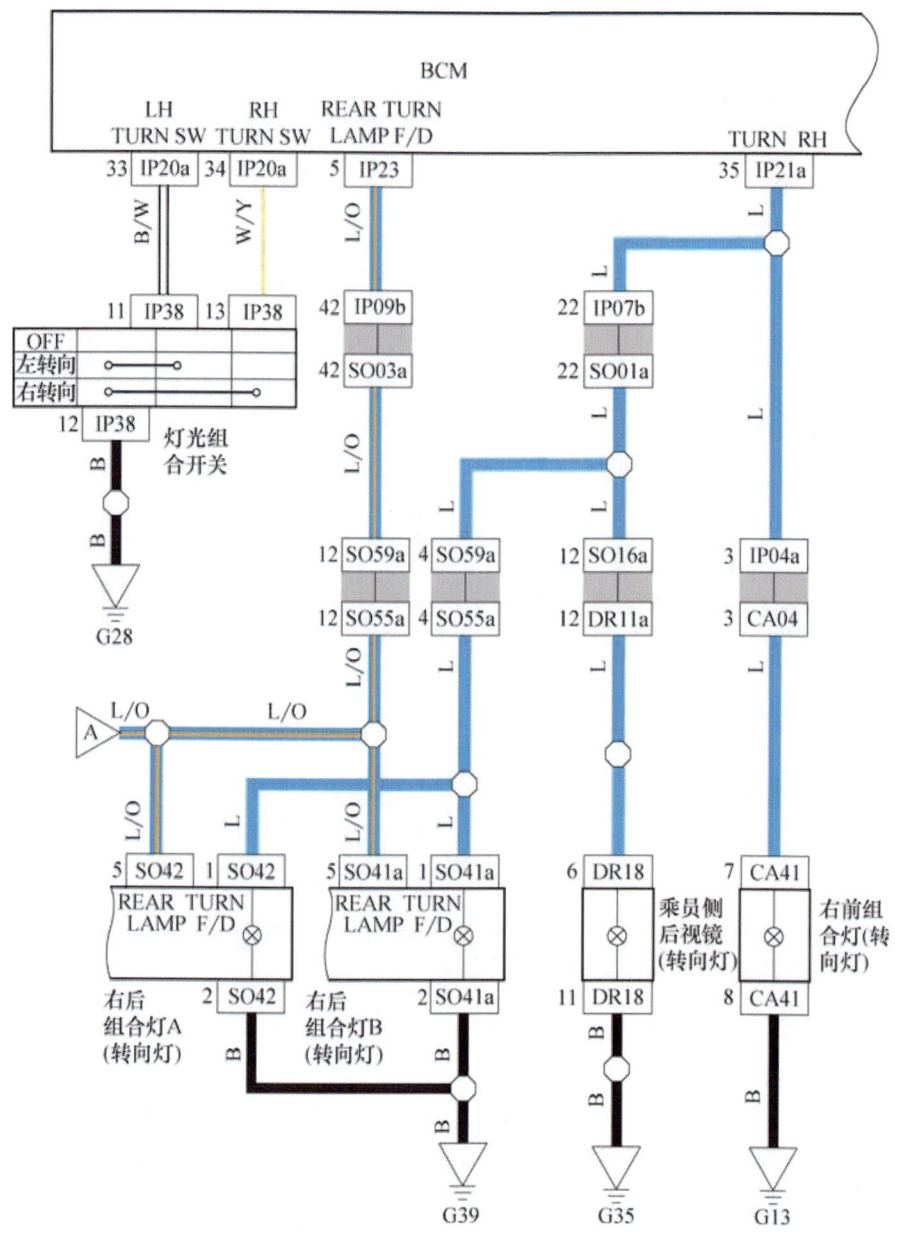

图 3-37 吉利帝豪 EV450 转向灯、危险警告灯电路 2

替的 12V 电压)→右前组合灯（转向灯）、乘员侧后视镜（转向灯）、右后组合灯 B（转向灯）、右后组合灯 A（转向灯）→分别连接到搭铁点 G13、G35、G39、G39→12V 蓄电池负极。此时右前组合灯（转向灯）、右后组合灯 B（转向灯）、右后组合灯 A（转向灯）和乘员侧后视镜（转向灯）均闪烁。

4. 危险警告灯工作电路

当按下危险警告灯开关时，12V 蓄电池负极→搭铁点 G30→危险警告灯开关闭合→BCM 插接器 IP20a 的 9 号端子。BCM（中央集控器）插接器 IP20a 的 9 号端子接通搭铁信号后，

BCM 会通过线束插接器 IP21a 的 24 和 35 号端子输出通断交替的 12V 电压来驱动所有的转向灯闪烁。

二、认识比亚迪 e5 左转向灯电路（图 3-38）

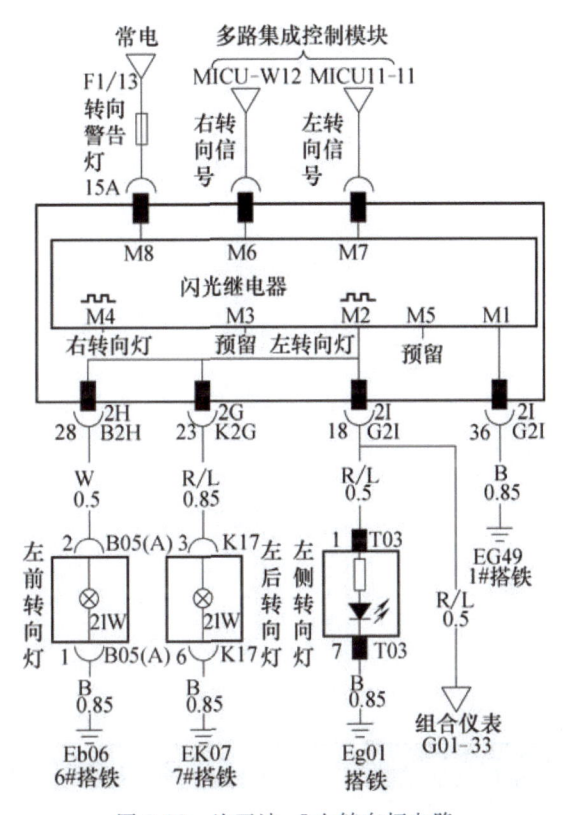

图 3-38 比亚迪 e5 左转向灯电路

三、比亚迪秦 EV 转向灯电路、紧急警告灯开关电路及故障检修

1. 比亚迪秦 EV 转向灯电路（图 3-39）

2. 转向灯故障检查步骤

1）检查熔断器。

用万用表检查仪表板配电盒 F2/10 熔断器的通断情况。

异常：更换熔断器。

正常：熔断器导通，下一步。

2）检查闪光继电器。

更换新的闪光继电器，检查功能是否正常。

正常：功能正常，结束。

异常：下一步。

3）检查转向灯灯泡。

① 断开灯泡插接器（左前 B05，右前 B06，左后 K17，右后 K18，左侧 T03，右侧 U03）。

② 给灯泡两端加电压（左前转向灯为例），检查灯泡。

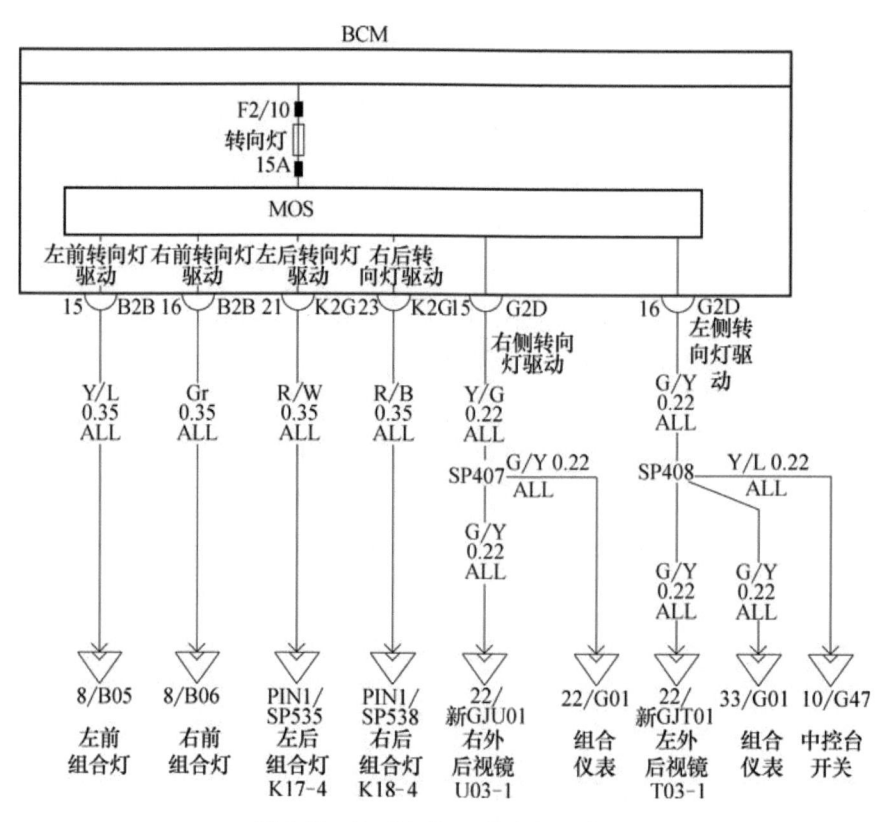

图 3-39 比亚迪秦 EV 转向灯电路图

端子	正常情况
B05-8-蓄电池(+) B05-6-蓄电池(-)	灯泡点亮

异常：更换灯泡。

正常：下一步。

4）检查线束（BCM-转向灯）。

① 断开灯泡插接器（左前 B05，右前 B06，左后 K17，右后 K18，左侧 T03，右侧 U03）。

② 断开仪表板配电盒插接器 K2G，G2D，B2B。

左前转向灯

端子	线色	正常情况
B05-8-B2B-15	WIR	<1Ω

右前转向灯

端子	线色	正常情况
B06-8-B2B-16	WIR	<1Ω

驾驶员侧转向灯

端子	线色	正常情况
T03-1-G2D-16	W/R	<1Ω

乘员侧转向灯

端子	线色	正常情况
U03-1-G2D-15	B/Y	<1Ω

左后转向灯

端子	线色	正常情况
K17-4-K2G-21	R	<1Ω

右后转向灯

端子	线色	正常情况
K18-4-K2G-23	Br	<1Ω

接地

端子	线色	正常情况
B05-6—车身地	B	<1V
K17-5—车身地	B	<1V
T03-7—车身地	B	<1V
U03-7—车身地	B	<1V
K18-5—车身地	B	<1V
B06-6—车身地	B	<1V

异常：更换线束。

正常：下一步。

5）更换 BCM。

3. 比亚迪秦 EV 紧急警告灯开关电路（图 3-40）

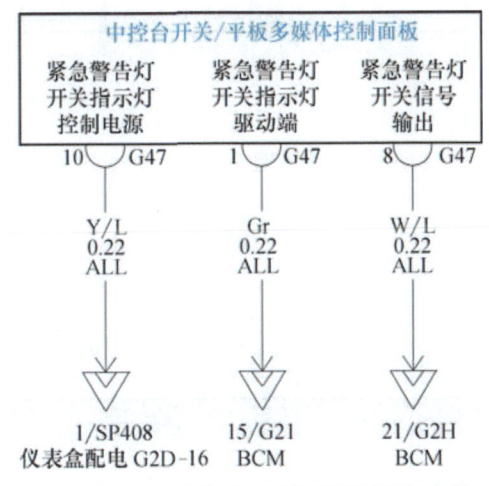

图 3-40　比亚迪秦 EV 紧急警告灯开关电路

4. 比亚迪秦 EV 紧急警告灯开关电路故障检修步骤

1）检查紧急警告灯开关。

① 断开紧急警告灯开关插接器 G47。

② 检查开关。

端子	条件	正常情况
G47-3—G47-8	开关按下	<1Ω
	开关弹开	>10kΩ

异常：更换紧急警告灯开关。

正常：开关正常，下一步。

2）检查线束。

① 断开紧急警告灯开关插接器 G47。

② 断开 BCM 插接器 G2R。

端子	线色	正常情况
G47-8—G2H-21	G	<1Ω
G47-3—车身地	B	<1Ω

异常：更换线束。

正常：下一步。

3）更换 BCM。

四、比亚迪秦 EV 喇叭电路及故障检修步骤

1. 比亚迪秦 EV 喇叭电路（图 3-41）

2. 故障症状表

症状	可疑部位
报警器不工作	报警器、继电器控制模块、BCM、线束或插接器
只有一个喇叭不工作	喇叭、线束或插接器
喇叭都不工作	熔断器、喇叭继电器、喇叭开关、时钟弹簧、喇叭、线束或插接器
喇叭持续鸣叫	喇叭继电器、喇叭开关、时钟弹簧、线束或插接器

3. 喇叭不工作故障检修步骤

1）检查熔断器。

用万用表检查喇叭熔断器 F1/17 是否导通。

异常：更换熔断器。

正常：熔断器导通，下一步。

2）检查喇叭。

① 拆下不工作的喇叭。

② 给喇叭两端子通蓄电池电，检查喇叭是否鸣响。

连接端子	正常值
B07(A)-1-蓄电池(+) B07(A)-2-蓄电池(-)	喇叭鸣响

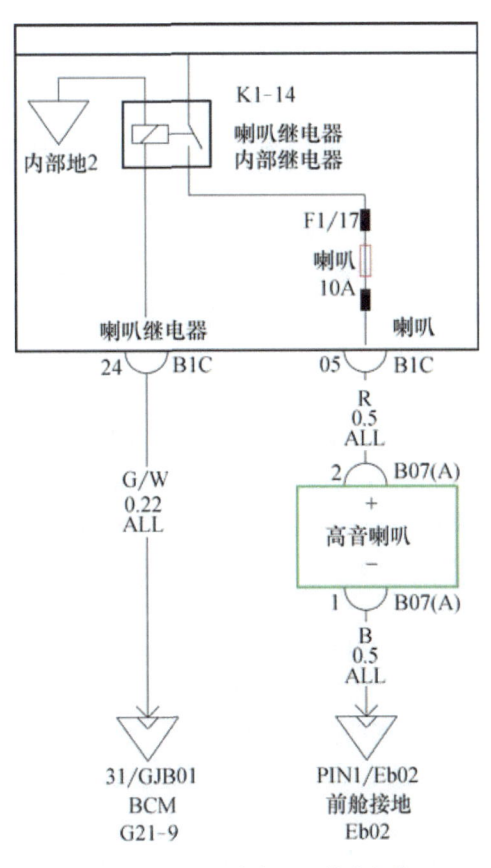

项目 3　新能源汽车照明与信号系统故障检修

图 3-41　比亚迪秦 EV 喇叭电路

异常：更换不响的喇叭。

正常：下一步。

3）检查线束。

① 断开前舱配电盒插接器，断开高音喇叭插接器。

② 检查线束端各端子间电阻。

连接端子	线色	正常值
B1C-5—B07(A)-1	R	<1Ω
B07(A)-2—车身地	B	<1Ω

异常：更换线束。

正常：下一步。

4）更换前舱配电盒。

>>> 思考与练习

83

>>> 阅读小资料

自适应前照灯技术

自适应前照灯技术是一种智能化的汽车照明系统，它能够根据车辆的行驶状态和路况自动调整灯光的亮度、角度和范围，以提供最佳的照明效果，同时避免对其他车辆和行人造成眩目。自适应前照灯技术原理是通过车辆前方的摄像头和传感器来感知道路情况和其他车辆的位置，当系统检测到光线较暗或有其他车辆靠近时，会自动调整灯光模式，以确保最佳的照明效果和安全性。通常，车辆会配备光线传感器、车速传感器、方向盘转角传感器等。光线传感器可以感知周围环境的亮度变化，车速传感器能了解车辆的行驶速度，而方向盘转角传感器则能判断车辆的转向角度。

1. 自适应前照灯技术的主要功能

1）自适应远近光灯：根据对向车辆前照灯和前方车辆尾灯或者其他光源的情况，自动切换远、近光灯，使驾驶员更专注于驾驶，而无需频繁切换远、近光灯。

2）随动转向：车灯光束可以根据方向盘角度、车辆偏转率和行驶速度进行不断地调节，保证灯光方向与汽车当前的行驶方向一致，在不影响同向和对向车辆的情况下对前方道路提供最佳照明。

3）动态水平调节：在车辆行驶过程中，自适应前照灯可以根据车身的倾斜角度和路况自动调整灯光的水平角度，以确保灯光始终照射在路面上，提供更好的照明效果。

4）高速行驶时照射角度和范围的控制：在高速行驶时，自适应前照灯可以自动调整灯光的照射角度和范围，使驾驶员能够更好地看清前方的道路和车辆，提高行车安全。

2. 自适应前照灯技术的优点

1）显著提高了夜间行车的安全性。当车辆在弯道行驶时，前照灯能够自动调整角度，照亮弯道内侧，减少驾驶员的视觉盲区，提前发现潜在的危险。

2）在会车时，自适应前照灯可以自动切换为近光灯，避免对来车造成眩目，同时又能保证自身的照明需求。再者，根据车速的变化，灯光的照射范围也会相应调整。高速行驶时，灯光照射更远，让驾驶员有更充足的反应时间；低速行驶时，灯光聚焦在较近的区域，提供更清晰的近处视野。

3）自适应前照灯技术还能适应不同的天气条件。在雨雾天气中，灯光的亮度和穿透能力会自动优化，确保清晰的照明效果。

总而言之，自适应前照灯技术通过智能化的自动调节，极大地提升了驾驶的安全性和舒适性，为驾驶员带来更加安心和便捷的夜间行车体验。自适应前照灯的出现有效降低了夜晚车辆发生事故的概率，在保障自身安全的情况下也对道路上的其他车辆提供了保护。

3. 目前已经实现了自适应前照灯技术的量产汽车品牌的部分车型

宝马的5系、7系等高端车型广泛配备了自适应前照灯技术。奔驰的S级、E级等车型也配备了这一先进的照明配置。奥迪的A6、A8等车型同样应用了自适应前照灯技术，以提供更出色的照明效果。雷克萨斯的ES、LS系列部分车型也实现了自适应前照灯的量产。沃尔沃的XC90、S90等车型也具备这一功能。此外，凯迪拉克CT6、捷豹XF等车型也将自适应前照灯技术应用到了量产车型中。

需要注意的是，汽车技术不断发展，越来越多的车型正在逐步配备自适应前照灯技术。

项目 4
新能源汽车辅助电气系统故障检修

📌 项目描述

汽车正向电动化、智能化和网联化高速发展，汽车电气系统的技术更新较快、性能不断升级。汽车局域网和自动化技术在汽车中大量应用，使汽车辅助电气系统功能不断完善，从而提高了汽车的安全性和乘坐舒适性。汽车辅助电气系统主要包括电动刮水系统、风窗玻璃洗涤系统、电动车窗玻璃升降系统、电动冷却风扇系统、电动座椅系统、电动后视镜系统、除霜系统、中控门锁系统等，各系统位置如图 4-1 所示。辅助电气系统故障检修是新能源汽车检修任务中常见的职业操作内容之一。

图 4-1 汽车辅助电气系统位置图

📖 项目目标

1. 能描述新能源汽车电动刮水系统、电动车窗玻璃升降系统、电动座椅系统、电动天窗系统的组成及工作原理。
2. 能看懂电动刮水系统、电动车窗玻璃升降系统、电动座椅系统、电动天窗系统等电路图。
3. 能查阅相关资料、小组合作，发扬工匠精神，完成电动刮水系统、电动车窗玻璃升降系统、电动座椅系统、电动天窗系统的常见故障检修任务。
4. 能遵守安全操作规范，并按照 6S 管理规范清理作业现场。

任务 1　检修新能源汽车刮水器不工作故障

▶▶▶ 任务目标

1. 能描述电动刮水系统的组成和工作原理。

2. 能读懂电动刮水系统电路图。
3. 能查阅维修手册，能根据现象分析故障原因、写出故障诊断流程图。
4. 能小组合作、发扬工匠精神，完成电动刮水器不工作故障检修任务。

>> 任务导入

某4S店维修小组接到一张任务工单：一辆2018款纯电动汽车，行驶里程60500km，近期出现刮水器不工作的现象。作为维修技师的你，应该如何检修该故障？

>> 知识链接

一、电动刮水系统的组成

电动刮水系统由刮水器电动机、减速机构、自动复位器、刮水器开关、联动机构、刮水片及风窗清洗装置等组成。电动刮水器的组成，如图4-2所示。刮水器的作用是清扫风窗玻璃上的雨水、雪或尘土，以确保驾驶员有良好的视线。一般汽车的前风窗上装有两个刮水片，有些汽车后窗也装有一个刮水片，有些高级轿车的前照灯上也装有刮水片。

1. 刮水器电动机

目前常用的刮水器采用的是永磁式刮水器电动机。永磁式刮水器电动机由永久磁铁、电枢转子、三个电刷、蜗杆、塑料蜗轮和复位装置（包括电铜环，触点臂与触点）等组成，如图4-3所示。

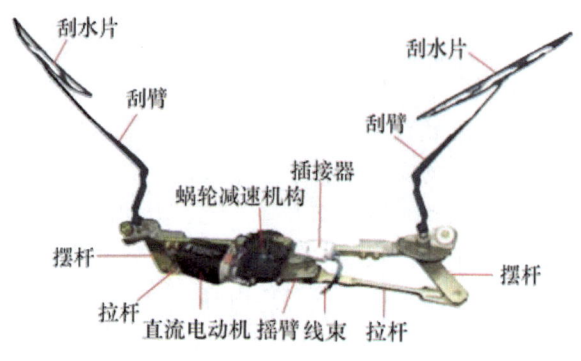

图4-2 电动刮水器组成实物图

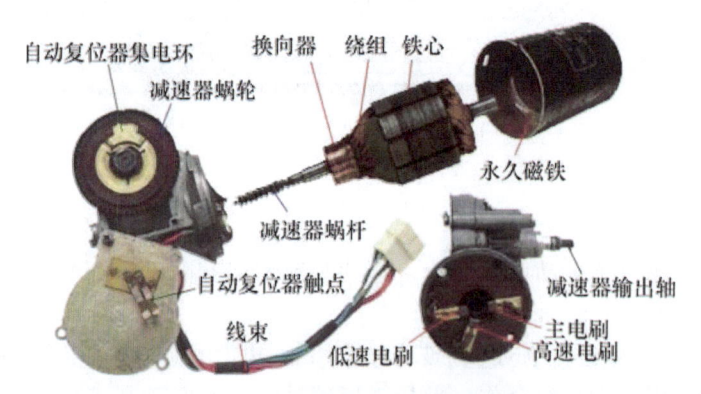

图4-3 永磁式刮水器主体解体图

2. 刮水系统组合开关

图4-4所示为刮水器控制组合开关手柄实物图及内部触点开关表。刮水系统组合开关通常安置在方向盘右下方，包括刮水器和风窗洗涤器开关。刮水器开关一般有四个档："OFF"档为关闭档，刮水器不工作；"INT"档为间歇档，刮水器低速间歇工作（每4~5s一次，可以调节间歇工作时间）；"LO"档为低速档，刮水器低速连续工作；"HI"档为高速档，刮水器高速连续工作。"洗涤"档为向风窗玻璃喷水档，向上拉起手柄（或手柄末端有洗涤电

动机按钮开关），接通风窗玻璃洗涤泵电路向风窗玻璃喷水。

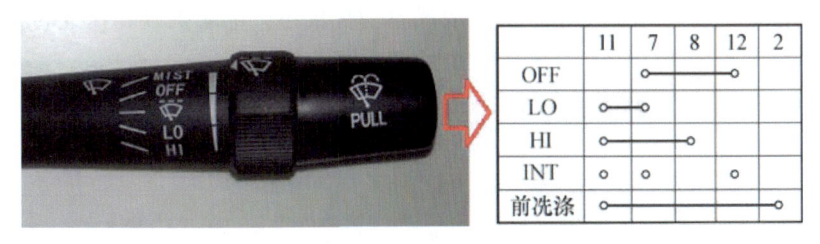

图 4-4　刮水器控制组合开关手柄实物图及其内部触点开关表

3. 联动机构

联动机构可分为钢索式和连杆式，现在大多应用连杆式。连杆机构效率为80%～90%，刮刷角度在110°范围内，而且结构简单、无噪声、耐用、成本低，被广泛应用。

4. 刮水片

一般来说，刮水片分为有骨刮水片与无骨刮水片，如图4-5所示。

1）有骨刮水片：刮片部分由支架与橡胶刮片组成，支架则分为主支架与副支架。主支架根据空气流体力学设计，作用是防止风力浮举效应；而副支架为多支点及不锈钢衬条，其目的是使刮水器与风窗玻璃间的压力分布均匀。

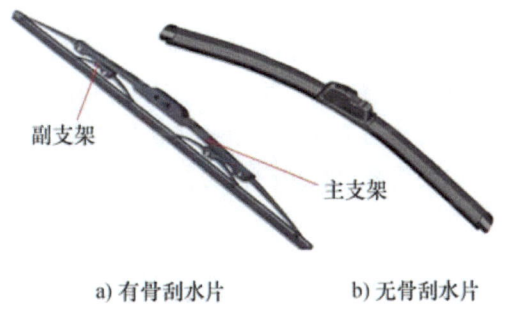

图 4-5　刮水片实物图

2）无骨刮水片的主体为一根橡胶刮片，与有骨刮水片相比它没有支架部分。无骨刮水片的优点是刮水片与风窗玻璃表面弧度一致可确保最佳刮拭效果，压力分布均匀，外观更加优美，便于拆装与更换。

二、电动刮水器的工作原理

1. 刮水器电动机变速原理

刮水器电动机按其磁场结构不同可分为绕线式和永磁式两种。目前永磁式刮水器电动机应用广泛，下面以永磁式刮水器电动机为例讲解其变速原理。

永磁式刮水器电动机是通过改变电刷间线圈绕组的数目来进行变速的。如图4-6所示，它采用三电刷式结构，B1为低速运转电刷，B2为高速运转电刷，B3为公共电刷。

当电动机工作时，在电枢线圈内同时产生与电枢电流方向相反的反电动势，其大小与转速成比例。只有当外加电压等于反电动势时，电枢的转速才趋于稳定。

低速运转：当开关拨向L（低速档）位时，如图4-6a所示。电源电压加在B1与B3电刷之间。在电刷B1与B3之间有两条并联的电枢绕组支路，一条是由绕组1、2、3、4串联的支路；另一条是由绕组5、6、7、8串联的支路。每条回路中串联的有效线圈为四个，串联线圈数相对较多，故反电动势较大，电动机以低速运转。

高速运转：当开关拨向H（高速档）位时，如图4-6b所示。电源电压加在B2和B3电刷之间，B2与B3之间有两条并联的电枢绕组支路，一条是由绕组1、2、3、4、8串联的支路，另一条是由绕组5、6、7串联的支路。由于绕组8与绕组4的绕线方向相反，而流经其中的电流方向相同，故绕组 8 产生的反向电动势与绕组 4 产生的反向电动势互相抵消，剩下三个绕组的反向电动势与电源电压平衡，故反电动势较小，电动机以高速运转。

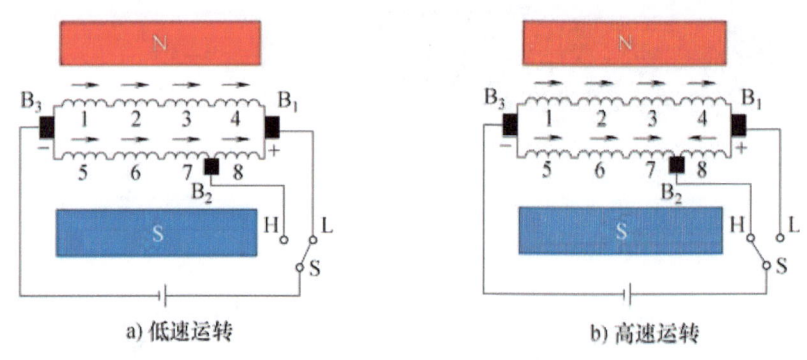

a) 低速运转　　　　b) 高速运转

图 4-6　永磁式刮水器电动机变速原理图

2. 刮水器的自动复位原理

刮水器的自动复位是指在工作过程中任何时刻关闭刮水器控制开关，刮水片能自动停止在风窗玻璃的下部而不影响驾驶员的视线。图 4-7 为常见的刮水器自动复位原理示意图，在直流电动机减速机构的蜗轮上嵌有铜环，外铜环上有个缺口，内铜环上有个凸块，凸块通过动触点与电源的正极相连。如果刮水片没有停止在规定起始位置时，由于触点 B 通过铜环与触点 A（触点 A 通过电动机外壳搭铁）相接触，则电流继续流入电枢，电动机低速运转，旋转到起始位置时，电路断开。其电流回路为：蓄电池的正极→电源开关→熔断器→电刷 B→电枢绕组→电刷 B_1→刮水器开关接线柱 2→刮水器开关接线柱 1→复位器的触点 B→铜环→复位器的触点 A→搭铁→蓄电池负极。

由于电枢的运动惯性，电动机不能立即停止运转，此时电动机以发电机方式运行，其电流回路为：电刷 B→电枢绕组→电刷 B_1→刮水器开关接线柱 2→刮水器开关接线柱 1→复位器的触点 B→铜环→复位器的触点 C→电刷 B，形成回路。

电枢绕组产生的反电动势的方向与外加电压的方向相反，产生制动转矩，电动机迅速停止运转，使刮水片复位到风窗玻璃下部的起始位置。

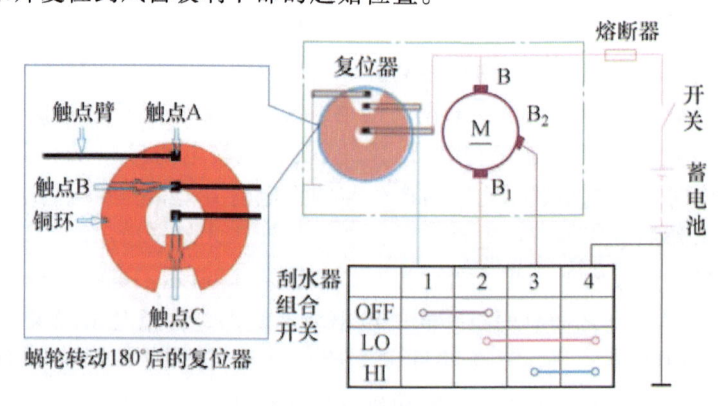

图 4-7　刮水器自动复位原理示意图

3. 刮水器控制电路分析

当汽车在小雨或浓雾天气行驶时，风窗玻璃表面形成不连续的水滴，如果刮水片还是按一定的速度连续刮拭，微量的水分和灰尘就会形成发黏的表面，这样不仅不能将风窗玻璃刮洗干净，还会使玻璃模糊不清，留下污斑，影响驾驶员的视线。为此，汽车刮水器具有自动间歇刮水功能，在小雨或浓雾天气行驶时，只需将刮水器开关拨至间歇工作档位，刮水器便在间歇刮水继电器的控制下，按每2~12s刮水一次的频率自动停止和刮拭，使风窗玻璃洁净，驾驶员获得良好的视线。下面以吉利帝豪EV300前刮水器和洗涤器电路为例分析其工作原理。

吉利帝豪EV300刮水器和洗涤器控制电路，如图4-8所示。当点火开关处于ON档时，风窗玻璃刮水器开关接通电源，控制前刮水器电动机和洗涤器电动机动作。右组合开关HI为高速档，LO为低速档，INT为间歇档，OFF为关闭档，MIST为点动档。

① 当刮水器组合开关打在"HI"档时，刮水器控制组合开关IP27插接器的11号端子与8号端子通过内部开关触点导通，此时刮水器电动机高速运转。HI档（高速档）电流回路为：

蓄电池正极→IG1继电器（30、87）→熔断器IF27/20A→刮水器控制组合开关IP27插接器11号端子→插接器IP27的8号端子→刮水器电动机插接器CA21的4号端子→刮水器电动机→插接器CA21的5号端子→G10搭铁点→蓄电池负极。

② 当刮水器组合开关打在"LO"档时，刮水器控制组合开关插接器IP27的11号端子与7号端子通过内部开关触点导通，刮水器电动机低速运转。LO档（低速档）电流回路为：

蓄电池正极→IG1继电器（30、87）→熔断器IF27/20A→刮水器控制组合开关插接器IP27的11号端子→插接器IP27的7号端子→刮水器电动机插接器CA21的1号端子→刮水器电动机→插接器CA21的5号端子→G10搭铁点→蓄电池负极。

③ 当刮水器组合开关打在"INT"档时，刮水器控制组合开关插接器IP27的11号端子与7号端子通过内部间歇继电器电路导通，刮水器电动机间歇性工作，另外插接器IP27的12号端子到插接器CA21的1号线为间歇工作电路提供充、放电回路。INT档（间歇档）电流主回路为：

蓄电池正极→IG1继电器（30、87）→熔断器IF27/20A→刮水器控制组合开关插接器IP27的11号端子→内部间歇工作电路→插接器IP27的7号端子→刮水器电动机插接器CA21的1号端子→刮水器电动机→插接器CA21的5号端子→G10搭铁点→蓄电池负极。

4. 前风窗玻璃洗涤系统组成

前风窗玻璃洗涤器的作用是向风窗玻璃表面喷洒专用清洗液或水，在刮水片的配合下，保持前风窗玻璃表面清净。前风窗玻璃洗涤系统由玻璃清洗剂、储液罐、洗涤泵、软管（输液管）、喷嘴和刮水器/洗涤器开关组成，如图4-9所示。

洗涤液泵由永磁式直流电动机和离心叶片泵组装成为一体，喷射压力可达70~88kPa。前风窗玻璃洗涤液储液罐安装在右前照灯总成下，右前翼子板衬板前部。洗涤液泵固定在洗涤液储液罐上，洗涤液泵使洗涤液通过软管输送至两个喷嘴。洗涤器开关也是刮水器/洗涤器开关的组成部分。

5. 前风窗玻璃洗涤器的电路原理

如图4-8所示，点火开关拨到ON档，接通刮水器控制开关的洗涤器开关时，IP27插接器11号端子与IP27插接器2号端子接通，洗涤液泵得电运转，位于发动机舱盖上的两个喷嘴向前风窗玻璃喷射清洗液。此时电流回路为：

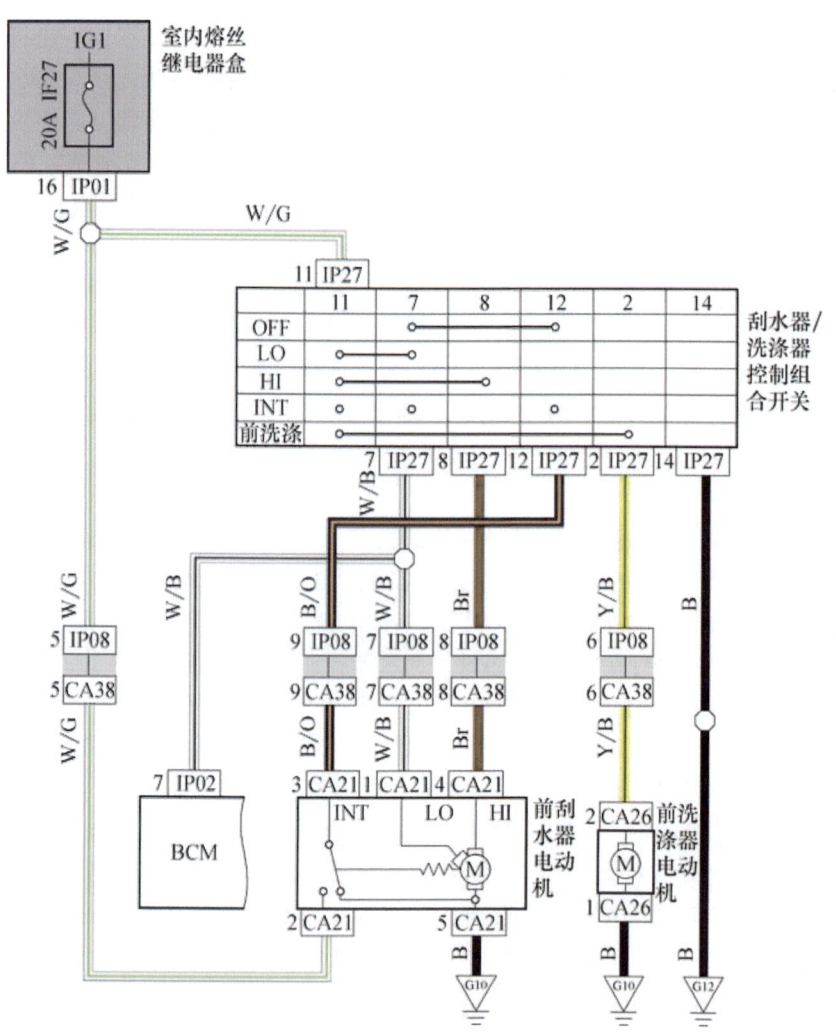

图 4-8　吉利帝豪 EV300 刮水器和洗涤器控制电路图

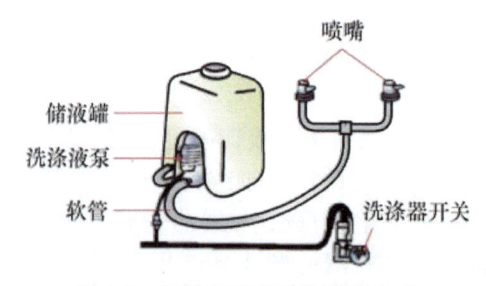

图 4-9　前风窗玻璃洗涤系统组成

蓄电池正极→IG1 继电器（30、87）→熔断器 IF27/20A→刮水器控制组合开关插接器 IP27 的 11 号端子→插接器 IP27 的 2 号端子→前洗涤器电动机→G10 搭铁点→蓄电池负极。

在洗涤器开关接通的同时刮水器低速运行，从而改善清洗效果。当驾驶员松开控制手柄时，前洗涤器开关自动复位回到 OFF 档，风窗玻璃刮水器开关 A3 端子与 A2 端子断开，切断洗涤液泵控制电路，洗涤器电动机停止运转，喷嘴停止喷射清洗液，刮水片在前风窗玻璃下部的起始位置停止。

三、刮水及洗涤系统常见故障及检修

1. 汽车刮水器常见故障及检修

刮水器常见故障有：刮水器不工作，个别档位不工作，无法自动复位等。导致刮水系统发生故障的部位大多数在刮水器电动机、刮水器开关、刮水器间歇继电器、机械传动部分、控制线路或熔丝上。

1）如果刮水器不工作，第一步检查熔丝是否烧断；第二步检查刮水器电动机时，可直接给刮水器电动机供电，观察电动机的高速、低速运转是否正常。若不正常，可能是电动机内部短路或者烧损，需要更换刮水器电动机。

2）如果刮水器间歇档工作不正常，则检查间歇继电器是否损坏或控制线路是否有故障。

3）如果刮水器的运转速度不正常或无法回位，可能是由开关接触不良或电动机自动复位装置故障引起的。检查确认后再进行更换。

2. 前风窗玻璃洗涤系统常见故障及检修

检测电动洗涤器性能好坏时，可向储液罐中加入洗涤剂或水，合上洗涤器控制开关，观察喷嘴喷出的液流是否有力，喷射方向是否适当。如果不正常，则应检查洗涤液泵、喷嘴、连接软管、单向阀、储液罐及密封装置的技术状况。

1）洗涤液泵电动机不工作的故障原因可能是：洗涤器开关失灵，电路电源或线路有故障。可以通过修复线路或更换、修理损坏元器件的方法排除该故障。

2）喷嘴工作异常的故障原因可能是：洗涤液导管压扁、弯折，单向阀堵塞或接头泄漏，喷嘴堵塞，洗涤液泵有故障。可以通过校正、平直、疏通或更换压扁变形的洗涤液导管，紧固导管接头，使之无泄漏现象，以及对已阻塞的喷嘴清除阻塞物，修理或更换有故障的洗涤液泵的方法排除故障。解决故障后用大头针调整喷嘴的喷淋角度。

>>> **任务实施**

一、任务方案制订

查阅吉利帝豪 EV300 维修手册，扫描二维码，观看新能源汽车电动刮水器不工作故障检修的微课视频，制订吉利帝豪 EV300 电动刮水器不工作故障检修方案。

电动刮水器不工作故障检修

二、实施准备工作

吉利帝豪 EV300 维修手册、新能源汽车电气系统检修工具、故障诊断仪、汽车专用万用表、吉利帝豪 EV300 纯电动实训车或实训台架。

1.任务分工 → 2.扫描二维码观看微课视频 → 3.工具准备 → 4.安全注意事项

三、详细操作步骤

Step1 检查熔丝 IF27。

1）如果熔丝 IF27 熔断，则检查线路是否有短路故障。

2）在确认没有线路短路故障后，更换相同规格的熔丝。若刮水器还是不能正常工作，则转至下一步（Step2）。

完成情况：□完成

□未完成，原因：＿＿＿＿＿＿＿＿＿＿＿＿＿＿＿＿＿＿＿＿＿＿＿

Step2 检查刮水器电动机线束插接器 CA21 端子 1 上的电压。

1）操作车辆起动开关，使电源模式切换至 ON。

2）将刮水器开关转至"LO"低速档位置。

3）用万用表测量刮水器电动机插接器 CA21 端子 1 上的电压。电压标准值为 11~14V。插接器 CA21 端子 1，如图 4-10a 所示。若电压值不正常，转至下一步（Step3）。

4）用万用表测量刮水器电动机插接器 CA21 端子 1 与 CA21 端子 5 之间的电压。电压标准值为 11~14V。

若电压值正常，刮水器电动机不工作，则更换刮水器电动机。

完成情况：□完成

□未完成，原因：＿＿＿＿＿＿＿＿＿＿＿＿＿＿＿＿＿＿＿＿＿＿＿

Step3 检查刮水器开关线束插接器 IP27 端子 11 上的电压，IP27 端子如图 4-10b 所示。

1）关闭点火开关，断开刮水器开关线束插接器 IP27。

2）操作车辆起动开关，使电源模式切换至 ON。

3）用万用表测量刮水器电动机插接器 IP27 端子 11 上的电压。电压标准值为 11~14V。

4）若电压值不正常，则检查并排除 IP27 端子 11 与熔丝 IF27 之间线路的开路故障。

5）若电压值正常，则转至下一步（Step4）。

完成情况：□完成

□未完成，原因：＿＿＿＿＿＿＿＿＿＿＿＿＿＿＿＿＿＿＿＿＿＿＿

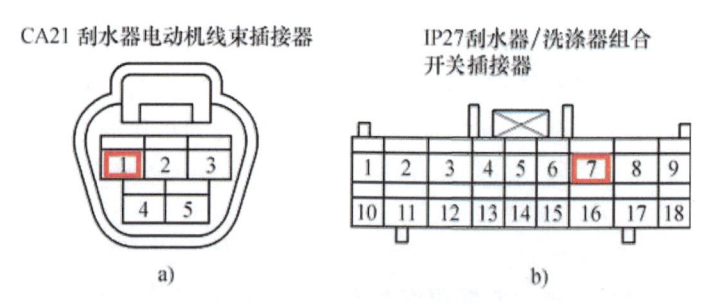

图 4-10 刮水器电动机和右组合开关插接器端子图

Step4 检查刮水器开关的导通性能。

1）关闭点火开关，断开刮水器开关线束插接器 IP27。

2）对照表 4-1，用万用表测量对应的端子之间的电阻值。

3）若电阻值不符合标准，则更换刮水器开关。

4）若电阻值正常，则转至下一步。

表 4-1 刮水器开关内部触点导通性能测量表

刮水器开关位置	端子	电阻标准值
OFF 档	刮水器开关 IP27/7 与 IP27/12	<1Ω
LO 档	刮水器开关 IP27/11 与 IP27/7	<1Ω
HI 档	刮水器开关 IP27/11 与 IP27/8	<1Ω
W 洗涤档	刮水器开关 IP27/11 与 IP27/7 和 IP27/2	<1Ω

完成情况：□完成
　　　　　□未完成，原因：_____

Step5 检查刮水器开关与刮水器电动机之间的线路。
1）关闭点火开关，断开刮水器开关线束插接器 IP27 和刮水器电动机插接器 CA21。
2）对照表 4-2，用万用表测量对应的线路的电阻值。
3）若电阻值不符合标准，则排除对应的线路的开路故障。
4）确认刮水器开关与刮水器电动机之间的线路正常。
5）确认机械传动部分功能正常，确认刮水器工作正常。

表 4-2 刮水器开关与刮水器电动机之间的线路测量

端子	电阻标准值
刮水器电动机插接器 CA21/1 与刮水器开关插接器 IP27/7	<1Ω
刮水器电动机插接器 CA21/4 与刮水器开关插接器 IP27/8	<1Ω
刮水器电动机插接器 CA21/3 与刮水器开关插接器 IP27/12	<1Ω
刮水器电动机插接器 CA21/5 与金属车身搭铁点	<1Ω

完成情况：□完成
　　　　　□未完成，原因：_____

>>> 知识拓展

一、认识比亚迪 e5 刮水器开关电路图

图 4-11 所示为比亚迪 e5 刮水器开关电路图。组合开关内含 CPU，刮水信号开关和洗涤信号开关将对应的档位信号输送给组合开关 CPU，CPU 通过 CAN 网将控制信号传输给 MCU。

二、认识比亚迪 e5 刮水器控制电路图

图 4-12 所示为比亚迪 e5 刮水器控制电路图。MCU 收到 CPU 通过 CAN 网传输过来的刮水开关信号和洗涤开关信号后，MCU 运算后控制对应的继电器得电，从而控制刮水器电动机和洗涤器电动机工作，其中刮水器高速档是硬线控制模式。

三、比亚迪秦 EV 刮水洗涤系统故障诊断

1. 比亚迪秦 EV 刮水洗涤系统概述

前风窗玻璃刮水和洗涤系统主要由刮臂总成、刮水连杆机构、刮刷、刮水器电动机、洗涤液泵、洗涤液储液罐、洗涤液软管及喷嘴等组成，有点刮、间歇刮、慢刮、快刮等不同形

式的刮水功能。前风窗玻璃刮水和洗涤系统意在为驾驶员提供方便、安全、可靠的手段来保证风窗的视野。

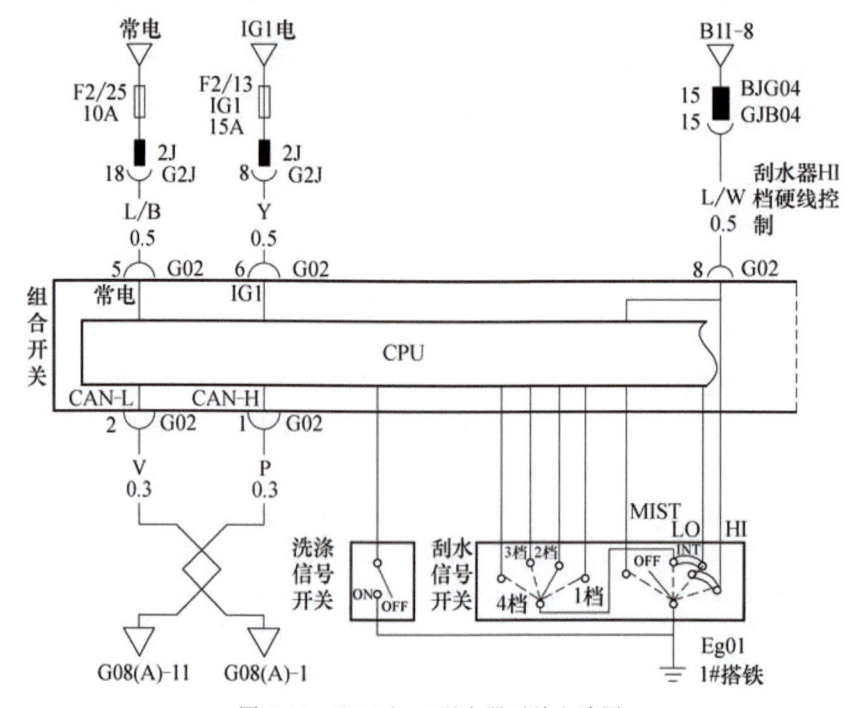

图 4-11 比亚迪 e5 刮水器开关电路图

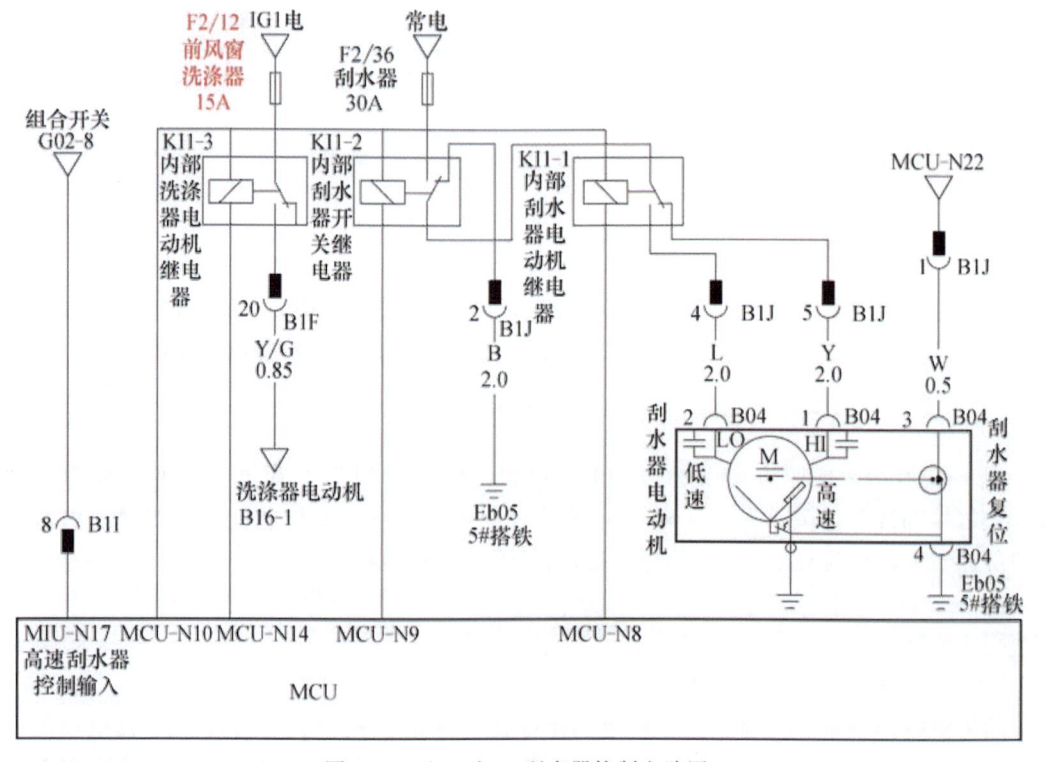

图 4-12 比亚迪 e5 刮水器控制电路图

2. 比亚迪秦 EV 刮水洗涤系统故障诊断流程

第一步：车辆送入维修车间。

第二步：客户故障分析检查和症状检查。

第三步：检查蓄电池电压。

标准电压值为 11~14V。

如果电压值低于 11V，在转至下一步前对蓄电池充电或更换蓄电池。

第四步：参考故障诊断表。

结果	转至
未输出 CAN 通信系统 DTC	第五步
输出 CAN 通信系统 DTC	第六步

第五步：全面诊断。

第六步：调整，维修或更换。

第七步：确认测试结果。

第八步：结束。

3. 比亚迪秦 EV 前风窗玻璃刮水和洗涤系统故障症状表

故障症状	可能发生故障的部位
刮水洗涤系统都不工作	1）组合开关控制电路 2）BCM 3）熔断器 4）洗涤器电动机 5）发动机舱配电盒
前刮水器电动机不工作	1）熔断器 2）前刮水器电动机电路 3）组合开关控制电路 4）发动机舱配电盒 5）BCM
前刮水器电动机在某个档位不工作（其他档位正常）	1）组合开关 2）前刮水器电动机
前刮水器电动机不能复位	1）前刮水器电动机 2）线束 3）BCM
前洗涤器电动机不工作	1）熔断器 2）前洗涤器电动机电路 3）组合开关控制电路

4. 比亚迪秦 EV 刮水洗涤系统故障码表

故障码	含义	故障区域
B1BE1	风窗玻璃刮水器信号错误	刮水器电动机，线束
B1BE2	刮水器开关故障	组合开关，线束
B1BE3	刮水器复位信号故障	刮水器电动机，线束

5. 比亚迪秦 EV 刮水器开关（组合开关）电路及检查步骤

（1）比亚迪秦 EV 刮水器开关（组合开关）电路如图 4-13 所示

（2）刮水器开关（组合开关）电路检查步骤

1）检查故障码。

① 将诊断仪插入 DLC3。

② 清除故障码。

③ 读取组合开关故障码。

故障码	含义
B24AA-00	组合开关控制装置内部错误

正常：无故障码输出。

异常：更换组合开关。

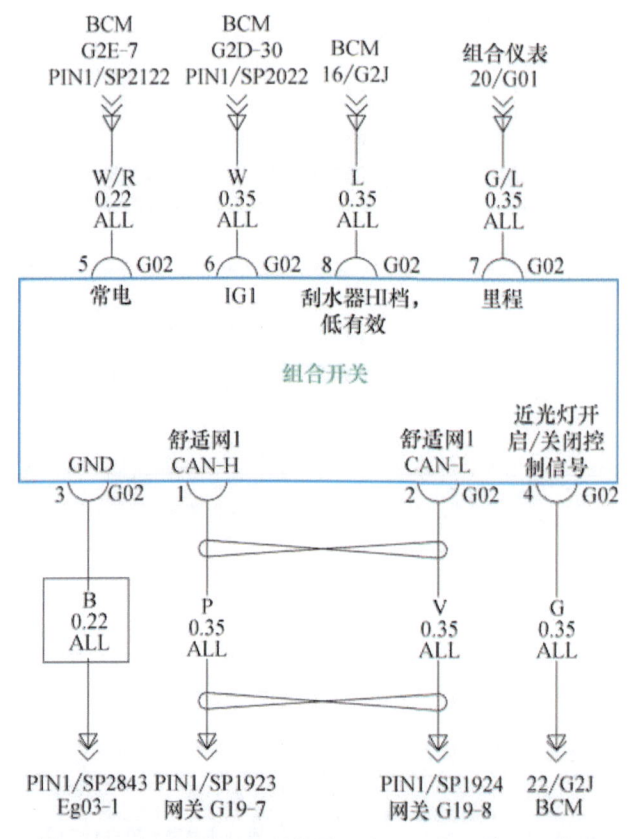

图 4-13 比亚迪秦 EV 刮水器开关（组合开关）电路图

2）检查熔断器。

用万用表检查仪表板配电盒 F2/42、F2/33 熔断器通断情况。

正常：熔断器导通。

异常：更换熔断器。

3）检查线束（组合开关电源线束）。

① 断开组合开关插接器 G02。

② 电源打到 OK 档。
③ 检查端子电压。

端子	线色	正常情况
G02-5—车身地	L/W	11~14V
G02-6—车身地	L/B	11~14V
G02-3—车身地	B	<1V

异常：更换线束。
正常：下一步。

4）检查组合开关。
① 不断开组合开关插接器 G02。
② 电源打到 ON 档。
③ 从 G02 后端引线，检查端子电压值。

端子	线色	条件	正常情况
G02-8—车身地	G/R	组合开关打到 HI 档	<1V
G02-1—车身地	P	始终	2.5~3.5V
G02—车身地	V	始终	1.5~2.5V

异常：更换组合开关。
正常：下一步。

5）检查 CAN 通信。
① 断开 G02 插接器。
② 断开蓄电池负极。
③ 用万用表测量端子间电阻值。

端子	条件	正常情况
G02-1—G02	始终	56~64Ω

异常：检查 CAN 通信。
正常：下一步。

6）检查线束（组合开关—仪表板配电盒 G2J）。
① 断开组合开关 G02 插接器。
② 检查线束端子间电阻值。

端子	线色	正常情况
G02-8—G2J-16	L	<1Ω

异常：更换线束。
正常：下一步。

7）故障表下一步或更换继电器控制模块或检查继电器控制模块。

6. 前刮水器电动机电路及检查步骤

（1）比亚迪秦 EV 前刮水器电动机电路如图 4-14 所示

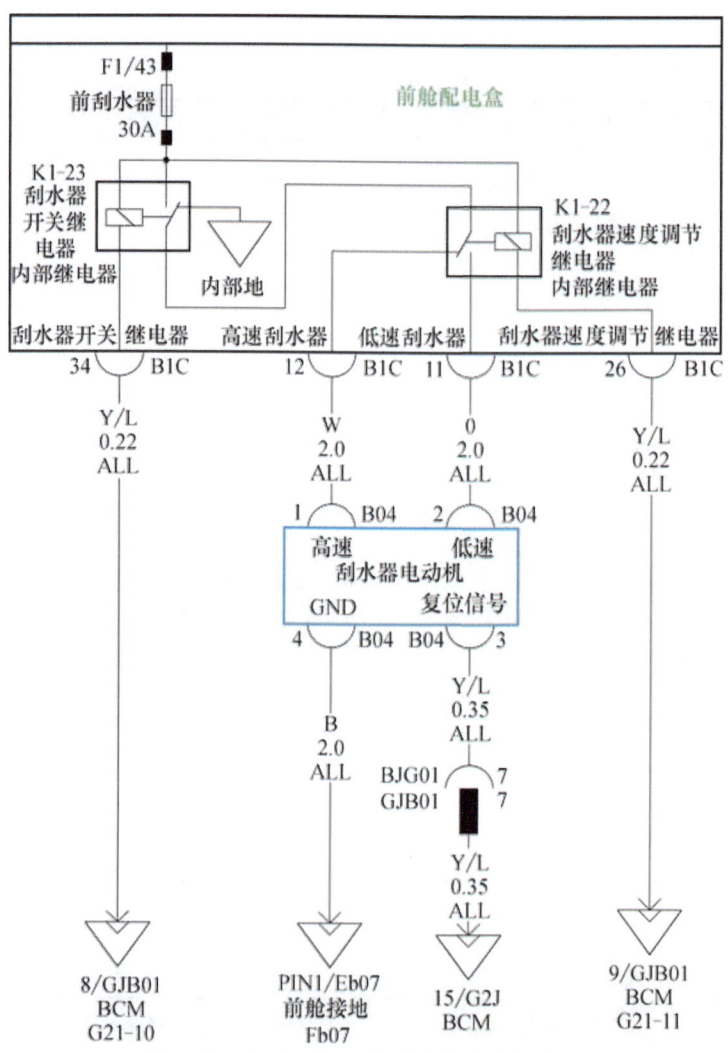

图 4-14 比亚迪秦 EV 前刮水器电动机电路

(2) 前刮水器电动机电路检查步骤

1) 检查熔断器。

用万用表检查仪表板配电盒 F1/34 熔断器。

正常：熔断器导通。

异常：更换熔断器。

2) 检查继电器 KI-23。

① 从继电器控制模块中拔下继电器。

② 检查继电器端子。

端子	条件	正常情况
3-5	1号、2号端子加蓄电池电压	<1Ω
3-5	1号、2号端子悬空	>10kΩ
3-4	1号、2号端子加蓄电池电压	>10kΩ
3-4	1号、2号端子悬空	<1Ω

异常：更换继电器。

正常：下一步。

3）检查继电器 K1-22。

① 从继电器控制模块中拔下继电器。

② 检查继电器端子。

端子	条件	正常情况
3-5	1号、2号端子加蓄电池电压	<1Ω
3-5	1号、2号端子悬空	>10kΩ
3-4	1号、2号端子加蓄电池电压	>10kΩ
3-4	1号、2号端子悬空	<1Ω

异常：更换继电器。

正常：下一步。

4）检查前刮水器电动机。

① 断开前刮水器电动机插接器 B04。

② 给电动机对应端子通电，检查电动机运行状态。

端子	条件	正常情况
2-蓄电池正极 4-蓄电池负极	—	电动机低速运转
1-蓄电池正极 4-蓄电池负极	—	电动机高速运转
3-4	电动机停在非停止位	>10kΩ
3-4	电动机停在停止位	<1Ω

异常：更换前刮水器电动机。

正常：下一步。

5）检查线束（前刮水器电动机-继电器控制模块）。

① 断开前刮水器电动机插接器 B04。

② 断开继电器控制模块插接器 B1J。

③ 检查端子间电阻值。

端子	线色	正常情况
B04-2—B1C-11	L	<1Ω
B04-1—B1C-12	Y	<1Ω
B04-3—B2J-15	W	<1Ω
B04-4—车身地	B	>10kΩ

异常：更换线束。

正常：下一步。

6）更换继电器控制模块。

7. 比亚迪秦 EV 前洗涤器电动机电路（图 4-15）

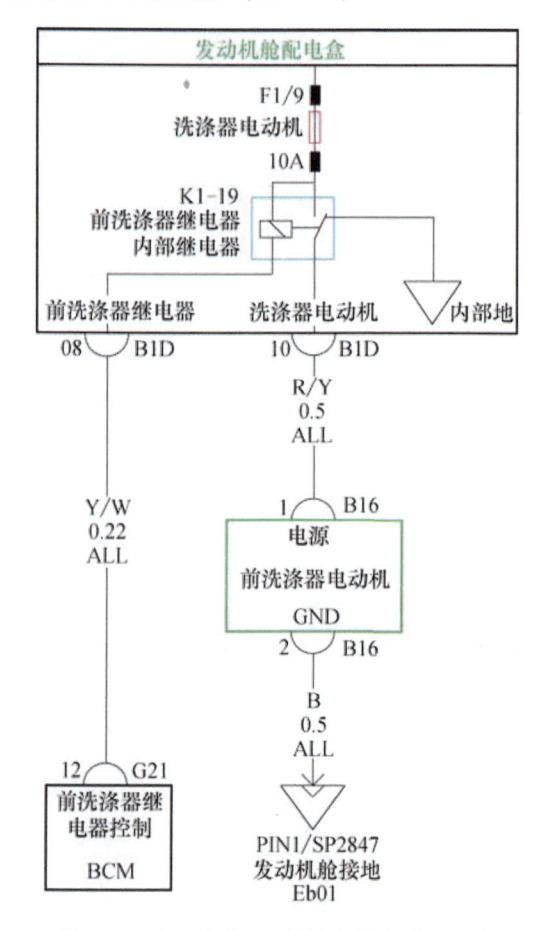

图 4-15　比亚迪秦 EV 前洗涤器电动机电路

>> 思考与练习

任务 2　检修新能源汽车电动车窗不工作故障

>> 任务目标

1. 能描述电动车窗系统的组成和工作原理。
2. 能读懂电动车窗系统电路图。
3. 能查阅维修手册、小组合作并发扬工匠精神，完成电动车窗不工作故障检修任务。

>> 任务导入

某 4S 店维修小组接到一张任务工单：一辆 2018 款纯电动汽车，行驶里程 60500km，近期出现电动车窗不工作的现象。作为维修技师的你，应如何检修该故障？

>>> 知识链接

一、电动车窗系统组成

为了使驾驶员更加集中精力驾车,方便驾驶员及乘客操作,新能源汽车大都采用了电动车窗,所谓电动车窗,就是用电动机驱动玻璃的升降,它取代了传统的人工转动摇柄升降玻璃,使得玻璃的升降轻便化、舒适化。装有电动车窗的车辆,每个车门都装有玻璃升降开关,可以控制车窗玻璃的上升和下降。驾驶员侧车门装有车窗控制总开关,有控制所有车窗玻璃的升降和锁止功能。有些车辆的玻璃升降系统还具有防夹功能。新能源汽车电动车窗玻璃升降器及控制开关位置,如图 4-16 所示。

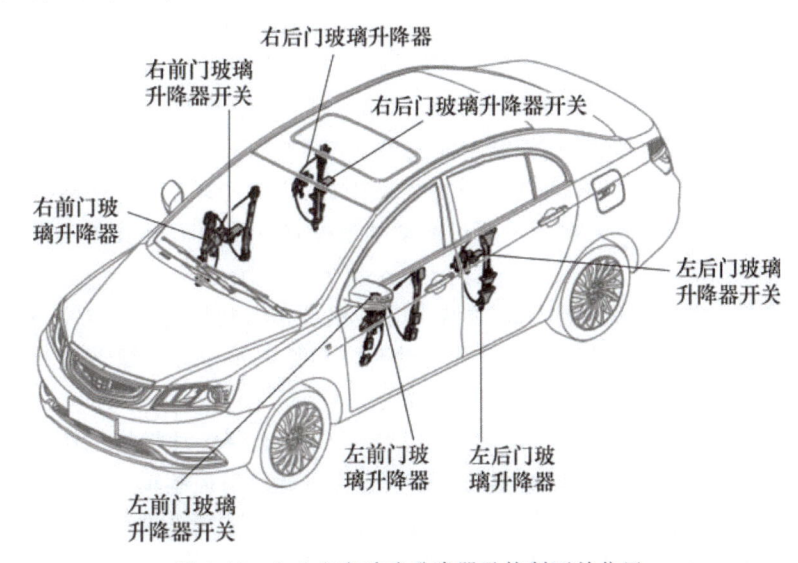

图 4-16 电动车窗玻璃升降器及控制开关位置

电动车窗主要由玻璃升降器、电动机、控制开关(主控开关、分控开关)、车窗玻璃等组成。电动车窗最主要的部件是车窗玻璃升降器,目前常用的有电动齿扇式玻璃升降器和电动钢丝滚筒式玻璃升降器,如图 4-17 所示。

a)齿扇式玻璃升降器   b)钢丝滚筒式玻璃升降器

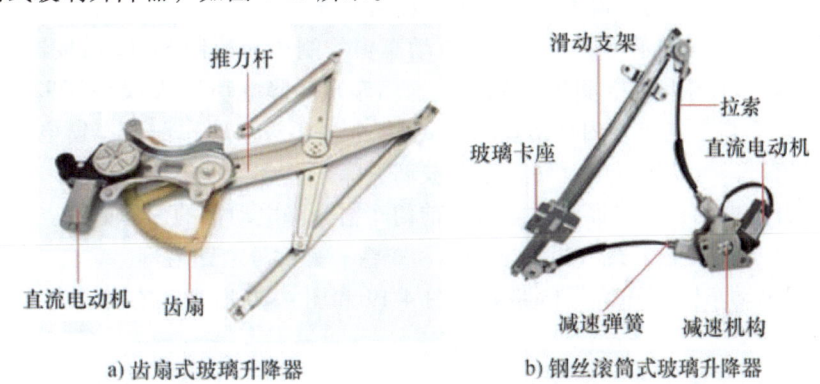

图 4-17 车窗玻璃升降器

1)图 4-17a 所示为齿扇式玻璃升降器。双向直流电动机带动蜗轮蜗杆减速改变方向后,驱动齿扇,从而使玻璃上下移动。齿扇上安装有螺旋弹簧,当车窗下降时螺旋弹簧收缩,当车窗上升时螺旋弹簧伸展，达到直流电动机双向负荷平衡的目的。

2）图4-17b所示，为钢丝滚筒式玻璃升降器。双向直流电动机前端安装有减速机构，其上安装一个绕有钢丝的滚筒，玻璃卡座固定在钢丝上且可在滑动支架上移动。

二、电动车窗电路分析（不带防夹功能）

下面以吉利帝豪EV300为例分析电动车窗电路：

1. 电动车窗系统电源电路和车窗升降电动机控制电路分析

1）电源电路。如图4-18所示，吉利帝豪EV300电动车窗系统的电源正极电路主要分为三路，电源负极电路一路：

① IG1电→室内熔丝继电器盒中的IF25（10A）熔断器连接到电动车窗控制单元插接器SO92的19号端子，当车辆起动，开关在ON档位置时才有12V电压输出。

② 蓄电池正极→室内熔丝继电器盒中的IF02（15A）熔断器→电动车窗控制单元插接器SO92的23号端子，为电动车窗控制单元提供工作常电。

③ 蓄电池正极→经过发动机舱熔丝继电器盒中的EF30（30A）熔断器→电动车窗控制单元插接器SO92的22和28号端子，通过电动车窗控制单元为车窗玻璃升降电动机提供工作电源。

电源负极回路：蓄电池负极→G16搭铁点（搭铁点在驾驶员前左下方）→电动车窗控制单元插接器SO92的9、10、27号端子，为电动车窗控制单元和各车窗玻璃升降电动机提供负极电源。

2）车窗升降电动机控制电路。如图4-18所示，车窗升降电动机的工作直接受电动车窗控制单元控制。每个车窗玻璃升降电动机有两条工作电源线与控制单元连接。在车窗玻璃升降电动机不工作时，两根工作电源线通过电动车窗控制单元控制分别搭铁。下面以左前门车窗升降电动机为例来分析车窗玻璃上升和下降的工作过程。

① 接通左前门车窗玻璃上升开关时：电动车窗控制单元控制SO92插接器的34号线输出12V电压→左前门车窗升降电动机A线，左前门车窗升降电动机B线→SO92插接器33号线→搭铁（电动车窗控制单元内部搭铁）→12V蓄电池负极。即左前门车窗电动机电流从A线流入，B线流出，电动机得电正转，车窗玻璃上升。

② 接通左前门车窗玻璃下降开关时：电动车窗控制单元控制SO92插接器的33号线输出12V电→左前门车窗升降电动机B线，左前门车窗升降电动机A线→SO92插接器34号线→搭铁（电动车窗控制单元内部搭铁）→12V蓄电池负极。即左前门车窗电动机电流从B线流入，A线流出，电动机得电反转，车窗玻璃下降。

其他车窗升降电动机工作原理可参考左前门车窗升降电动机的工作原理。

2. 电动车窗开关信号电路（以右前门电动车窗开关信号电路为例）

1）右前门电动车窗上升信号电路。如图4-19和图4-20所示，右前门电动车窗上升信号电路有两路：

① 左前门电动车窗总开关控制右前门电动车窗上升信号电路：蓄电池负极→G16搭铁点→左前门电动车窗开关DR05插接器的20号端子→内部触点开关→左前门电动车窗开关DR05插接器的12号端子→电动车窗控制单元SO92插接器的6号端子。电动车窗控制单元SO92插接器的6号端子收到搭铁信号后控制右前门车窗升降电动机工作，升起右前门车窗玻璃。

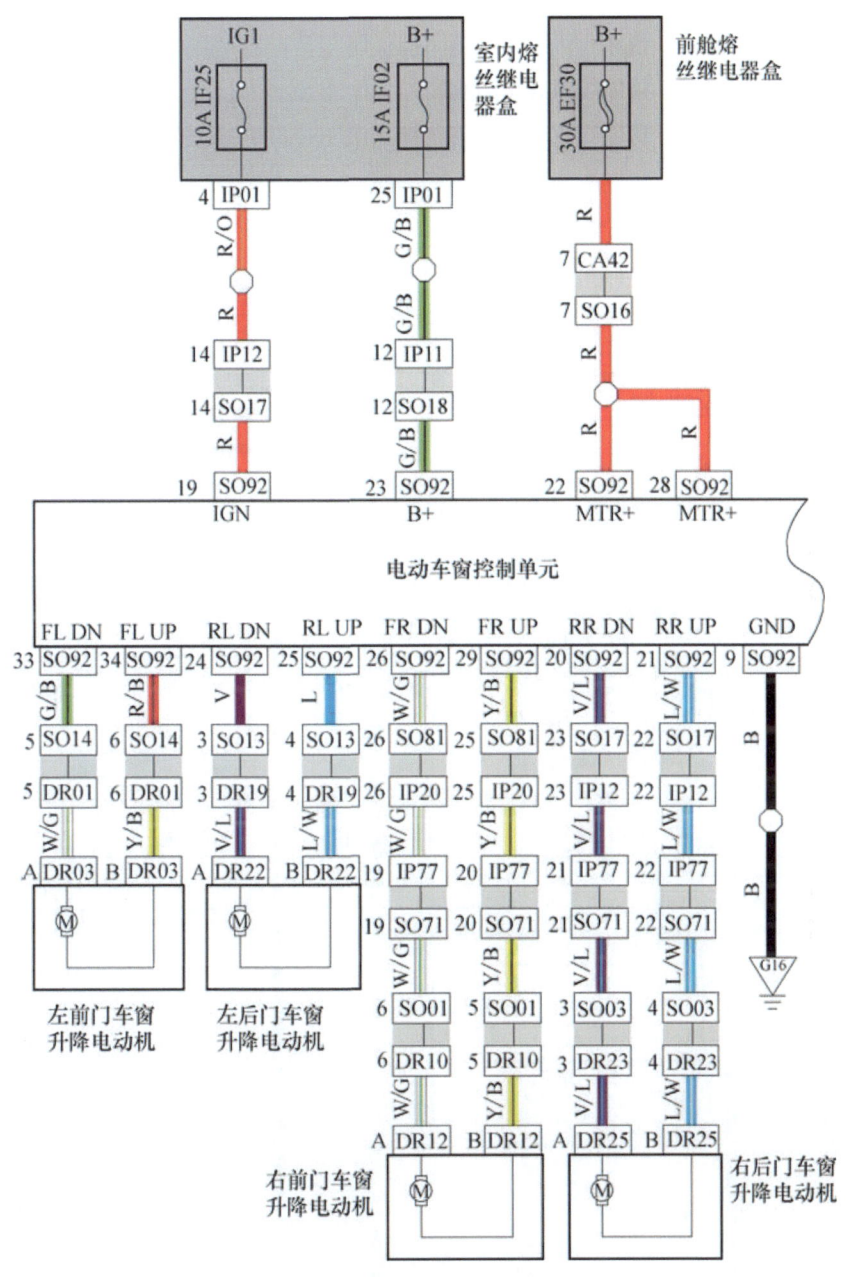

图 4-18 吉利帝豪 EV300 电动车窗电路 1（不带防夹）

② 右前门电动车窗开关上升信号电路：蓄电池负极→G16 搭铁点→左前门电动车窗开关 DR05 插接器的 20 号端子→内部相连线路→左前门电动车窗开关 DR05 插接器的 24 号端子→右前门电动车窗开关 DR14 插接器的 4 号端子→内部触点开关→右前门电动车窗开关 DR14 插接器的 5 号端子→电动车窗控制单元 SO92 插接器的 6 号 FR UP 端子。电动车窗控制单元 SO92 插接器的 6 号端子收到搭铁信号后控制右前门车窗升降电动机工作，升起右前门车窗玻璃。

2）右前门电动车窗下降信号电路。如图 4-19 和图 4-20 所示，右前门电动车窗下降信

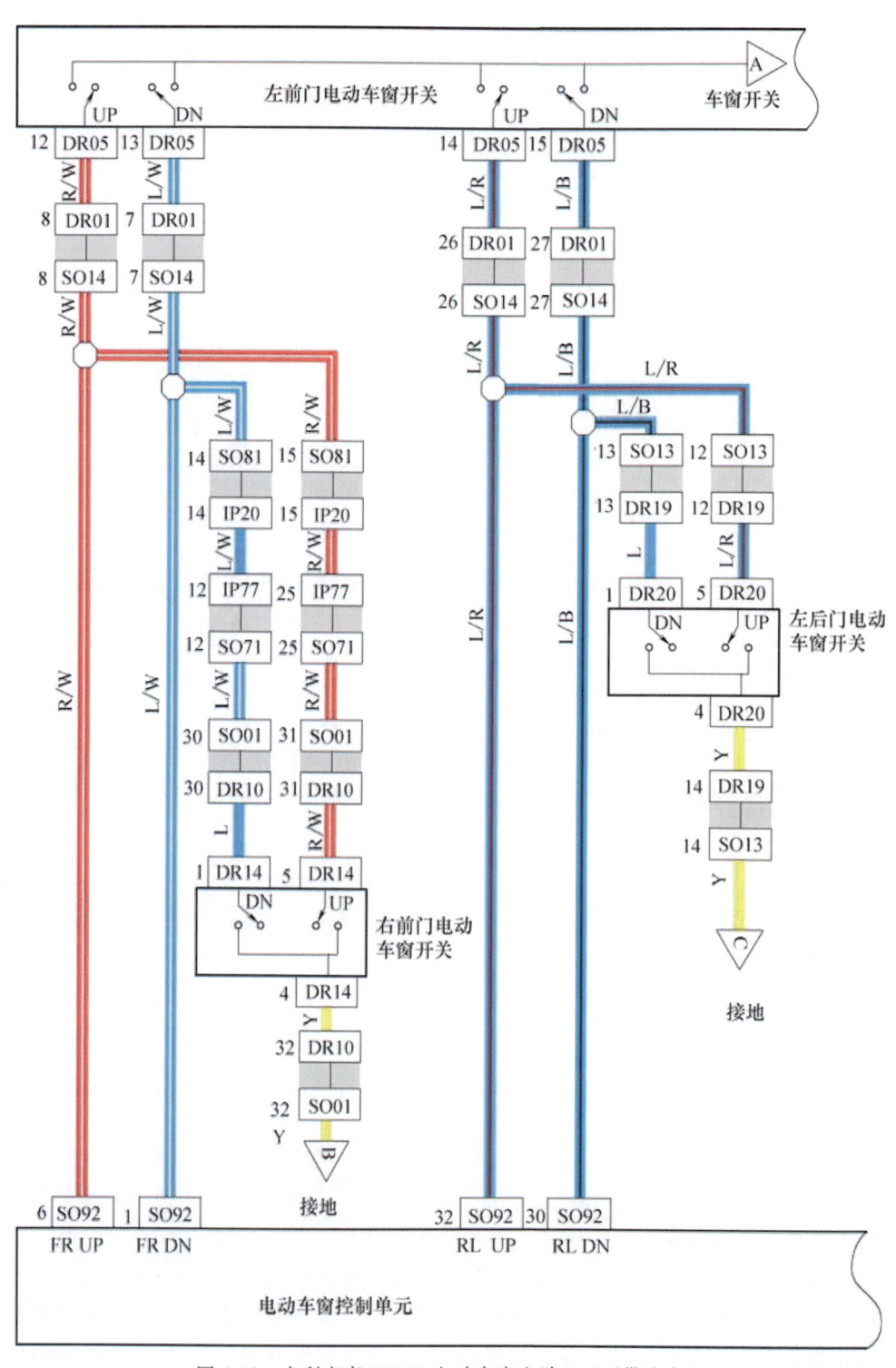

图 4-19 吉利帝豪 EV300 电动车窗电路 2（不带防夹）

号电路有两路：

① 左前门电动车窗总开关控制右前门电动车窗下降信号电路：蓄电池负极→G16 搭铁

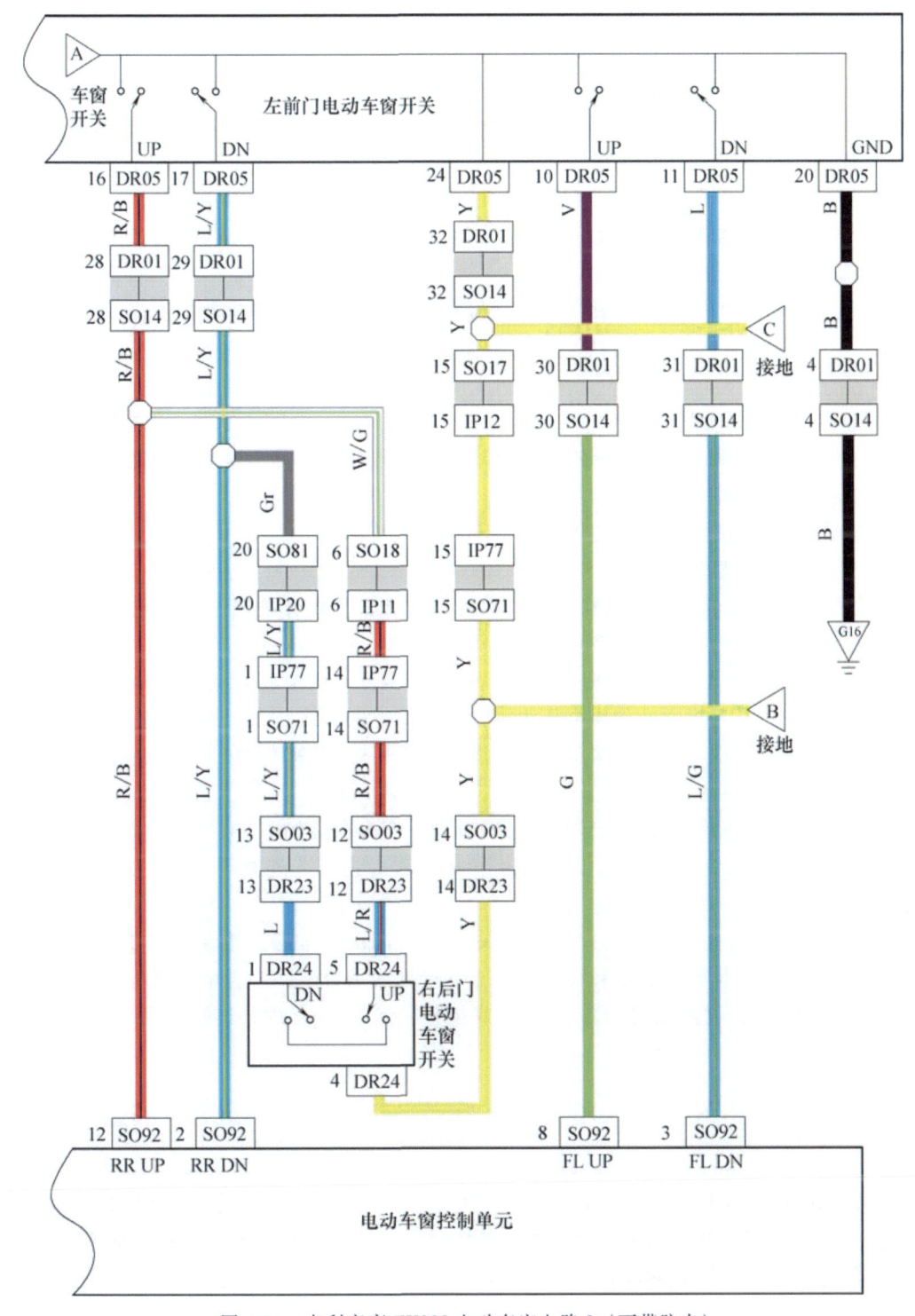

图 4-20 吉利帝豪 EV300 电动车窗电路 3（不带防夹）

点→左前门电动车窗开关 DR05 插接器的 20 号端子→内部触点开关→左前门电动车窗开关 DR05 插接器的 13 号端子→电动车窗控制单元 SO92 插接器的 1 号端子。电动车窗控制单元

SO92 插接器的 1 号端子收到搭铁信号后控制右前门车窗升降电动机工作，降下右前门车窗玻璃。

② 右前门电动车窗开关下降信号电路：蓄电池负极→G16 搭铁点→左前门电动车窗开关 DR05 插接器的 20 号端子→内部相连线路→左前门电动车窗开关 DR05 插接器的 24 号端子→右前门电动车窗开关 DR14 插接器的 4 号端子→内部触点开关→右前门电动车窗开关 DR14 插接器的 1 号端子→电动车窗控制单元 SO92 插接器的 1 号 FR DN 端子。电动车窗控制单元 SO92 插接器的 1 号端子收到搭铁信号后控制右前门车窗升降电动机工作，降下右前门车窗玻璃。

其他电动车窗的开关信号电路工作原理可参考右前门电动车窗电路的工作原理。

三、电动车窗系统常见故障现象及检修思路

1. 电动车窗常见故障

电动车窗常见故障现象有：所有车窗玻璃均不能升降、部分车窗玻璃不能升降、只能向一个方向运动、电动车窗工作时有异响等。

2. 电动车窗常见故障的检修思路

1）所有车窗玻璃不能升降。

① 故障原因：熔丝烧断、线路断路或者接触不良、主控开关损坏、玻璃升降电动机损坏、搭铁点锈蚀或松动、车窗控制单元损坏等。

② 检修思路：首先检查熔丝是否断路，若熔丝良好，则应将点火开关接通，检查点火开关接线柱的电压是否正常，如果电压为零，则应检查电源线路；如果电压正常，应检查搭铁线是否良好。若搭铁不良时，应清洁、紧固搭铁线；若搭铁线良好，应对主控开关、直流电动机进行检测。

2）部分电动机不能升降车窗玻璃或者只能向一个方向运动。

① 故障原因：车窗按键开关损坏，该车窗电动机损坏，连接导线断路，主控开关损坏等。

② 检修思路：首先检查左前门主控开关是否正常，该车窗的按键开关工作是否正常，检查该车窗电动机正反转是否运转稳定，检查连接导线是否断路。若车窗只能向一个方向运转，一般是按键开关故障或部分线路断路或接错，应先检查线路连接是否正常，再检修开关。

>>> **任务实施**

一、任务方案制订

查阅吉利帝豪 EV300 维修手册，扫描二维码，观看新能源汽车左前门电动车窗不工作故障检修的微课视频，制订吉利帝豪 EV300 左前门玻璃升降器不工作（带防夹）故障检修的任务方案。

电动车窗不工作故障检修

二、实施准备工作

吉利帝豪 EV300 维修手册、新能源汽车电气系统检修工具、故障诊断仪、汽车专用万用表、吉利帝豪 EV300 纯电动实训车或实训台架。

三、详细操作步骤

Step1 查阅维修手册，绘制吉利帝豪 EV300 左前门电动车窗电路简图，如图 4-21 所示。

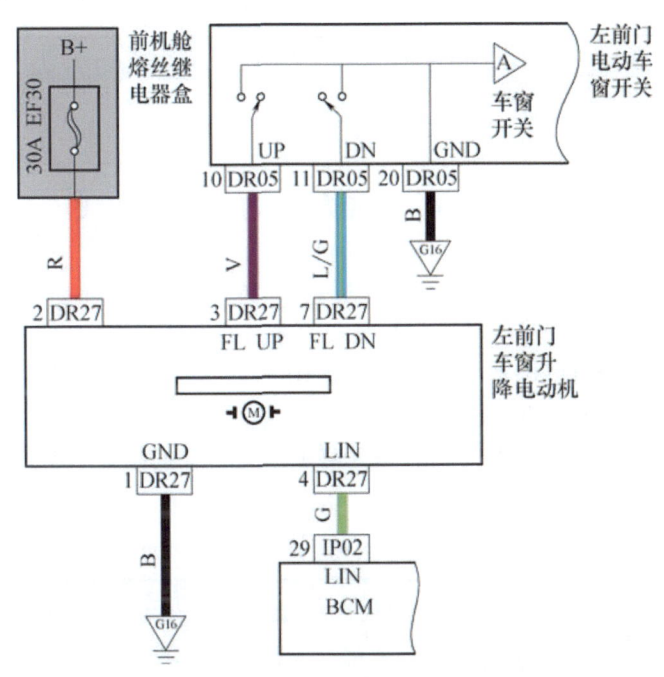

图 4-21 吉利帝豪 EV300 左前门电动车窗电路简图（带防夹）

完成情况：□完成

□未完成，原因：_____

Step2 检查熔断器。

1）确认熔丝 EF30（30A）是否熔断。

2）如果熔丝熔断，排除相关线路的短路故障，更换相同规格的熔丝。

完成情况：□完成

□未完成，原因：_____

Step3 检查左前门玻璃升降开关接地电路。

1）断开左前门车窗开关线束插接器 DR05。

2）用万用表测量插接器 DR05 端子 20 与接地电路之间的电阻。电阻标准值：小于 1Ω。插接器 DR05 端子 20，位置如图 4-22 所示。

3）若电阻值不符合标准，则修复相关线路的开路故障。

完成情况：□完成

□未完成，原因：_____

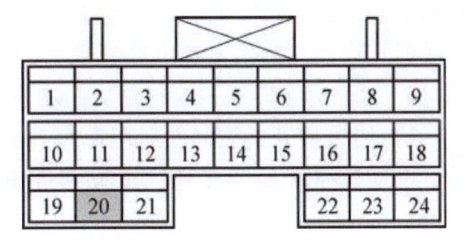

图 4-22 DR05 插接器端子图

Step4 检查左前门玻璃升降开关。

1）连接左前门玻璃升降开关线束插接器。

2）操纵左前门玻璃升降开关。

3）同时用万用表分别测量左前门玻璃升降开关线束插接器 DR05 中相应端子之间的电阻，见表 4-3。

表 4-3　左前门玻璃升降开关测试表 1

测试端子	测试条件	标准电阻值
DR05(20)-DR05(11)	按下	<1Ω
DR05(20)-DR05(10)	提起	<1Ω

4）如果端子间电阻值不符合标准，则更换左前门玻璃升降开关。

完成情况：□完成

　　　　　□未完成，原因：＿＿＿＿＿＿＿＿＿＿＿＿＿＿＿＿＿＿＿＿＿＿

Step5 检查左前门玻璃升降电动机与车窗开关之间的电路连接

1）拔下左前门玻璃升降电动机线束插接器 DR27。

2）操纵左前门玻璃升降开关。

3）同时用万用表分别测量左前门玻璃升降电动机线束插接器 DR27 中相应端子与接地电路之间的电阻，见表 4-4。

表 4-4　左前门玻璃升降开关测试表 2

测试端子	测试条件	标准电阻值
DR27(7)-车身搭铁	按下	<1Ω
DR27(3)-车身搭铁	提起	<1Ω

4）如果电阻值不符合标准，则修复或更换相关线束。

5）用万用表测量线束插接器 DR27 端子 1 和 2 之间的电压，标准电压值：11~14V。

6）如果玻璃升降器不能正常工作，则更换左前门玻璃升降电动机总成。

完成情况：□完成

　　　　　□未完成，原因：＿＿＿＿＿＿＿＿＿＿＿＿＿＿＿＿＿＿＿＿＿＿

》》知识拓展

一、认识永磁式电动车窗升降电动机控制原理

如图 4-23 所示，永磁式电动车窗升降电动机的控制原理是通过车窗控制开关改变流进升降电动机的电流方向，使车窗升降电动机正转或反转，即车窗玻璃上升或下降的运动。以左后门车窗控制为例分析电路原理。

1. 驾驶员主控开关控制左后门车窗电路

1）当主控开关控制左后门车窗开关选择"▲"（向上）时，主控开关端子 2-7、13-8 接通，电动机控制回路接通，电动机正转工作，带动车窗玻璃升降器向上运动。其控制电路为：

蓄电池正极→熔断器→主控开关端子 2→主控开关端子 7→左后门车窗开关端子 1→左

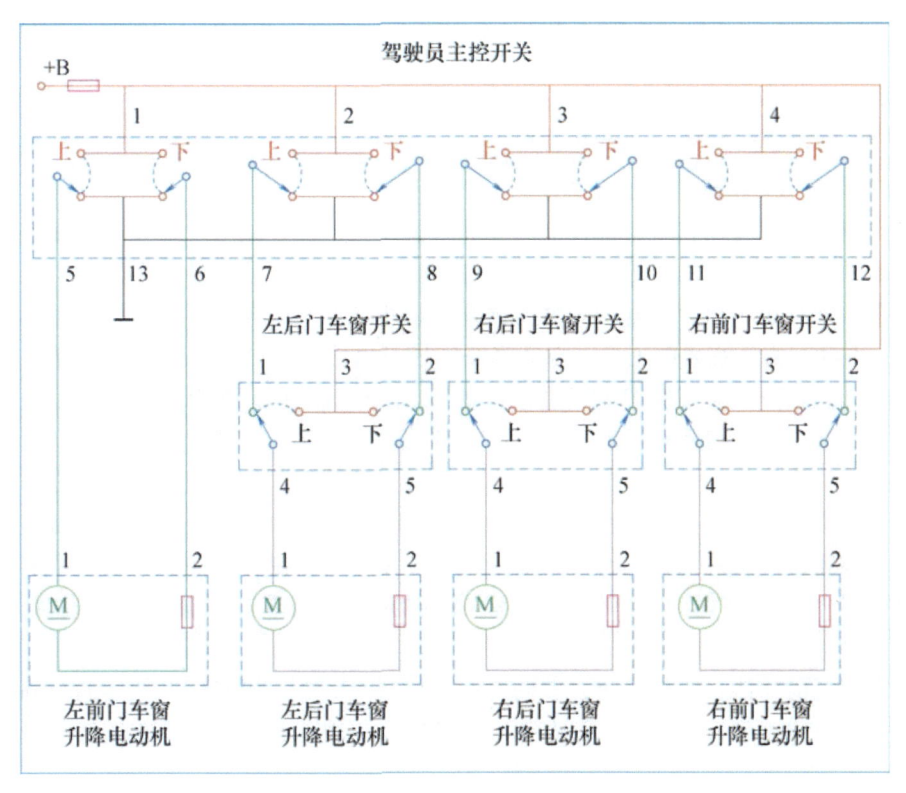

图 4-23 永磁式电动车窗升降电动机控制原理图

后门车窗开关端子 4→左后门车窗电动机端子 1→左后门车窗电动机端子 2→左后门车窗开关端子 5→左后门车窗开关端子 2→主控开关端子 8→主控开关端子 13→搭铁→蓄电池负极。

2）当主控开关控制左后开关选择"▼"（向下）时，主控开关端子 2-8、13-7 接通，电动机控制回路接通，电动机反转工作，带动车窗玻璃升降器向下运动。其控制电路为：

蓄电池正极→熔断器→主控开关端子 2→主控开关端子 8→左后门车窗开关端子 2→左后门车窗开关端子 5→左后门车窗电动机端子 2→左后门车窗电动机端子 1→左后门车窗开关端子 4→左后门车窗开关端子 1→主控开关端子 7→主控开关端子 13→搭铁→蓄电池负极。

2. 左后门车窗开关控制电路

1）左后门车窗开关选择"▲"时，主控开关端子 13-7、13-8 接通，左后门车窗开关端子 1-4、3-5 接通，电动机控制回路接通，电动机正转工作，带动车窗玻璃升降器向上运动。其控制电路为：

蓄电池正极→熔断器→左后门车窗开关端子 3→左后门车窗开关端子 4→左后门车窗电动机端子 1→左后门车窗电动机端子 2→左后门车窗开关端子 5→左后门车窗开关端子 2→主控开关端子 8→主控开关端子 13→搭铁→蓄电池负极。

2）左后门车窗开关选择"▼"时，主控开关端子 13-7、13-8 接通，左后门车窗开关端子 3-4、2-5 接通，电动机控制回路接通，电动机正转工作，带动车窗玻璃升降器向下运动。其控制电路为：

蓄电池正极→熔断器→左后门车窗开关端子 3→左后门车窗开关端子 5→左后门车窗电

动机端子 2→左后门车窗电动机端子 1→左后门车窗开关端子 4→左后门车窗开关端子 1→主控开关端子 7→主控开关端子 13→搭铁→蓄电池负极。

二、比亚迪秦 EV 车窗控制系统

1. 比亚迪秦 EV 车窗控制系统概述

电动车窗系统通过操作车门饰板上的开关来使车窗升降，或通过驾驶员位置，即左前门玻璃升降器开关装饰板上的主控开关来操作各车窗的升降。电动车窗闭锁开关位于驾驶员侧前门饰板上，驾驶员可以通过电动车窗闭锁开关禁用所有乘客车窗开关。只有当起动按钮置于 OK 档，电动车窗系统才能工作。自动降窗特性可以使驾驶员侧车窗自动降到底，操作时必须向降窗方向按下驾驶员侧车窗开关，直到第二个档位，则开始自动降窗，再次沿任意方向拉起或按下开关，车窗停止运动，并且取消自动降窗动作。自动升窗特性可以使驾驶员侧车窗自动上升，操作时必须向升窗方向拉起驾驶员侧车窗开关，直到第二个档位，则开始自动升窗，再次沿任意方向拉起或按下开关，车窗停止运动，并且取消自动升窗动作。

电动车窗系统的某些功能和特性依赖于其电子模块的控制，这些电子模块是集成于左前门玻璃升降器开关组件内的。电动车窗系统部件主要有玻璃升降器开关和玻璃升降器电动机。

电动车窗延时功能：前门关闭，车辆电源档位从 OK 档退电至 OFF 档后的 10min 内，车窗控制开关仍可以工作，开关背光灯点亮，可控制车门玻璃升降。一旦有任意前门打开，则延时功能失效。

电动车窗电动机应用了最新的工艺、技术和材料，如在防水方面，采用了全密封设计，并且使用了透气膜技术（电动机运转产生温升后容易使电动机内外产生压差，在最薄弱的密封处冲破密封，此时电动机需要一个呼吸器官来平衡内外压差，不对薄弱的密封处产生冲击，透气膜正是起到此作用，透气膜能够通过气体，平衡内外压差，又能隔断液体水流入电动机，使电动机真正达到全密封防水设计要求）；在电动机过热保护方面采用了聚合物 PTC 过电流保护器，能更迅速有效地保护电动机不因外部故障（如开关故障）而烧毁；电动机噪声处理方面，在电动机旋转轴上使用了特殊设计，采用了高耐磨减振材料，保证电动机在高速旋转时不会产生金属冲击及摩擦噪声；在电动机电源接线方面，直接采用了端子接口，去掉了电源引接线，避免了引线带来的接触不良等故障问题；电动机采用直流双极永磁结构，双向旋转，内部安置了过热保护装置，无需外部电路设置保护；当给电动机通电以后，由于磁场力的作用，电动机产生旋转运动，再通过一个较大的蜗轮减速机构减速，在输出齿轮上获得低速大转矩，当电动机处于卡死或电路出现故障时，过热保护装置能及时将电源切断，保护电动机。

2. 比亚迪秦 EV 车窗控制系统故障诊断流程

1）把车辆开入维修车间。

用户所述故障分析：向用户询问车辆状况和故障产生时的环境。

2）检查蓄电池电压。

标准电压值：11～14V。

如果电压值低于 11V，在转至下一步前对蓄电池充电或更换蓄电池。

3）参考故障症状表。

结果	转至
故障不在故障症状表中	下一步
故障在故障症状表中	步骤5)

4）全面分析与诊断。

① 全面功能检查。

② ECU 端子检查（见 ECU 终端检查）。

③ 用诊断仪检查。

5）调整、维修或更换。

调整、修理或更换线路或零部件。

6）确认测试结果。

7）结束。

3. 比亚迪秦 EV 车窗控制系统故障症状表

故障描述	可能发生故障的部位
整个车窗控制系统不工作	1）左前门玻璃升降器开关组配电 2）玻璃升降器电动机电源电路 3）整车电源
只有左前门玻璃升降器可以动作，其他玻璃升降器均无法动作	1）左前门玻璃升降器开关组 2）线束 3）仪表配电盒
左前门车窗开关无法控制左前门车窗升降	1）熔断器 2）左前门车窗电动机 3）左前门车窗开关 4）线束
右前门车窗开关无法控制右前门车窗升降	1）熔断器 2）右前门车窗电动机 3）右前门车窗开关 4）线束
左后门车窗开关无法控制左后门车窗升降	1）熔断器 2）左后门车窗电动机 3）左后门车窗开关 4）线束
右后门车窗开关无法控制右后门车窗升降	1）熔断器 2）右后门车窗电动机 3）右后门车窗开关 4）线束
左前门车窗开关组无法控制右前门车窗升降，但右前门车窗开关可以控制右前门车窗升降	1）左前门车窗开关 2）线束 3）熔断器
左前门车窗开关组无法控制左后门车窗升降，但左后门车窗开关可以控制左后门车窗升降	1）左前门车窗开关 2）线束 3）熔断器

(续)

故障描述	可能发生故障的部位
左前门车窗开关组无法控制右后门车窗升降,但右后门车窗开关可以控制右后门车窗升降	1)左前门车窗开关 2)线束 3)熔断器
只有左前门玻璃升降器可以动作,其他玻璃升降器均无法动作	1)左前门玻璃升降器开关 2)线束 3)熔断器

>>> 思考与练习

任务3　检修新能源汽车电动座椅不工作故障

>>> 任务目标

1. 能描述电动座椅系统的组成和工作原理。
2. 能读懂电动座椅系统电路图。
3. 能查阅维修手册、小组合作并发扬工匠精神,完成电动座椅不工作故障检修任务。

>>> 任务导入

某4S店维修小组接到一张任务工单:一辆2018款吉利帝豪EV300纯电动汽车,行驶里程60000km,近期出现电动座椅不工作的现象。作为维修技师的你,应该如何检修该故障?

>>> 知识链接

一、电动座椅系统的组成和工作原理

为了提高汽车乘坐的舒适性,便于驾驶员及乘员调整到舒适又安全、不易疲劳的驾乘位置,大部分新能源汽车上安装有电动座椅调整装置。图4-24所示为电动座椅电气原理框图。

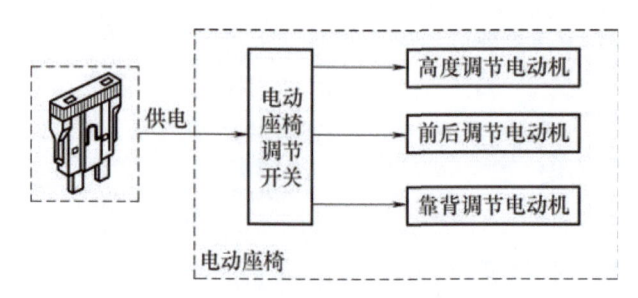

图4-24　电动座椅电气原理框图

1. 电动座椅的组成

图 4-25 所示为电动座椅分解图。电动座椅由座椅调节开关、电动座椅控制器、座椅调节电动机等组成。

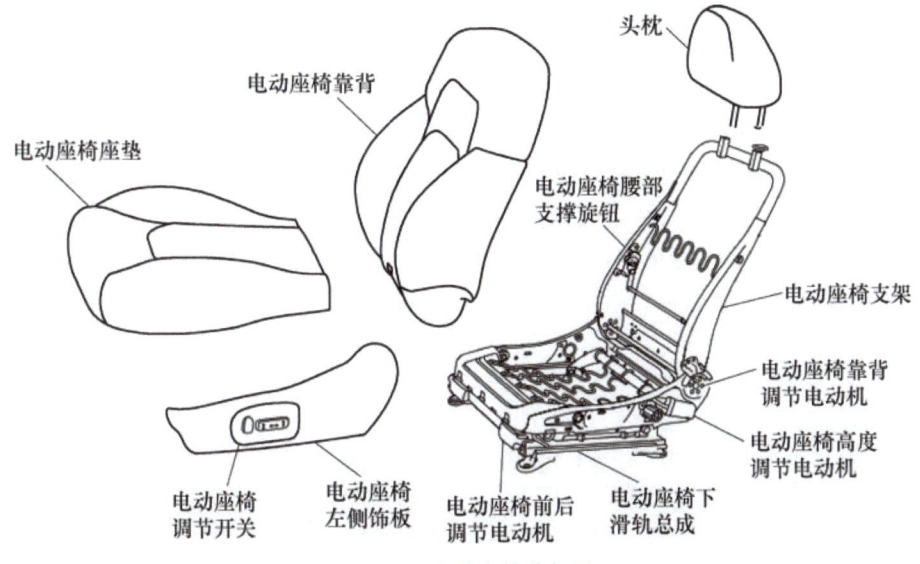

图 4-25 电动座椅分解图

1）座椅调节开关。图 4-26 所示为电动座椅调节开关及内部电路。电动座椅调节开关由前后调节开关、上下调节开关和靠背调节开关组成。座椅调节开关为对应的座椅电动机提供电源和接地电路，控制电动机进行调节。

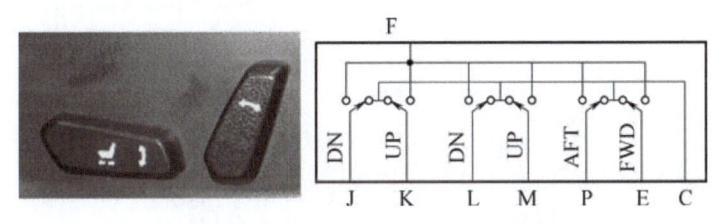

图 4-26 电动座椅调节开关及内部电路

2）电动座椅控制器。部分新能源汽车配有电动座椅控制器，用于控制电动座椅的各调节电动机工作电流的通断、座椅位置信息存储、执行和复位动作。当收到来自电动座椅开关的输入信号后，控制器中的继电器动作，控制座椅调节电动机转动。

3）座椅调节电动机。座椅调节电动机如图 4-27 所示。大多数电动座椅调节采用永磁式电动机，调节电动机在来自控制器的电流驱动下为电动座椅的传动装置提供动力。此类电动机电枢的旋转方向随电流方向的改变而改变，每个电动机可调节座椅两个方向的移动。我们常说的 6 向移动座椅是使用 3 个电动机实现座椅 6 个不同方向的位置调整，即上、下、前、后、前倾、后倾。很多高级轿车还增加了调整头枕、腰部

图 4-27 座椅调节电动机

头枕、腰部调节、扶手调节、座椅长度调节等功能，这些功能的增加都是为了使乘坐者更加舒服。所有的座椅电动机独立工作，其内部装有电子断路器（PTC），该断路器在电路过载情况下断开，而且仅在电路电压切断后才会复位。

2. 电动座椅电路

图 4-28 所示为驾驶员电动座椅控制电路图，电路分析如下：

1）电动座椅电源电路。蓄电池 B+→熔断器 EF17/30A（发动机舱熔丝继电器盒）→电动座椅调节开关线束插接器 SO58 的 1 号端子，为电动座椅系统提供 12V 正极工作电源。蓄电池负极→G20 搭铁点→线束插接器 SO58 的 4 号端子，为电动座椅提供负极工作电源。

2）座椅调节电动机工作电路。当电动座椅调节开关处于静态时，3 对调节开关通过 6 个触点分别将靠背调节电动机、高度调节电动机和前后调节电动机的两端搭铁，此时每个调节电动机两端的电压均为 0V。

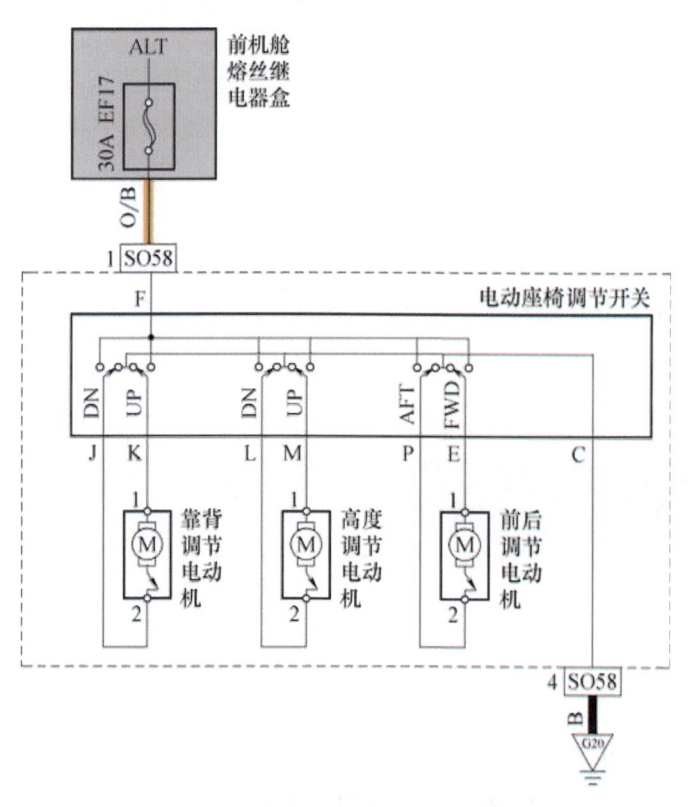

图 4-28 驾驶员电动座椅控制电路图

① 电动座椅前后调整电路：当操作座椅调节开关使整个座椅向前移动时，电动座椅调节开关的 E 端子与 F 端子接通，前后调节电动机 1 号线通过调节开关 E 端子接通 12V 正极电压，前后调节电动机 2 号线通过调节开关 P 端子搭铁。电动机运行，驱动整个座椅向前移动，直到开关松开。向后移动整个座椅和向前移动整个座椅的调整电路类似，不同的是蓄电池正极电压和接地通过相反的电路施加在电动机上，从而使电动机反向运转。

② 电动座椅高度调整电路：当操作座椅调节开关使整个座椅向上移动时，电动座椅

调节开关的 M 端子与 F 端子接通，高度调节电动机 1 号线通过调节开关 M 端子接通 12V 正极电压，高度调节电动机 2 号线通过调节开关 L 端子搭铁。电动机运行，驱动整个座椅向上移动，直到开关松开。向下移动整个座椅和向上移动整个座椅的调整电路类似，不同的是蓄电池正极电压和接地通过相反的电路施加在电动机上，从而使电动机反向运转。

③ 电动座椅靠背调整电路：当操作座椅调节开关使座椅靠背向前倾斜时，电动座椅调节开关的 K 端子与 F 端子接通，靠背调节电动机 1 号线通过调节开关 K 端子接通 12V 正极电压，靠背调节电动机 2 号线通过调节开关 J 端子搭铁。电动机运行，驱动座椅靠背向前倾斜，直到开关松开。座椅靠背向后倾斜和座椅靠背向前倾斜的调整电路类似。不同的是蓄电池正极电压和接地通过相反的电路施加在电动机上，从而使电动机反向运转。

3. 带存储功能电动座椅的工作原理

带存储功能电动座椅系统的控制模块具有记忆功能。当按下记忆按键时，能够将设定的座椅调节位置进行记录，使用时只要按指定的按钮开关，座椅就会自动地调节到预先设定的座椅位置上。如图 4-29 所示，带存储功能电动座椅系统主要由电源、传感器、电控模块和执行器组成，其中四个位置传感器用来控制座椅的设定位置。当座椅位置设定后，驾驶员按下存储器的按钮，电控模块就把这些电压信号记忆在存储器中，作为重新调节座椅位置时的基准。

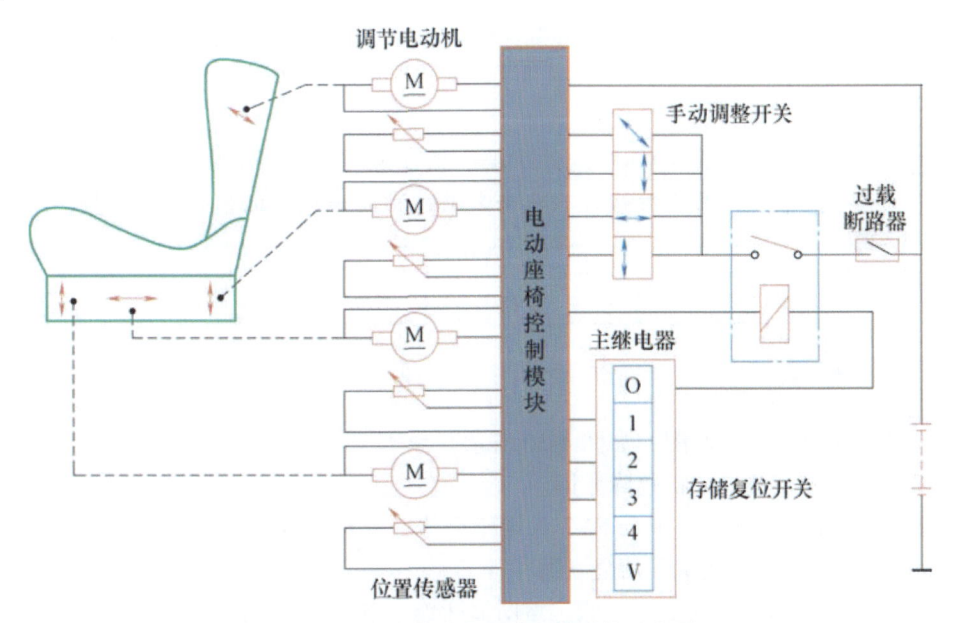

图 4-29 带存储功能电动座椅系统示意图

二、电动座椅的常见故障及检修思路

当电动座椅出现故障时，首先要了解需要检修的电动座椅的工作原理，因为不同车型、款式或年份车辆的电动座椅组成和控制原理可能存在较大差异；然后结合故障现象，对照电路图分析故障原因；其次，从检查熔断器、电路连接和搭铁情况开始到检查控制开关、调节电动机和控制模块等。电动座椅常见故障及原因见表 4-5。

表 4-5 电动座椅常见故障及原因

序号	故障现象	故障原因
1	电动座椅所有方向无法调节	1)熔断器熔断 2)线路搭铁不良 3)控制开关故障 4)公共电源线断路 5)电动座椅控制单元故障
2	电动座椅单个方向无法调节	1)开关损坏 2)该方向对应的电动机损坏 3)相关的线路断路 4)电动座椅控制单元故障
3	电动座椅记忆功能、设定功能失效	1)设定、记忆开关损坏 2)该方向对应的电动机损坏 3)相关的线路断路 4)电动座椅控制单元故障 5)位置传感器及共用线路故障

>>> 任务实施

一、任务方案制订

查阅吉利帝豪 EV300 维修手册,扫描二维码,观看新能源汽车电动座椅不能前后调整故障检修的微课视频,制订吉利帝豪 EV300 电动座椅不能前后调整故障检修的任务方案。

二、实施准备工作

吉利帝豪 EV300 维修手册、新能源汽车电气系统检修工具、故障诊断仪、汽车专用万用表、吉利帝豪 EV300 纯电动实训车或实训台架。

电动座椅不能前后调整故障检修

1.任务分工 → 2.扫描二维码观看微课视频 → 3.工具准备 → 4.安全注意事项

三、详细操作步骤

Step1 查阅电动座椅电路图,如图 4-30 所示。

Step2 确认故障现象,分析故障原因。

结合故障现象,查看吉利帝豪 EV300 维修手册,分析其故障原因。电动座椅所有方向无法调节故障的原因主要有以下几个方面:

1)电源故障,如蓄电池电压过低、熔断器断路、电源线路断路。
2)搭铁故障,如 G20 搭铁点脱落或虚接、搭铁线路断路。
3)电动座椅调节开关损坏。
4)线束插接器虚接或断路等。

Step3 检查熔断器 EF17。

1)操作车辆起动开关使电源模式切换至 OFF。
2)拔下 EF17,检查熔丝是否熔断。如果熔丝熔断,则检查相关线路是否有短路故障。
3)确认没有线路短路故障,更换相同规格的熔丝。若电动座椅还是不能正常工作,则

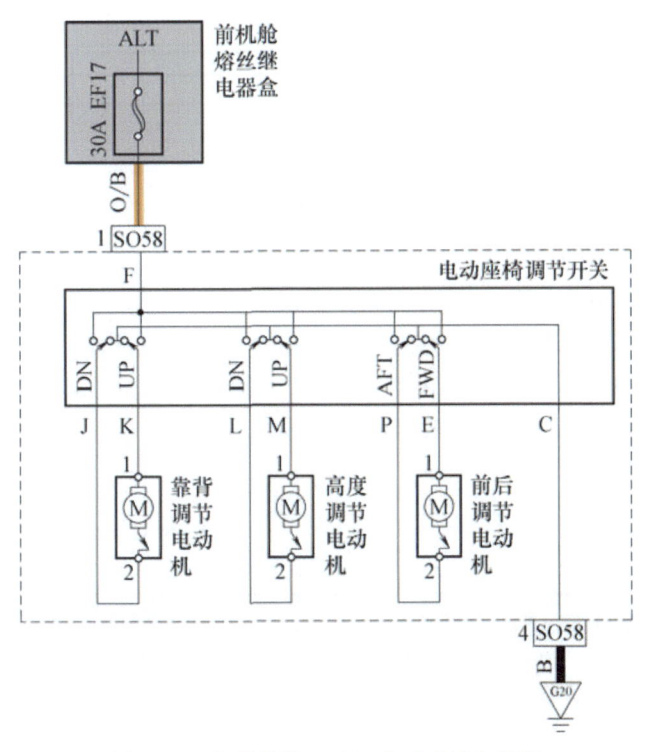

图 4-30 吉利帝豪 EV300 电动座椅电路图

转至 Step4。

完成情况：□完成

□未完成，原因：_____

Step4 检查电动座椅调节开关的电源。

1）操作车辆起动开关使电源模式切换至 OFF。

2）断开电动座椅调节开关的线束插接器。

3）操作车辆起动开关，使电源模式切换至 ON。

4）用万用表测量电动座椅调节开关的线束插接器 SO58 的 1 号端子与可靠接地点之间的电压。电压标准值为 11~14V。插接器 SO58 的 1 号端子，测量位置如图 4-31a 所示。

5）若电压值不符合标准，则修复相关线路的开路故障。

完成情况：□完成

□未完成，原因：_____

Step5 检查电动座椅调节开关的搭铁。

1）操作车辆起动开关，使电源模式切换至 OFF。

2）断开电动座椅调节开关的线束插接器。

3）用万用表测量电动座椅调节开关的线束插接器 SO58 端子 4 与可靠接地点之间的电阻。电阻标准值应<1Ω。插接器 SO58 的 4 号端子，测量位置如图 4-31b 所示。

4）若电阻值不符合标准，则修复相关线路的开路故障。

完成情况：□完成

□未完成，原因：_____

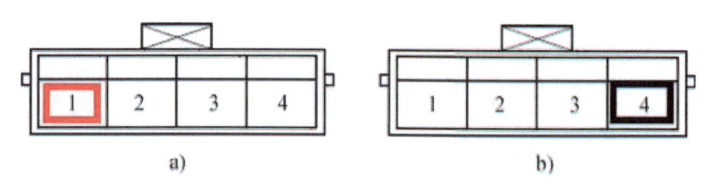

图 4-31　SO58 电动座椅调节开关线束插接器

Step6 检查电动座椅调节开关。

1）操作车辆起动开关，使电源模式切换至 ON。

2）操作电动座椅调节开关，同时用万用表依次测量电动座椅调节开关插座 P 与 E、L 与 M、J 与 K 之间的电压。电压标准值为 11～14V。测量端子、测试条件和标准值见表 4-6。

3）若电压值不符合标准，则更换电动座椅开关。

完成情况：□完成

□未完成，原因：_____

表 4-6　电动座椅调节开关检查

序号	测试端子	测试条件	标准电压值
1	P-E	拨动电动座椅前后调节开关向前或向后	11～14V
2	L-M	拨动电动座椅高度调节开关向上或向下	11～14V
3	J-K	拨动电动座椅靠背调节开关向上或向下	11～14V

Step7 检查电动座椅调节电动机。

1）操作车辆起动开关，使电源模式切换至 ON。

2）操作电动座椅调节开关，同时用万用表依次测量座椅前后调节电动机、高度调节电动机、靠背调节电动机的线束插接器的 1 号与 2 号端子之间的电压。电压标准值为 11～14V。测量端子、测试条件和电压标准值见表 4-7。

3）若电压值不符合标准，则更换电动座椅调节开关。

完成情况：□完成

□未完成，原因：_____

表 4-7　电动座椅调节电动机检查

序号	测试端子	测试条件	标准电压值
1	前后调节电动机端子 1-2	拨动电动座椅前后调节开关向前或向后	11～14V
2	高度调节电动机端子 1-2	拨动电动座椅高度调节开关向上或向下	11～14V
3	靠背调节电动机端子 1-2	拨动电动座椅靠背调节开关向上或向下	11～14V

>>> 知识拓展

一、认识吉利帝豪 EV450 电动座椅调节电路

吉利帝豪 EV450 电动座椅带有六个方向电动调节功能，其电路分析如下：

（1）电动座椅电源电路　如图 4-32 所示，吉利帝豪 EV450 驾驶员侧电动座椅系统的电源正极电路主要有两路：

① 蓄电池 B+→前机舱熔丝继电器盒中的 EF31（20A）熔断器→电动座椅控制模块插接

器 SO94 的 1 和 12 号端子，为电动座椅系统提供工作常电。

② IG1 电→前机舱熔丝继电器盒中的 EF17（10A）熔断器→电动座椅控制模块插接器 SO94 的 10 号端子，为电动座椅系统提供 IG 电源。

（2）调节开关电路　调节开关通过内部触点将六个方向调节的控制信号分别经过 SO144 插接器 6、7、8 号线连接到电动座椅控制模块 SO92 线束插接器的 7、9、22 号端子，电动座椅控制模块接收到 6 个不同的信号后，驱动对应的调节电动机通电工作。

（3）调节电动机电路　吉利帝豪 EV450 电动座椅六个方向调节功能由座椅滑槽电动机、座椅调角器电动机和座椅升降器电动机三个电动机总成完成。每个电动机总成中都装有位置传感器，检测调节电动机转动的位置信息，为座椅记忆功能及复位等提供信息。每个电动机有两条工作电线连接到电动座椅控制模块，电动座椅控制模块通过这两条电线给电动机输送

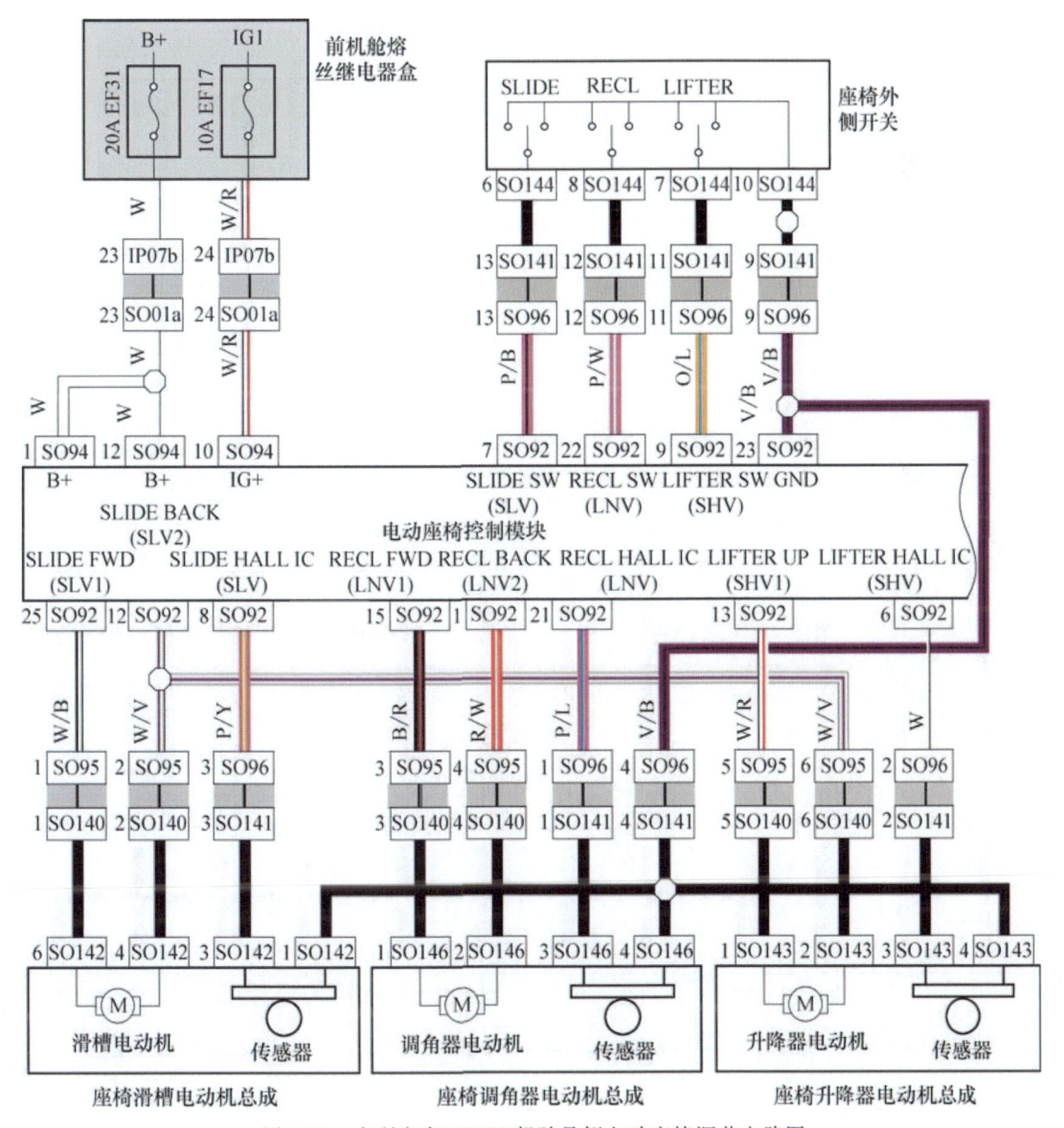

图 4-32　吉利帝豪 EV450 驾驶员侧电动座椅调节电路图

工作电流，通过改变电流方向实现调节电动机转向的变化。

二、认识吉利帝豪 EV450 电动座椅记忆开关电路

1. 电动座椅记忆开关电路

图 4-33 所示为吉利帝豪 EV450 电动座椅记忆开关电路，记忆开关指示灯通过座椅记忆

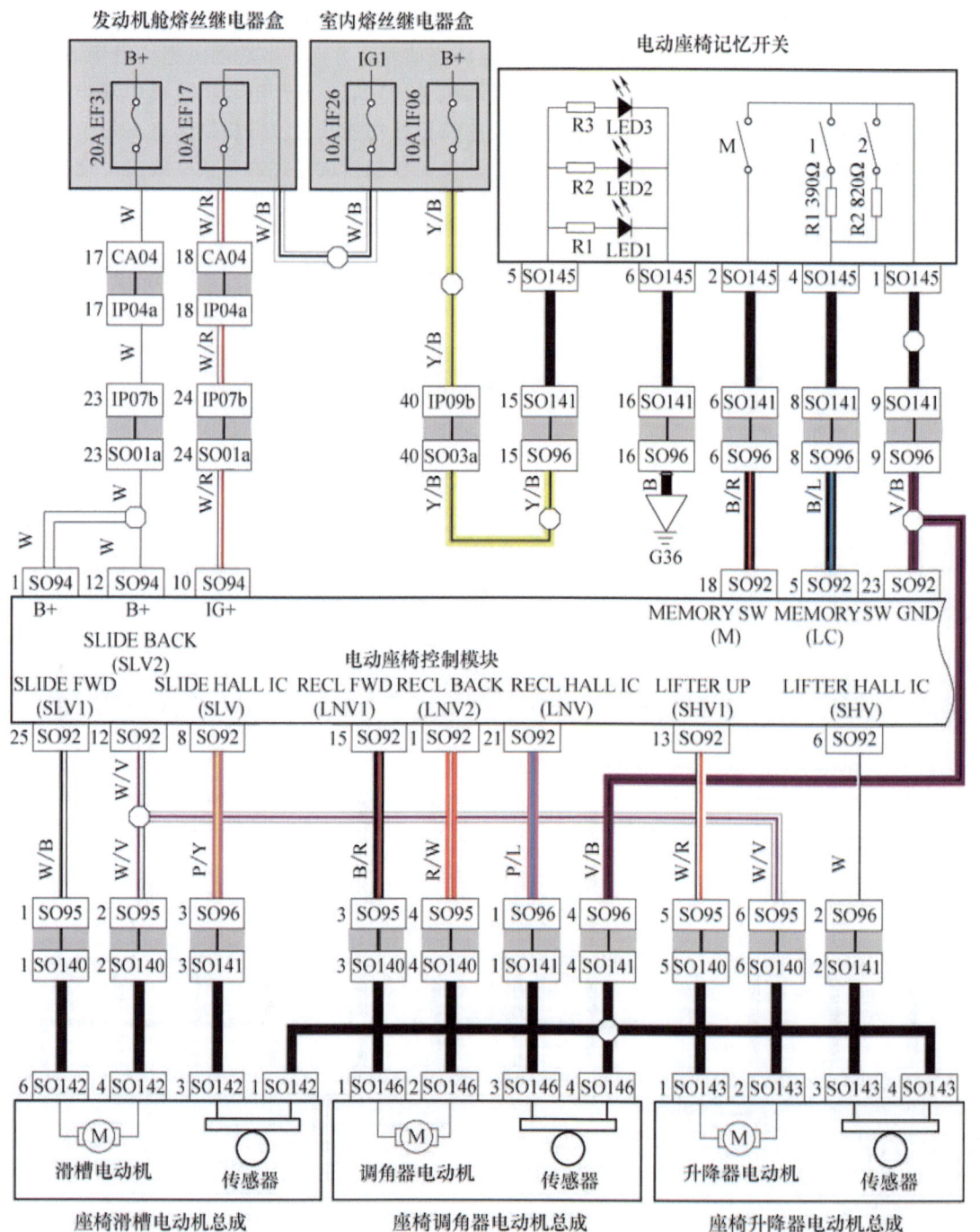

图 4-33 吉利帝豪 EV450 电动座椅记忆开关电路

开关插接器 SO145 的 5 和 6 号线分别连接到蓄电池正极和 G36 搭铁点,三个 LED 指示灯常亮。

2. 电动座椅记忆开关内部有三路记忆设置电路

第一路由 GND 接地信号→电动座椅记忆开关插接器 SO145 的 1 号端子→开关 M→插接器 SO145 的 2 号端子→电动座椅控制模块插接器 SO92 的 18 号端子。当开关 M 闭合时,即给电动座椅控制模块输送直接搭铁的电压信号;第二路由 GND 接地信号→电动座椅记忆开关插接器 SO145 的 1 号端子→触点 1→R1(390Ω)→插接器 SO145 的 4 号端子→电动座椅控制模块插接器 SO92 的 5 号端子。当开关 1 闭合时,即给电动座椅控制模块输送经过 390Ω 电阻搭铁的电压信号;第三路由 GND 接地信号→电动座椅记忆开关插接器 SO145 的 1 号端子→触点 2→R2(820Ω)→插接器 SO145 的 4 号端子→电动座椅控制模块插接器 SO92 的 5 号端子。当开关 2 闭合时,即给电动座椅控制模块输送经过 820Ω 电阻搭铁的电压信号。

>>> 思考与练习

任务 4　检修新能源汽车电动天窗不工作故障

>>> 任务目标

1. 能描述电动天窗系统的组成和工作原理。
2. 能读懂电动天窗系统电路图。
3. 能查阅维修手册,小组合作并发扬工匠精神,完成电动天窗不工作故障检修任务。

>>> 任务导入

某新能源汽车 4S 店维修小组接到一张任务工单:一辆 2018 款纯电动汽车,行驶里程 56000km,近期出现电动天窗不工作的现象。作为新能源汽车维修技师的你,应该如何检修该故障?

>>> 知识链接

一、电动天窗系统的组成与工作原理

为了使浑浊的空气迅速排出车外,同时又能使新鲜的空气流入车内,提升车内空气环境的舒适性,很多新能源汽车顶部安装了天窗系统。天窗系统按操作方式不同可以分为手动式天窗和电动式天窗;按面积不同可分为全景天窗和单天窗(图 4-34);按开启方式不同又可分为内藏式天窗和外掀式天窗。外掀式天窗在开启后向车顶的外后方升起,

图 4-34　天窗外观图

而内藏式天窗在开启后可以隐藏于车顶内部，并具有防夹功能和自动关闭功能。

1. 电动天窗系统的组成

电动天窗系统一般由玻璃及密封条、天窗滑动机构、天窗驱动机构、天窗控制模块、天窗开关和天窗遮阳板等组成。天窗系统主要部件如图 4-35 所示。

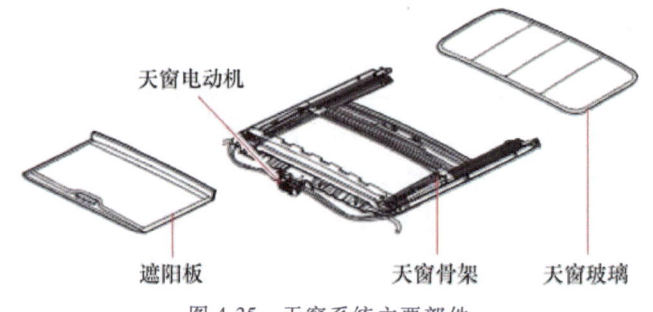

图 4-35 天窗系统主要部件

1）天窗滑动机构。电动天窗滑动机构主要由导向块、导向销、连杆、托架和前后枕座等组成。

2）天窗驱动机构。天窗驱动机构主要由天窗电动机、传动机构和滑动螺杆等组成。

① 天窗电动机通过传动装置为天窗的开启和关闭提供动力。天窗电动机可以双向转动，即通过改变电流的方向来改变电动机的旋转方向，实现天窗的开启和关闭。

② 传动机构主要由蜗轮蜗杆传动机构、中间齿轮传动机构（主动中间齿轮，过渡中间齿轮）和驱动齿轮等组成。电动机通过齿轮传动机构改变旋转方向，并减速增扭后将动力传给滑动螺杆，使天窗实现开启和关闭，同时又将动力传给凸轮，使凸轮驱动限位开关断开和闭合。主动中间齿轮与蜗轮固定安装在同一根轴上，并与蜗轮同步转动，过渡中间齿轮与驱动齿轮也固定安装在同一根输出轴上，被主动中间齿轮驱动，使驱动齿轮带动天窗玻璃移动。

3）电动天窗开关。电动天窗的开关一般由天窗开关和限位开关模块组成。

① 天窗开关为双位摇杆型，位于天窗前部的车顶控制台上。吉利帝豪 EV300 天窗开启/关闭操作：长按天窗打开/关闭按键（大于 500ms），天窗玻璃面板将自动开启到内藏最大位置或完全关闭位置；在玻璃面板自动滑移过程中，轻触天窗打开/关闭按键（小于 500ms），玻璃面板将停止滑移；轻触天窗打开/关闭按键（小于 500ms），玻璃面板将滑移开启或滑移关闭，再次轻触按键，玻璃面板将停止滑移，按一下后止动位置，可将天窗玻璃移动到通风位置，按前止动位置并保持，可使天窗返回全闭位置，按两次后止动位置，天窗玻璃将滑到全开位置，按住控制开关上的前止动位置，可从全开位置关闭天窗。电动天窗开关如图 4-36 所示。

② 限位开关模块用于感知天窗的全开和全闭位置。

4）天窗控制模块。天窗控制模块是一个数字控制电路，并含有定时器、蜂鸣器和继电器等，其作用是接收开关信号，通过数字电路进行逻辑运算，确定天窗电动机的动

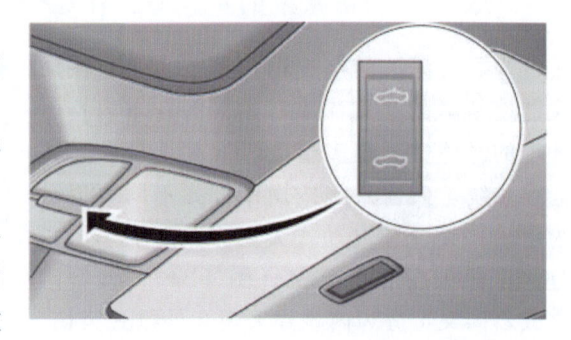

图 4-36 电动天窗开关

作,以控制天窗的开闭状态。吉利帝豪 EV300 电动天窗的天窗控制模块和带压力传感器和限位传感器的天窗电动机集成为一体。

2. 电动天窗系统的工作原理

天窗电动机通常采用永磁式电动机,控制器收到控制开关及位置等信号,再通过改变流进电动机的电流方向,从而控制电动机的旋转方向,通过传动装置实现天窗的开闭控制。一般情况下,电动机内装有 PTC 断路器以防止电路过载。图 4-37 所示为电动天窗系统电气原理框图。

当点火开关接通时,操作电动天窗开关,天窗开关信号送入天窗控制模块,天窗控制模块通过逻辑运算控制天窗电动机,从而驱动天窗的开启和关闭。天窗电动机动作的同时,限位开关检测天窗位置状态,并将此信号反馈至天窗控制模块。

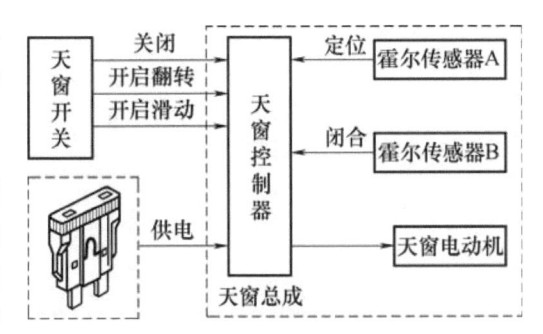

图 4-37 电动天窗系统电气原理框图

二、电动天窗系统电路(以吉利帝豪 EV300 为例)

如图 4-38 所示,吉利帝豪 EV300 电动天窗系统电路原理图。天窗总成是天窗控制模块与带压力传感器和限位传感器的天窗电动机的集成,安装于驾驶舱车顶的室内灯上方。

1. 电源电路

吉利帝豪 EV300 电动天窗系统的电源有 4 条电路:

① 天窗总成常电供电电路:蓄电池 B+→熔断器 IF03/30A(室内熔丝继电器盒)→天窗总成线束插接器 RF08 的 1 号端子。

② 天窗总成 IG 供电电路:蓄电池 B+→IG1 电→熔断器 IF25/10A(室内熔丝继电器盒)→天窗总成线束插接器 RF08 的 3 号端子。

③ 天窗总成 ACC 供电电路:蓄电池 B+→ACC 电→熔断器 IF08/10A(室内熔丝继电器盒)→天窗总成线束插接器 RF08 的 6 号端子。

④ 天窗开关常电供电电路:蓄电池 B+→熔断器 IF19/15A(室内熔丝继电器盒)→天窗开关线束插接器 RF07 的 5 号端子。

另外天窗总成通过线束插接器 RF08 的 2 号端子、天窗开关通过线束插接器 RF07 的 4 号端子连接到 G11 搭铁点,为天窗总成和天窗开关接通 12V 电源负极。

2. 开关信号电路

1)当天窗开关接通打开天窗档(OPEN)时,天窗开关线束插接器 RF07 的 4 号与 3 号端子接通:蓄电池负极→G11 搭铁点→天窗开关线束插接器 RF07 的 4 号端子→内部触点开关→天窗开关线束插接器 RF07 的 3 号端子→天窗总成插接器 RF08 的 5 号端子,向电动天窗控制器输送打开天窗信号,天窗控制器驱动天窗电动机打开天窗。

2)当天窗开关接通关闭天窗档(CLOSE)时,天窗开关线束插接器 RF07 的 4 号与 2 号端子接通:蓄电池负极→G11 搭铁点→天窗开关线束插接器 RF04 的 4 号端子→内部触点开关→天窗开关线束插接器 RF07 的 2 号端子→天窗总成插接器 RF08 的 4 号端子,向电动天窗控制器输送关闭天窗信号,天窗控制器驱动天窗电动机关闭天窗。

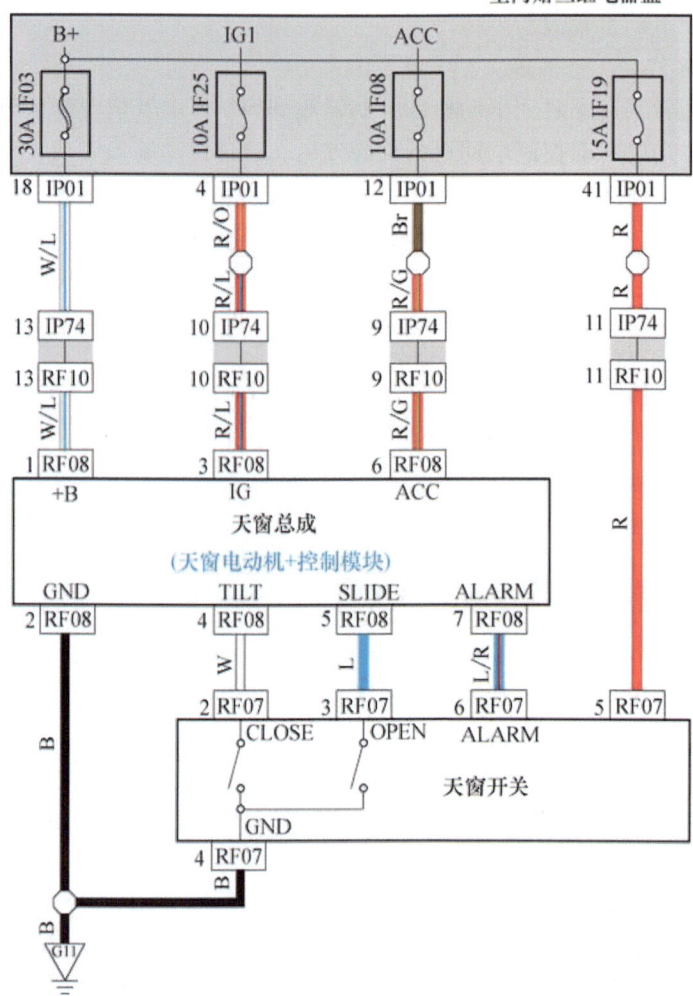

图 4-38 吉利帝豪 EV300 电动天窗系统电路原理图

三、电动天窗系统的常见故障及原因

电动天窗系统常见故障及原因见表 4-8。

表 4-8 电动天窗系统常见故障及原因

序号	故障现象	故障原因
1	电动天窗漏水	1）电动天窗排水管堵塞 2）电动天窗密封条老化
2	电动天窗不工作	1）电动天窗熔丝熔断 2）电动天窗电动机损坏 3）电动天窗控制模块损坏 4）相关线路断路或短路 5）电动天窗开关损坏 6）机械卡滞或位置传感器损坏

任务实施

一、任务方案制订

查阅吉利帝豪 EV300 维修手册，扫描二维码，观看新能源汽车电动天窗不工作故障检修的微课视频，制订吉利帝豪 EV300 纯电动汽车电动天窗不工作故障检修的任务方案。

二、实施准备工作

吉利帝豪 EV300 维修手册、新能源汽车电气系统检修工具、故障诊断仪、汽车专用万用表、吉利帝豪 EV300 纯电动实训车或实训台架。

电动天窗不工作故障检修

1.任务分工 → 2.扫描二维码观看微课视频 → 3.工具准备 → 4.安全注意事项

三、详细操作步骤

Step1 确认故障现象，分析故障原因。

查阅吉利帝豪 EV300 维修手册，绘制电动天窗电路简图。结合电动天窗电路原理图，分析故障原因。电动天窗不工作故障的原因主要有以下几个方面：

1）电源故障，如蓄电池电压过低、熔断器断路、电源线路断路。
2）搭铁故障，如 G41 搭铁点脱落或虚接、搭铁线路断路。
3）电动天窗开关损坏。
4）电动天窗控制模块损坏。
5）线束插接器虚接或断路等。

完成情况：□完成
　　　　　□未完成，原因：_____

Step2 使用故障诊断仪读取故障码。

1）操作车辆起动开关使电源模式切换至 ON。
2）连接故障诊断仪，读取系统故障码。
3）确认系统没有故障码。若有故障码，则优先排除故障码指示的故障。

完成情况：□完成
　　　　　□未完成，原因：_____

Step3 检查熔断器 IF03、IF08、IF19、IF25。

1）操作车辆起动开关使电源模式切换至 OFF。
2）分别拔下熔丝 IF03（30A）、IF08（10A）、IF19（15A）、IF25（10A），检查是否熔断。如果熔丝熔断，则检查相关线路是否有短路故障。
3）确认没有线路短路故障，更换相同规格的熔丝。

完成情况：□完成
　　　　　□未完成，原因：_____

Step4 检查天窗控制模块的电源。

1）操作车辆起动开关使电源模式切换至 OFF。

2）断开天窗控制模块的线束插接器 RF08。

3）操作车辆起动开关，使电源模式切换至 ON。

4）用万用表测量天窗控制器线束插接器 RF08 端子 1、3、6 与可靠接地点之间的电压。电压标准值为 11~14V。插接器 RF08 端子 1、3、6、2，测量位置如图 4-39 所示。若电压值不符合标准，则修复相关线路的开路故障。

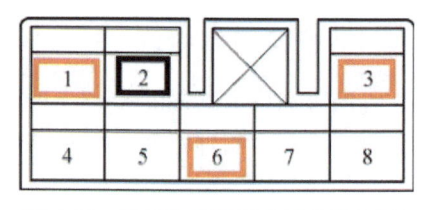

图 4-39　天窗控制器线束插接器 RF08

5）用万用表测量插接器 RF08 端子 2 与可靠接地点之间的电阻值。电阻标准值应<1Ω。若电阻值不符合标准，则修复相关线路的故障。

完成情况：□完成

□未完成，原因：

Step5 检查电动天窗开关总成。

1）操作车辆起动开关，使电源模式切换至 OFF。

2）按下天窗开关"OPEN"档，同时用万用表测量天窗开关插接器 RF07 端子 3 与端子 4 之间的电阻值，插接器 RF07 端子 2 与端子 4 之间的电阻值。电阻标准值：<1Ω。插接器 RF07 端子 2、3、4 位置如图 4-40 所示。

3）若电阻值不符合标准，则更换天窗开关总成。

完成情况：□完成

□未完成，原因：

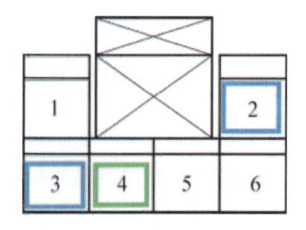

图 4-40　RF07 室内灯+天窗开关线束插接器

Step6 检查天窗开关接地线路。

1）操作车辆起动开关，使电源模式切换至 OFF。

2）断开天窗开关线束插接器 RF07。

3）用万用表测量天窗开关线束插接器 RF07 端子 4 与车身搭铁之间的电阻值。电阻标准值：<1Ω。若电阻值不符合标准，则修理或更换线束。

完成情况：□完成

□未完成，原因：

Step7 检查天窗开关的电源线路。

1）操作车辆起动开关，使电源模式切换至 OFF。

2）断开天窗开关线束插接器 RF07。

3）操作车辆起动开关，使电源模式切换至 OFF。

4）用万用表测量天窗开关线束插接器 RF07 端子 5 与车身接地之间的电压。电压标准值为 11~14V。若电压值不符合标准，则修理或更换线束。

完成情况：□完成

□未完成，原因：

Step8 检查天窗开关与天窗控制模块之间的线路。

1）操作车辆起动开关，使电源模式切换至 OFF。

2）断开天窗开关线束插接器 RF07 和天窗控制模块线束插接器 RF08。

3）用万用表对照表 4-9 测量天窗开关与天窗控制模块之间线束的电阻值。电阻标准值为小于1Ω。若电阻值不符合标准,则修理或更换对应的线束。

4)如果上面检测数据都正常,天窗还是不工作,则更换天窗控制模块总成。

完成情况:□完成

　　　　　□未完成,原因:_____

表4-9　天窗开关与天窗控制模块之间的线路检测

序号	测试端子	电阻标准值
1	天窗开关线束插接器RF07端子2与天窗控制模块线束插接器RF08端子4	<1Ω
2	天窗开关线束插接器RF07端子5与天窗控制模块线束插接器RF08端子5	<1Ω
3	天窗开关线束插接器RF07端子6与天窗控制模块线束插接器RF08端子7	<1Ω

>>> 知识拓展

一、认识吉利帝豪EV450电动天窗系统电路

图4-41所示为吉利帝豪EV450电动天窗系统电路。天窗控制模块与带压力传感器和限位传感器的天窗电动机集成为一体,安装于驾驶舱车顶的室内灯上方。

1. 电源电路

1)电动天窗常电电源电路:蓄电池正极直接供电,经过室内熔丝继电器盒中的IF13(25A)熔断器,连接到电动天窗控制模块插接器RF07a的A端子,为电动天窗系统提供工作常电。

2)电动天窗IG2电源电路:经过室内熔丝继电器盒中的IF19(10A)熔断器,连接到电动天窗控制模块插接器RF07a的C端子。

另外由蓄电池负极经过G23搭铁点,同时连接到电动天窗控制模块插接器RF07a的B端子和天窗开关RF09a插接器的1号端子,为电动天窗系统提供负极工作电源和搭铁信号。

2. 开关信号电路

1)当天窗开关接通打开天窗档(OPEN)时,天窗开关信号回路:蓄电池负极→搭铁信号→天窗开关RF09a插接器的1号端子→内部触点开关→天窗开关RF09a插接器的5号端子→电动天窗控制模块插接器RF07a的G端子。

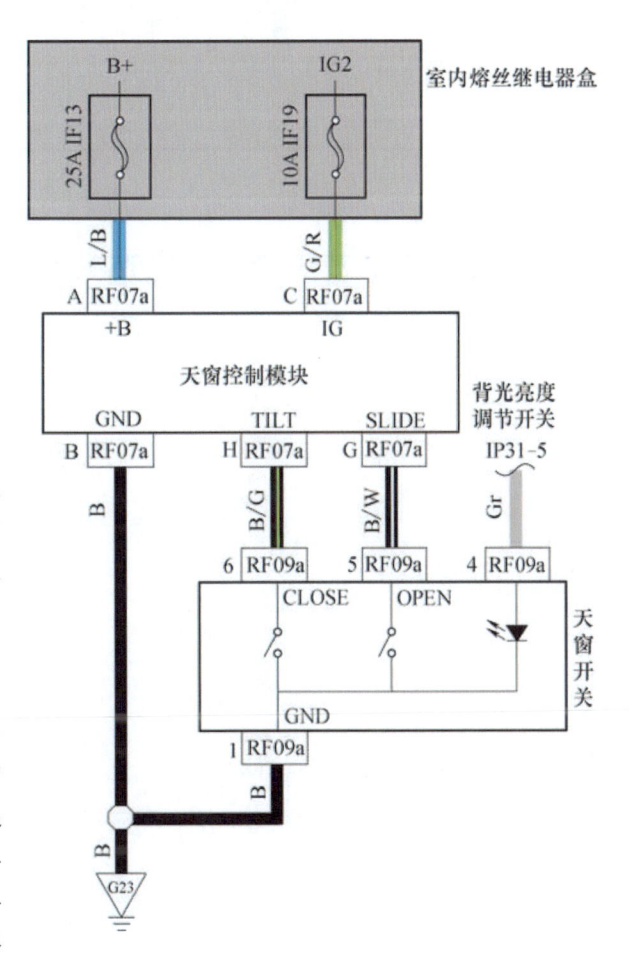

图4-41　吉利帝豪EV450电动天窗系统电路

2）当天窗开关接通关闭天窗档（CLOSE）时，天窗开关信号回路：蓄电池负极→搭铁信号→天窗开关 RF09a 插接器的 1 号端子→内部触点开关→天窗开关 RF09a 插接器的 6 号端子→电动天窗控制模块插接器 RF07a 的 H 端子。

二、认识比亚迪 e5 电动天窗系统电路图（图 4-42）

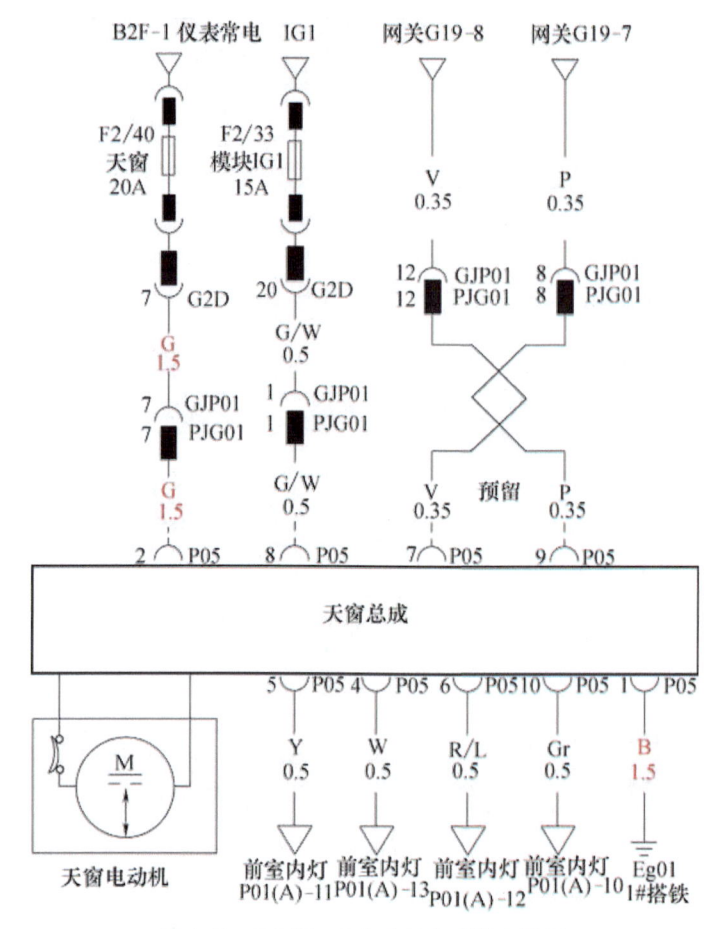

图 4-42　比亚迪 e5 电动天窗系统电路图

>>> 思考与练习

项目 5
新能源汽车仪表与报警系统故障检修

项目描述

汽车组合仪表作为汽车最重要的零部件之一,也是车内人机交互的窗口。汽车仪表板经历了从纯机械式到电气式,再到如今的全数字式的演变。通过汽车仪表,驾驶员(或维修人员)能够随时了解汽车运行中的各种状态,特别是动力电池、驱动电机(以及混合动力汽车的发动机)等各种工作参数是否正常,以便及时发现和排除车辆存在的潜在故障,保证行车安全。随着汽车智能化的发展,新能源汽车仪表的功能更多、更全。更换汽车仪表总成、检修仪表与报警系统故障是常见的新能源汽车检修职业操作任务之一。

项目目标

1. 能描述新能源汽车仪表系统的组成及工作原理。
2. 能描述新能源汽车仪表常见指示灯的含义。
3. 能看懂新能源汽车仪表系统电路图。
4. 能查阅维修手册、小组合作、发扬工匠精神,完成仪表系统常见故障检修任务。
5. 能按照 6S 标准管理实训现场。

任务 1　认识新能源汽车仪表与报警系统

任务目标

1. 能描述新能源汽车组合仪表的种类和电气原理。
2. 能描述常见仪表指示灯的含义。
3. 能看懂新能源汽车组合仪表系统电路图。
4. 能查阅维修手册、小组合作并发扬工匠精神,按照安全操作规范更换组合仪表总成。

任务导入

某新能源汽车 4S 店维修小组接到一张任务工单:一辆纯电动汽车,行驶里程 65000km,发生了交通事故,车辆无法行驶,起动车辆后组合仪表显示如图 5-1 所示。如果你是维修技术人员,应该如何向车主介绍仪表信息并解释各警告指示灯的含义?

图 5-1 组合仪表显示图

>> **知识链接**

新能源汽车故障自诊断系统，能够实时将自检信息在组合仪表板上显示出来。科学地利用组合仪表板显示的信息，特别是读懂警告指示灯的含义，有利于维修技术人员快速找到维修方向。在检修故障前，让我们先来了解新能源汽车仪表系统。

一、新能源汽车组合仪表概述

1. 新能源汽车组合仪表的分类

汽车仪表按结构原理的不同大致分为三代：第一代汽车仪表是机械机芯表（已经被逐步淘汰）；第二代汽车仪表是电气式汽车仪表，如图 5-2 所示；第三代汽车仪表是全数字式汽车仪表，如图 5-3 所示。现代新能源汽车仪表主要是电气式仪表和全数字式仪表。

图 5-2 电气式汽车仪表　　　　　图 5-3 全数字式汽车仪表

1）电气式仪表是新能源汽车上最常见的一种仪表。车速和转速用指针表示，而其他信息采用液晶屏来显示，如行驶里程、车内外温度等。

2）全数字式仪表是一种网络化、智能化的仪表，其功能更加强大，显示内容更加丰富，线束连接更加简单，更全面、更人性化地满足了驾驶需求。全数字式汽车仪表板使用一整块液晶屏取代了传统的指针和刻度表，所有的信息都通过这一块显示屏显示出来。目前汽车全数字式仪表使用的显示器主要有发光二极管显示器（LED）、荧光屏显示器（VED）和液晶显示器（LCD）三种。汽车仪表显示器又分为发光型和非发光型。发光型显示器自身发光，容易获得鲜艳的流行色显示，但在阳光的直射下，必须有足够的发光亮度，而在夜间必须加以控制，否则会因为屏幕太亮而造成驾驶员炫目。非发光型显示器是靠反射环境光显示，在明亮的外观条件下能获得鲜明的显示，但在夜间或者光线暗的场所，必须使用照明光源。与常规电气式仪表相比，全数字式（电子）仪表具有以下优点：

① 全数字式仪表能提供大量的、复杂的信息。如汽车故障诊断、导航地图显示、交通信息服务等。

② 检测和显示的精度高。全数字式仪表系统的检测和显示精度远远高于传统的电气式仪表。

③ 具有一表多用的功能。全数字式仪表采用数字分时显示，可在仪表的同一区域根据车辆的行驶情况或驾驶员的需求显示不同信息，如电控系统的故障信息、轮胎压力监测信息、保养提示信息等。还可以根据车辆的运行状况显示总行驶里程和日行驶里程、续驶里程等信息。

④ 能满足现代汽车智能化发展的要求，配合实现高级辅助驾驶及自动驾驶功能。中控大屏（图5-4）出现在汽车中并成为人机交互的新平台。

2. 仪表状态和警告指示灯

为了显示汽车各个系统的工作状况，防止不良工况的恶化，及时直观地提醒驾驶员注意，保证行车安全，从而设置状态指示灯和警告指示灯，并提供声音报警信号的蜂鸣器。状态指示灯和警告指示灯一般都集成在组合仪表内，灯泡多为发光二极管、液晶图形或2W的小灯泡，在灯泡前有彩色滤光片，使灯光发黄或者发红。其图形符号和颜色都沿用国际通用标准，常见图形符号见表5-1。

图 5-4　特斯拉 model 3 中控大屏

表 5-1　电动汽车常见状态指示灯和警告指示灯

序号	符号	名称	颜色	显示位置	点亮条件
1		安全带未系	红色	仪表板	当车辆处于ON状态,驾驶员安全带未系或者乘客安全带未系且乘客座位有人或重物
2		安全气囊	红色	仪表板	当车辆处于ON状态,且安全气囊发生故障时
3		车身防盗	红色	仪表板	车身防盗开启后
4		蓄电池报警	红色	显示屏	蓄电池电压高/低故障,或DC/DC变换器故障
5		门开报警	红色	仪表板	驾驶员侧车门/乘客侧车门/行李舱盖任意门/盖打开时
6		ABS	黄色	仪表板	车辆ABS发生故障

（续）

序号	符号	名称	颜色	显示位置	点亮条件
7		前雾灯	绿色	仪表板	前雾灯打开
8		前照灯远光	蓝色	仪表板	远光灯打开
9		后雾灯	黄色	仪表板	后雾灯打开
10		左转向	绿色	仪表板	左转向打开
11		右转向	绿色	仪表板	右转向打开
12		EBD 制动液液位制动系统故障	红色	仪表板	车辆 EBD 系统发生故障 车辆制动液液位低 制动系统发生故障
13		驻车制动	红色	仪表板	驻车制动操纵杆拉起时
14		充电提示	黄色	显示屏	充电提醒：电量小于 30%时指示灯点亮表示请尽快进行充电；在电量低于 10%时，提示"请尽快充电"
15		系统故障	红色	显示屏	仪表与整车失去通信时，指示灯持续闪烁 车辆出现一级故障时，指示灯持续点亮
15		系统故障	黄色	显示屏	车辆出现二级故障时，指示灯持续点亮
16		充电线连接指示灯	红色	仪表板	车辆进入充电准备状态时，仪表文字提示"请连接充电枪" 车辆充电枪连接后，该指示灯点亮
17	READY	READY 指示	绿色	显示屏	车辆准备就绪
18		跛行指示灯	红色	显示屏	车辆被限制车速或被限制输出功率
19		EPS 故障	黄色	显示屏	EPS 系统发生故障
20		电机冷却液温度过高	红色	显示屏	电机或电机控制器温度过高而引起冷却液温度过高
21		动力电池断开	黄色	显示屏	车辆动力电池断开
22		动力电池故障	红色	显示屏	车辆动力电池发生故障
23		示宽灯	绿色	仪表板	示宽灯打开

3. 认识组合仪表

图 5-5 所示为吉利帝豪 EV300 组合仪表显示模块图。当车辆正常行驶时会显示出续驶里程、瞬时电耗、车速、档位、时间、总计里程、小计里程、电池电量、功率、动力电池充电状态、安全带未系、电机故障指示、充电线连接指示、READY、ECO、功率限制指示、动力电池故障、动力电池切断、胎压异常报警、TPMS（胎压监测系统）故障等指示灯。在未检测到智能钥匙、电子转向柱锁解锁/上锁失败、起动按钮故障、IMMO 认证失败等各种状况下，仪表板的主显示器区会以图片或文字方式显示。

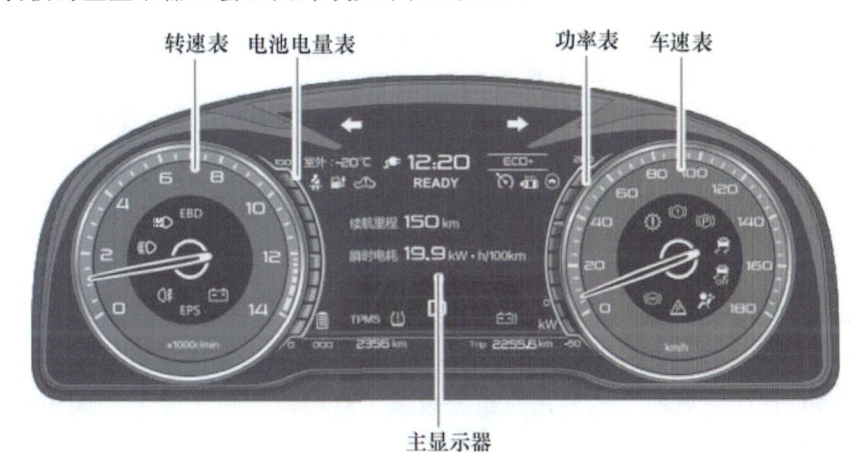

图 5-5 组合仪表显示模块图

二、纯电动汽车组合仪表电气原理

1. 组合仪表电气原理框图

图 5-6 所示为组合仪表电气原理框图。汽车仪表通过硬线和 CAN 线两种方式采集车载信号，将需要的信息以步进电动机指针、TFT 液晶图形以及 LED 灯的形式显示给驾驶员。仪表显示内容主要包括：电机转速、车速、功率、电池电量、档位、里程、续驶里程和平均电耗、瞬时电耗和平均车速、ECO、READY、充电模式、部分报警图标（TFT 液晶）及其他 LED 显示车载信号。仪表内置蜂鸣器，当有故障出现时，蜂鸣器会发出相应的报警声。仪表显示区包含门开界面、倒车雷达、正常行驶界面、充电界面、PEPS 提示界面等。

2. 组合仪表唤醒的三种方式

1) 仪表睡眠时，当有 IGN 起动时，仪表被唤醒，背光灯点亮。

2) 仪表睡眠时，当位置灯点亮时，仪表被唤醒，可显示 LED 警告灯，LCD（液晶显示器）不点亮。

3) 仪表睡眠时，当 CAN 网有充电信号、四门两盖信号和 PEPS 报警信号时，LCD 点亮。

4) 组合仪表从车辆起动开关打开，到 MCU 收到信号、MCU 初始完成、MCU 开始发送报文，应在 500ms 内完成。

3. 组合仪表自检

起动开关从 ACC 档调到 ON 档，组合仪表进行自检，以提示驾驶员车辆的运行状况。

新能源汽车电气设备检修

仪表对所有的 LED 指示灯进行自检大约需要 3s，自检期间允许外部信号触发各指示灯。

4. PEPS 报警触发条件

1）仪表收到电子转向柱锁解锁失败信息。

2）仪表收到电子转向柱锁锁止失败信息。

3）仪表收到智能钥匙不在车内信息。

4）仪表收到 IMMO 认证失败信息。IMMO 模块是电子防盗系统，一旦出现"IMMO 认证失败"，即使智能钥匙正常，依然无法起动车辆。在吉利帝豪 EV300 上，IMMO 模块集成在 PEPS（无钥匙进入/起动控制单元）中。如果 PEPS 收到 IMMO 认证失败信息，PEPS 通过 CAN 网将 IMMO 认证失败的信息发送给组合仪表，然后组合仪表显示"IMMO 认证失败"的界面，如图 5-7 所示。

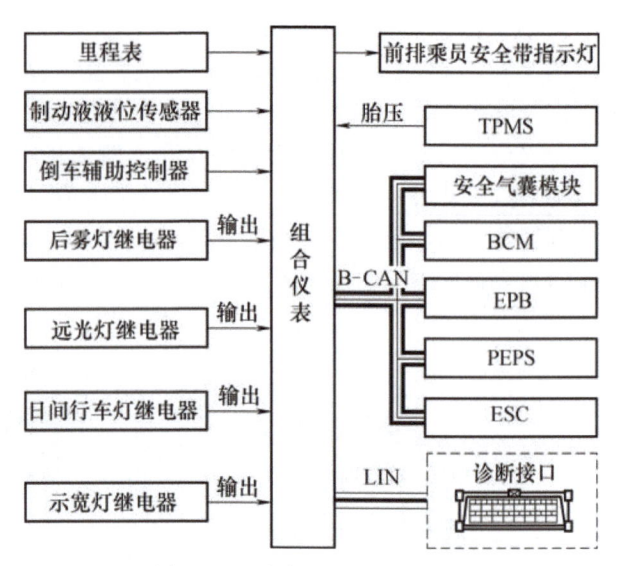

图 5-6 组合仪表电气原理框图

图 5-7 IMMO 认证失败界面图

任务实施

一、任务方案制订

查阅吉利帝豪 EV300 维修手册，扫描二维码，观看更换新能源汽车组合仪表总成的微课视频，制订更换组合仪表总成的任务方案。

更换新能源汽车组合仪表总成

二、实施准备工作

吉利帝豪 EV300 维修手册、新能源汽车电气系统检修工具、故障诊断仪、汽车专用万用表、吉利帝豪 EV300 纯电动实训车或实训台架。

```
1.任务分工 → 2.扫描二维码观看微课视频 → 3.工具准备 → 4.安全注意事项
```

三、详细操作步骤

Step1 工作准备。

1）正确安装车辆挡块。

2）正确安装车内四件套（方向盘套、座椅套、脚垫、变速杆套）。

3）正确安装车外三件套。

完成情况：□完成

□未完成，原因：＿＿＿＿＿＿＿＿＿＿＿＿＿＿＿＿＿＿＿

Step2 断开蓄电池负极电缆。

1）操作车辆起动开关，使电源模式切换至 OFF。

2）断开 12V 蓄电池负极电缆，如图 5-8 所示。

3）做好负极线束的相关防护措施，如图 5-9 所示。

图 5-8　断开蓄电池负极　　　　　图 5-9　负极线束防护

完成情况：□完成

□未完成，原因：＿＿＿＿＿＿＿＿＿＿＿＿＿＿＿＿＿＿＿

Step3 拆卸组合仪表总成。

1）调整方向盘到最低位置，拆卸组合仪表装饰面板 2 个固定螺钉，螺钉位置如图 5-10 所示。

2）断开组合仪表功能转换开关插接器，取出组合仪表饰板。

3）拆卸组合仪表 3 个固定螺钉，如图 5-11 所示。

图 5-10　仪表螺钉位置　　　　　图 5-11　仪表 3 个固定螺钉位置

4）断开组合仪表线束插接器，取出组合仪表，如图 5-12 所示。

完成情况：□完成
　　　　　□未完成，原因：_____

Step4　安装组合仪表总成。

1）连接组合仪表线束插接器，向下锁紧卡扣。

2）安装组合仪表，并紧固 3 个螺钉，如图 5-13 所示。螺钉拧紧力矩为 2.5N·m。

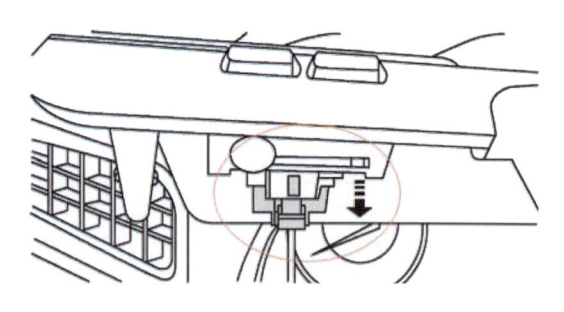

图 5-12　仪表线束插接器

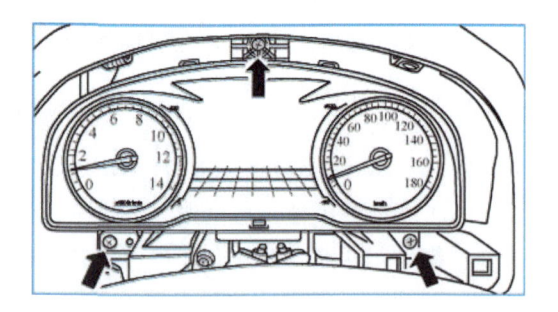

图 5-13　紧固螺钉位置

3）连接仪表功能转换开关插接器。

4）安装组合仪表装饰板。

5）连接 12V 蓄电池负极电缆，如图 5-14 所示。

6）操作车辆起动开关，使电源模式切换至 ON。查看组合仪表工作情况，如图 5-15 所示。

完成情况：□完成
　　　　　□未完成，原因：_____

图 5-14　连接蓄电池负极

图 5-15　仪表工作界面

▶▶ 知识拓展

识读比亚迪 e5 组合仪表电路原理图，如图 5-16 所示。

▶▶ 思考与练习

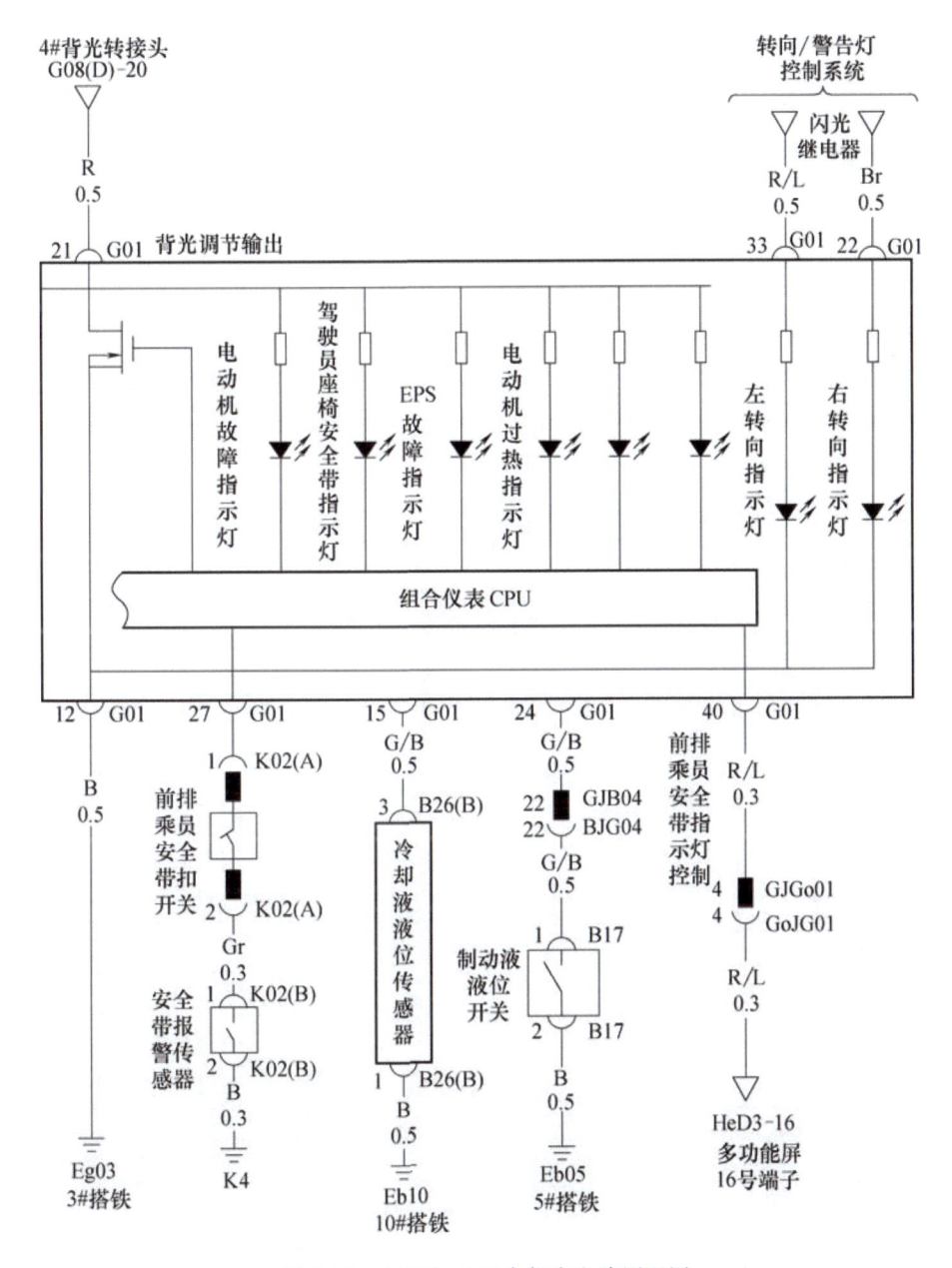

图 5-16　比亚迪 e5 组合仪表电路原理图

任务 2　检修车门未关仪表报警不工作故障

》》》任务目标

1. 能读懂组合仪表系统电路图。
2. 能查阅维修手册、小组合作并发扬工匠精神，完成仪表系统常见故障的检修任务。
3. 能按照 6S 管理规范清理作业现场。

>>> **任务导入**

某 4S 店维修小组接到一张任务工单：一辆纯电动汽车，行驶里程 65000 km，发生了交通事故，车辆能正常行驶，右后门未关仪表报警不工作，另外三个门未关仪表报警正常。作为维修技师的你，应该如何检修该故障？

>>> **知识链接**

吉利帝豪 EV300 组合仪表系统电路

电源和通信电路：

1）正极电路。如图 5-17 所示，吉利帝豪 EV300 的组合仪表正极电源分为两路：

① 12V 蓄电池正极 B+→熔断器 EF19（5A）→组合仪表插接器 IP16 的 32 号端子。

② IG1→熔断器 IF25（10A）→IP16 的 24 号端子。

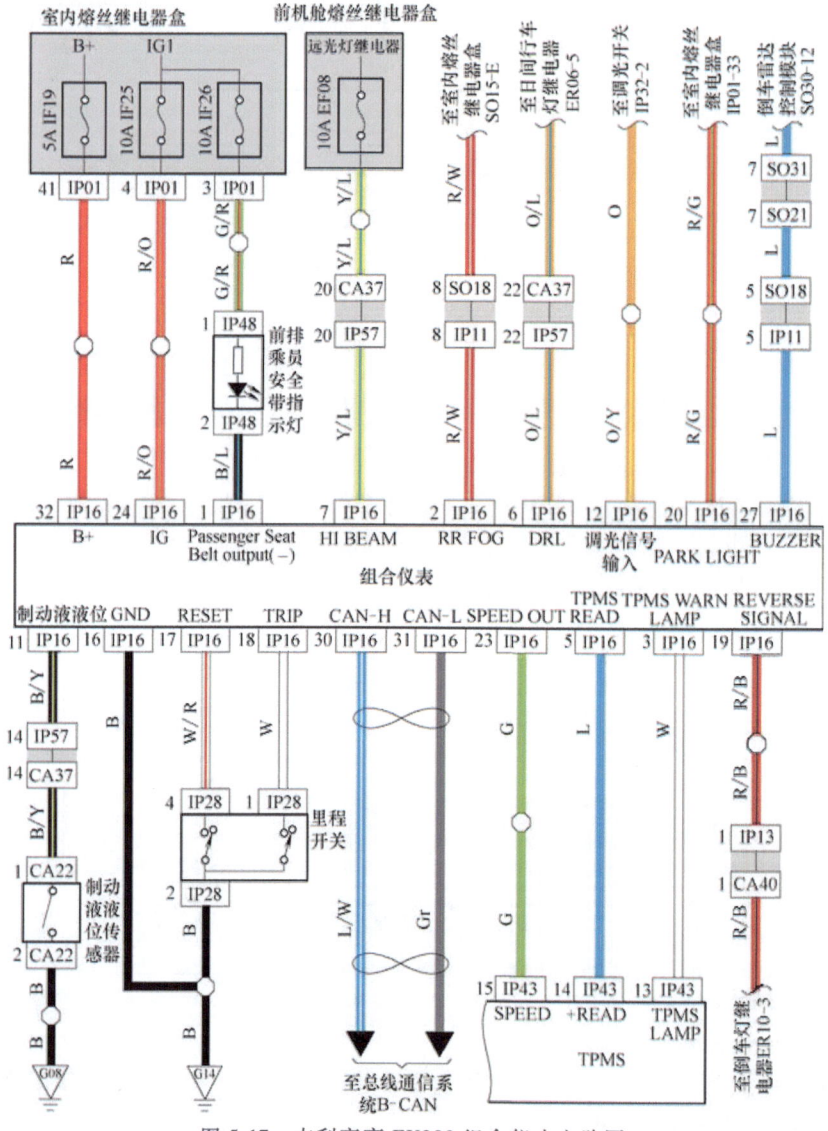

图 5-17 吉利帝豪 EV300 组合仪表电路图

2）负极电路。吉利帝豪 EV300 的组合仪表的搭铁电路：12V 蓄电池的负极→G14 搭铁点（位于前排乘员左下方）→组合仪表插接器 IP16 的 16 号端子。

3）通信电路。吉利帝豪 EV300 组合仪表通过 CAN 网连接到 B-CAN 总线通信系统，IP16 插接器的 30 号和 31 号端子为 CAN-H 和 CAN-L 线连接到车身控制器（BCM）、安全气囊、PEPS、ESC、EPB 等控制模块。

4）制动液信号采集电路。IP16 插接器的 11 号端子→制动液液位传感器 CA22 插接器 1 号端子→CA22 插接器 2 号端子→G08 搭铁点。

5）远光指示灯信号采集电路。12V 蓄电池正极（+B）→近光灯继电器（30、78）→远光灯继电器（30、87）→远光灯熔断器 EF08（10A）→组合仪表 IP16 插接器的 7 号端子，为组合仪表提供远光灯点亮信号。

6）转向信号指示灯电路。灯光组合开关将转向灯开关信号→车身控制模块（BCM）通过 IP02 插接器的 30 号和 40 号端子，为 CAN-H 和 CAN-L 线连接到组合仪表 IP16 插接器的 30 号和 31 号端子。

7）转速表信号电路。如图 5-18 所示，驱动电机旋变传感器的正弦和余弦信号通过

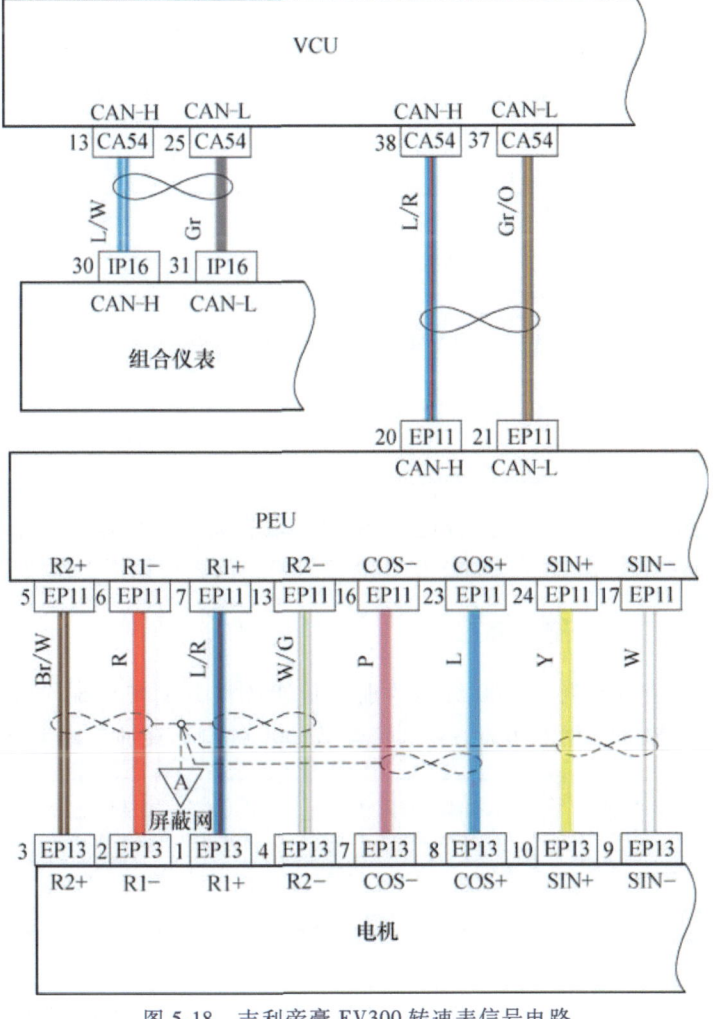

图 5-18 吉利帝豪 EV300 转速表信号电路

EP11 插接器的 24、17、16、23 号线连接到电机控制器（PEU），经 PEU 处理后，由 EP11 插接器的 20 和 21 号线连接到 VCU 的 CA54 插接器的 37 和 38 号端子，经 VCU 后，由 CA54 插接器的 13 和 25 号线通过 IP16 插接器的 30 和 31 号端子连接到组合仪表。

8）车速表信号电路。图 5-19 所示为吉利帝豪 EV300 车速表信号电路简图。左前轮速度传感器由 CA10 插接器的 1 号和 2 号线连接到 ESC 的 CA52 插接器的 8 号和 19 号端子；右前轮速度传感器由 CA27 插接器的 1 号和 2 号线连接到 ESC 的 CA52 插接器的 4 号和 16 号端子；左后轮速度传感器由 SO97 插接器的 2 号和 1 号线连接到 ESC 的 CA52 插接器的 18 号和 31 号端子；右后轮速度传感器由 SO77 插接器的 1 号和 2 号线连接到 ESC 的 CA52 插接器的 17 号和 29 号端子。ESC 收到四个轮速传感器的信号后进行计算处理，然后由 CA52 插接器的 26 号和 14 号线连接到组合仪表的 IP16 插接器的 30 号（CAN-H）和 31 号（CAN-L）端子，再通过组合仪表驱动车速表步进电动机带动指针转动相应的角度，以显示相应的车速。

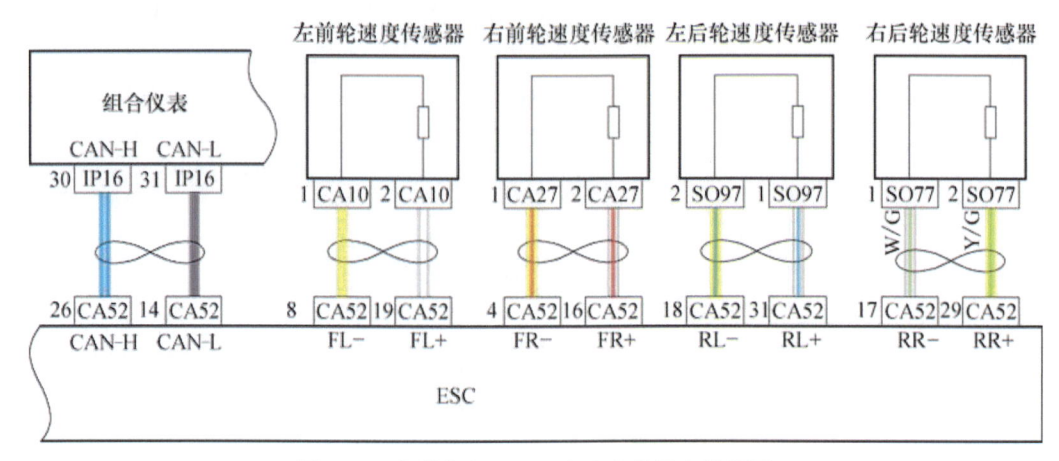

图 5-19 吉利帝豪 EV300 车速表信号电路简图

>>> **任务实施**

一、任务方案制订

查阅吉利帝豪 EV300 维修手册，扫描二维码，观看新能源汽车车门未关仪表报警不工作故障检修的微课视频，制订吉利帝豪 EV300 车门未关仪表报警不工作故障检修任务方案。

二、实施准备工作

吉利帝豪 EV300 维修手册、新能源汽车电气系统检修工具、故障诊断仪、汽车专用万用表、吉利帝豪 EV300 纯电动实训车或实训台架。

车门未关仪表报警不工作故障检修

1. 任务分工 → 2. 扫描二维码观看微课视频 → 3. 工具准备 → 4. 安全注意事项

三、详细操作步骤

Step1 故障分析。

结合车辆的故障现象，查看维修手册，绘制电路简图（图 5-20），分析电路工作原理和故障原因。下面分两种故障现象来分析故障原因：

1）4个车门未关，组合仪表报警均不工作。这种情况一般由公共电路、器件或线路故障引起，该故障中可能是BCM、CAN网、电源或线路故障。

2）单独1个门未关，仪表报警不工作，其他门未关报警工作正常。这种故障一般由该门锁电动机总成（状态开关）或相关的线路故障引起。

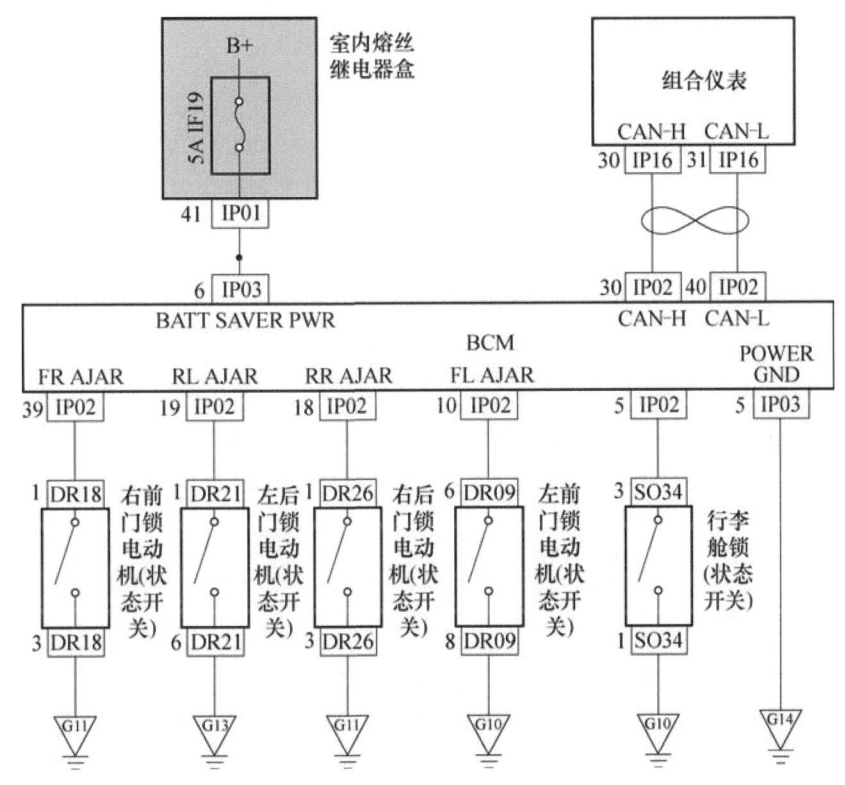

图5-20 吉利帝豪EV300车门未关行车仪表报警电路简图

完成情况：□完成
　　　　　□未完成，原因：_____

Step2 检查BCM，确认BCM其他功能正常，如果不正常则检修或更换BCM。

完成情况：□完成
　　　　　□未完成，原因：_____

Step3 检查组合仪表与BCM之间的通信线路，线束插接器端子号如图5-21所示。

1）测量组合仪表线束插接器IP16端子30/31与BCM线束插接器IP02端子30/40之间的电阻。电阻标准值应<1Ω。

2）测量组合仪表线束插接器IP16端子30/31和BCM线束插接器IP02端子30/40分别与车身接地之间的电阻。

3）测量组合仪表线束插接器IP16端子30与31和BCM线束插接器IP02端子30与40之间的电阻。电阻标准值为大于或等于10kΩ。

4）测量组合仪表线束插接器IP16端子30/31和BCM线束插接器IP02端子30/40分别与车身接地之间的电压。电压标准值为0V。

完成情况：□完成

□未完成，原因：_____

组合仪表线束插接器IP16

16	15	14	13	12	11	10	9	8	7	6	5	4	3	2	1
32	31	30	29	28	27	26	25	24	23	22	21	20	19	18	17

图 5-21　仪表和 BCM 线束插接器端子号

Step4 检查组合仪表其他报警是否正常。

1）使用故障诊断仪对组合仪表进行主动测试。

2）确认组合仪表其他报警是否正常，如果不正常则更换组合仪表。

3）确认车门未关行车报警是否正常，如果不正常转至下一步。

完成情况：□完成

□未完成，原因：_____

Step5 检查门锁电电机，门锁电动机插接器端子号如图 5-22 所示。

1）分别测量左前门锁电动机 DR09 插接器 6 号端子、右前门锁电动机 DR18 插接器 1 号端子、左后门锁电动机 DR21 插接器 4 号端子、右后门锁电动机 DR26 插接器 1 号端子的电压和行李舱锁 SO34 插接器 1 号端子的电压。电压标准值：11～14V。

完成情况：□完成

□未完成，原因：_____

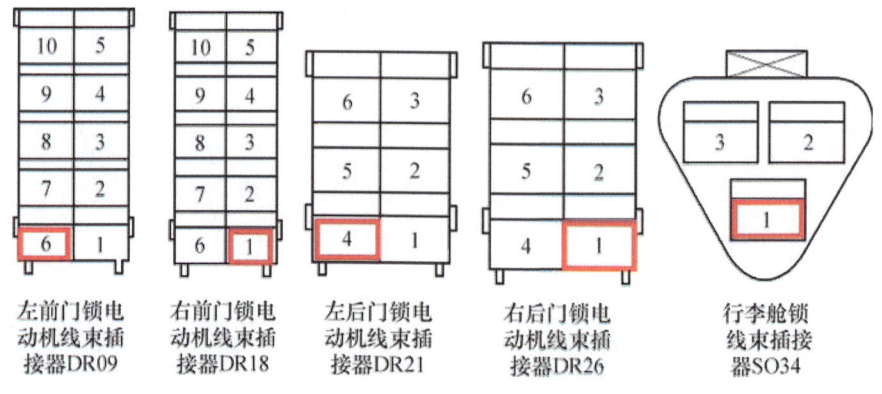

图 5-22　门锁电动机、行李舱锁线束插接器端子号

2）确认电压值符合标准。如果电压值异常，针对电压值异常的线路，分别检测各门锁电动机端子与 BCM 端子之间的电阻值，见表 5-2。若电阻值不符合标准，确认 BCM 线束插接器 IP02 与门锁电动机对应的线束插接器之间的线路断路或短路故障修复完成。

完成情况：□完成

□未完成，原因：_____

Step6 分别检查各门锁电动机与接地之间的线路。

1）见表 5-2，分别测量左前门锁电动机插接器 DR09 端子 8、右前门锁电动机插接器 DR18 端子 3、左后门锁电动机插接器 DR21 端子 6、右后门锁电动机插接器 DR26 端子 3 和行李舱锁插接器 SO34 端子 1 与车身接地之间的电阻。电阻标准值：<1Ω。

2）若电阻值不符合标准，确认各门锁电动机与车身接地之间的线路断路故障修复完成。

3）确认车门未关行车，报警正常工作。如果车门未关行车，报警不工作，转至下一步。

完成情况：□完成

□未完成，原因：_____

表 5-2　BCM 与门锁电动机、门锁电动机与接地线束电阻标准值对照表

端子	电阻标准值	端子	电阻标准值
BCM 插接器 IP02/39 到 DR18/1	<1Ω	右前门锁电动机插接器 DR18/3 与车身接地	<1Ω
BCM 插接器 IP02/19 到 DR21/4	<1Ω	左后门锁电动机插接器 DR21/6 与车身接地	<1Ω
BCM 插接器 IP02/18 到 DR26/1	<1Ω	右后门锁电动机插接器 DR26/3 与车身接地	<1Ω
BCM 插接器 IP02/10 到 DR09/6	<1Ω	左前门锁电动机插接器 DR09/8 与车身接地	<1Ω
BCM 插接器 IP02/5 到 SO34/3	<1Ω	行李舱锁插接器 SO34/1 与车身接地	<1Ω

Step7　更换有故障的门锁电动机。

1）更换有故障的门锁电动机总成后，确认车门未关行车报警正常工作。

2）若车门未关行车报警不工作，转至下一步。

完成情况：□完成

□未完成，原因：_____

Step8　更换 BCM。

1）按照维修手册中央控制器总成更换要求，更换 BCM。

2）确认系统工作正常。

完成情况：□完成

□未完成，原因：_____

>>> 思考与练习

>>> 阅读小资料

汽车平视显示系统

汽车平视显示系统（Head-Up Display，简称 HUD）是一种将重要的驾驶相关信息投射到驾驶员前方视线范围内的显示技术。HUD 系统可以将车速、发动机转速、导航信息、警示信号、燃油量、冷却液温度等数据，以虚拟图像的形式投射在汽车风窗玻璃或者专门设置的透明显示屏上，使驾驶员无需低头查看仪表板或中控台就能直接获取这些关键信息。HUD 有助于减少驾驶员视线离开道路的时间和频率，从而提高驾驶安全性和便利性，能让驾驶员够更加专注于道路状况和驾驶操作。部分高端的 HUD 系统还可以实现与手机互联，显示来电、短信等信息。

1. HUD 的工作原理

HUD 系统主要由图像生成单元、投影单元和反射镜等部件组成。图像生成单元是 HUD 系统的核心部件，它负责产生需要显示的图像信息，这些信息通常来源于车辆的车载计算机系统，包括车速、转速、导航信息、驾驶辅助系统提示等。图像生成单元一般采用发光二极管（LED）、液晶显示器（LCD）或者数字微镜器件（DMD）等技术。投影单元将图像生成单元产生的图像放大和投射。常见的投影方式有两种，一种是利用凸透镜进行投影，另一种是采用自由曲面反射镜进行投影。当图像被投影出来后，通过反射镜将图像反射到汽车风窗玻璃上。风窗玻璃在这里充当了反射屏幕的作用。由于风窗玻璃的特殊光学特性和表面涂层，使得反射的图像能够清晰、准确的呈现在驾驶员的视线范围内。

驾驶员透过风窗玻璃，就可以看到叠加在前方道路实景上的虚拟图像，实现了"平视"的效果，即在不改变视线方向的情况下获取车辆行驶相关的重要信息。

在整个过程中，系统还会通过传感器和控制单元对图像的亮度、对比度、位置和焦距等进行实时调节，以适应不同驾驶环境和驾驶员的需求，确保图像的清晰度和可读性。

2. HUD 的优点

1）提高驾驶安全性：驾驶员无需将视线从道路前方移开去查看仪表板或中控屏幕，减少了因低头查看信息而导致的视线转移和注意力分散，降低了发生事故的风险。

2）信息直观：将车速、导航指示、限速提示、驾驶辅助系统信息等直接投影在驾驶员的视线范围内，使驾驶员能够快速、直观地获取信息，做出及时的驾驶决策。

3）适应性强：HUD 的显示亮度和高度可以根据驾驶员的需求和环境光线条件进行调节，以确保在不同的驾驶环境下都能清晰显示信息。

4）增强驾驶体验：为驾驶员提供了一种更加便捷、高效的信息获取方式，使驾驶过程更加轻松和舒适，提升了整体的驾驶体验。

3. HUD 的缺点

1）成本较高：HUD 系统的研发、生产和安装成本相对较高，这使得配备 HUD 的车型价格往往会有所提升，增加了消费者的购车成本。

2）显示效果受环境影响：在强烈的阳光直射下，HUD 的显示可能会出现反光、对比度降低、清晰度下降等问题，影响驾驶员对信息的读取；在夜间，如果 HUD 的亮度调节不当，可能会造成视觉干扰，分散驾驶员的注意力。

3）图像重影问题：如果 HUD 的光学设计不合理或风窗玻璃的曲率、厚度等参数不匹配，可能会导致图像出现重影，降低显示质量。

4）信息过载风险：如果 HUD 显示的信息过多过杂，可能会使驾驶员在短时间内接收过多信息，导致注意力分散，反而影响驾驶安全。

5）安装和适配问题：HUD 系统的安装需要精确的校准和调试，如果安装不当，可能会导致图像显示位置不准确；此外，不同车型的风窗玻璃参数不同，对 HUD 的显示效果也会不同，可能需要针对不同车型进行专门的适配。

6）维修成本高：一旦 HUD 系统出现故障，维修和更换的成本较高，并且需要专业的技术人员和设备进行维修。

4. 除了平视显示系统（HUD），以下几种显示技术也应用在汽车上

1）数字仪表板：也叫全液晶仪表板，是用液晶显示屏取代传统的机械指针式仪表板。

可以灵活地显示车辆的速度、转速、燃油量、冷却液温度、里程、故障提示等各种行车信息，并且能够切换不同的显示模式和主题。

2）中控显示屏：位于汽车中控台区域，用于车辆信息设置、多媒体播放、导航、车辆功能控制等。中控显示屏的尺寸和分辨率不断提升，并且支持触摸操作，一些高端车型还配备了曲面屏、可旋转屏等创新设计。

3）后排娱乐显示屏：安装在车辆后排座椅前方或前排头枕位置，为后排乘客提供多媒体娱乐功能，如观看电影、玩游戏、查看导航等，可独立操作，不影响前排驾驶。

4）虚拟后视镜：通过在车外安装摄像头采集图像，将车侧及车尾的影像显示在车内的电子显示屏上，替代传统的物理后视镜，可减少车辆风阻，扩大视野范围，并且在恶劣天气条件下也能提供清晰的视野。

5）增强现实（AR）显示：将虚拟的导航指示、行车信息等以增强现实的方式叠加在汽车前风窗玻璃或其他显示屏上，使信息更加直观、生动地与实际道路场景融合，为驾驶员提供更加精准的导航和驾驶提示。

项目 6
新能源汽车数据通信系统故障检修

项目描述

随着新能源汽车电子控制技术的发展，车辆上电控系统的数量不断增加，功能也越来越复杂。为了减少控制电路导线的数量、减少控制装置的插头芯针数量、提高数据通信系统的可靠性，如何进一步发展车载网络技术成为解决问题的关键。新能源汽车常见的车载网络有 LIN、CAN、MOST、X-by-WireFlexRay 和以太网。当车载网络系统出现故障时，很多控制单元将无法通信，相关的系统将无法正常工作。

项目目标

1. 了解新能源车汽车 LIN、CAN 系统。
2. 能读懂新能源汽车 LIN、CAN 总线系统电路图。
3. 能查阅相关资料、小组合作、发扬工匠精神，完成新能源汽车数据总线断路、短路等常见故障检修任务。
4. 遵守安全操作规范，并按照 6S 管理规范清理作业现场。

任务 1　检修新能源汽车 LIN 系统故障

任务目标

1. 认识新能源汽车 LIN 系统。
2. 能读懂新能源汽车 LIN 系统电路图。
3 能查阅维修手册，能根据现象分析故障原因。
4. 能小组合作，发扬工匠精神，完成新能源汽车 LIN 系统常见故障检修任务。

任务导入

某 4S 店维修小组接到一张任务工单：一辆 2018 款纯电动汽车，行驶里程 60500 km，近期出现驾驶员侧玻璃升降器不工作的故障现象。维修技师初步诊断为电动车窗 LIN 系统故障，作为维修技师的你，应如何检修该故障？

知识链接

一、LIN 系统概述

1. LIN 的发展

LIN（Local Interconnect Network，局域互联网络），是由 Audi、BMW、Daimler-Chrysler、

Motorola、Volcano Communications Technologies（VCT）、Volkswagen 和 Volvo 等公司和部门（LIN 联合体）提出的一个汽车底层网络协议，其目的是给出一个价格低廉、性能可靠的低速网，在汽车网络层次结构中作为低端网络的通用协议，并逐渐取代目前各种各样的低端总线系统。这个标准与其相应的开发、测试以及维护平台的应用，将会降低车上电子系统开发、生产、使用和维护的费用。

LIN 系统保证网络节点软件与硬件的互用性（Interoperability）和可预测的电磁兼容特性（EMC）。LIN 典型的应用是车上传感器和执行器的连网。按 SAE 的车上网络等级标准，LIN 属于汽车上的 A 级网络。从某种意义上来讲，LIN 就相当于 CAN 的经济版通信网络，可定位于低于 CAN 的通信层。

2. LIN 总线的特点

LIN 是用于汽车分布式电控系统的一种新型低成本串行通信系统，主要用于智能传感器和执行器的串行通信。LIN 总线的特点主要包括：

1）LIN 网络一般使用一根单独的铜线作为传输介质，信号电压在 0~12V。
2）通信速率 19.2kbit/s，满足车身上大部分的应用需求。
3）单主多从结构无需仲裁，在 LIN 网中只有主系统有发言权，传输内容包括以下两项：命令从系统和反馈从系统。
4）基于通用 UART/SCI 的低成本接口硬件，几乎所有 MCU 都具备 LIN 总线的硬件基础。
5）从节点无须晶振或陶瓷振荡器就可以实现同步，大幅度降低成本。
6）保证信号传输的延迟时间。
7）可灵活地增加或减少从节点，无需改变其他节点的硬件电路。
8）LIN 协议在同一总线上最多可连接 16 个节点，系统中两个电控单元之间的最大距离为 40m。

3. 吉利帝豪 EV300 LIN 数据总线结构

图 6-1 所示为吉利帝豪 EV300 LIN 网络结构框图。LIN（局域互联网）数据总线是指所

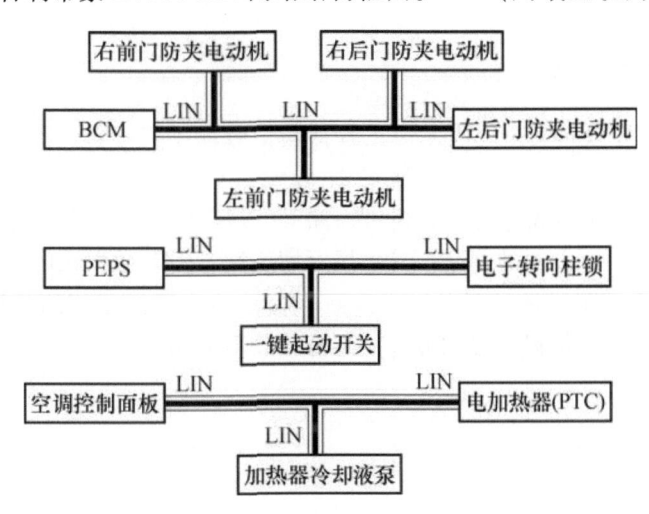

图 6-1 吉利帝豪 EV300 LIN 网络结构框图

有的控制单元都在一个系统总成内,如空调系统、防夹车窗系统、PEPS系统、中控门锁系统等。

1)防夹车窗LIN系统中BCM使用LIN总线与前、后、左、右四个车门的电动车窗的升降电动机及诊断接口进行数据通信。

2)车辆起动LIN系统中的PEPS、一键起动开关和电子转向柱锁等进行数据通信。

3)空调加热LIN总线系统中空调控制面板、电加热器(PTC)和加热器冷却液泵等进行数据通信。

4. LIN总线的信号

(1)信号隐性电平　如果无信息发送到LIN数据总线上或发送到LIN数据总线上的是一个隐性比特,那么数据总线导线上的电压就是蓄电池电压。

(2)信号显性电平　为了将显性比特传到LIN数据总线上,发送控制单元内的收发报机将数据总线导线接地,如图6-2所示。

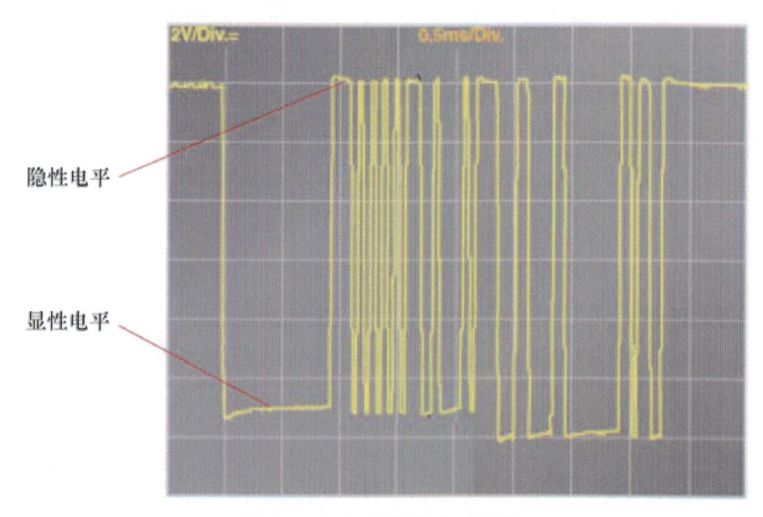

图6-2　LIN总线信号波形图

二、LIN总线常见故障

LIN总线故障会导致相关系统因无法正常传输信号而不能正常工作。LIN网络一般使用一根单独的铜线作为传输介质,信号电压在0~12V,LIN总线常见的故障有断路、LIN线接口接触不良、对地短路或对蓄电池正极电源短路等。LIN总线故障检查的一般流程是首先用故障诊断仪进行故障系统方向的判断;其次用万用表测量LIN数据线的工作电压,正常电压值为0~12V,如果电压值异常,可以初步诊断LIN总线有断路或短路故障;最后用示波器测量LIN总线信号波形,根据信号波形进一步确认故障原因。

>>> 任务实施

一、任务方案制订

查阅吉利帝豪EV300维修手册,扫描二维码,观看电动车窗LIN系统故障检修的微课视频,制订检修吉利帝豪EV300车窗LIN系统断线故障的任务方案。

二、实施准备工作

吉利帝豪 EV300 维修手册、汽车电气系统检修工具、故障诊断仪、汽车专用万用表、吉利帝豪实训整车或实训台架。

```
1.任务分工 → 2.扫描二维码观看微课视频 → 3.工具准备 → 4.安全注意事项
```

电动车窗 LIN 系统故障检修

三、详细操作步骤

Step1 查看电路原理图，如图 6-3 所示，分析故障原因。

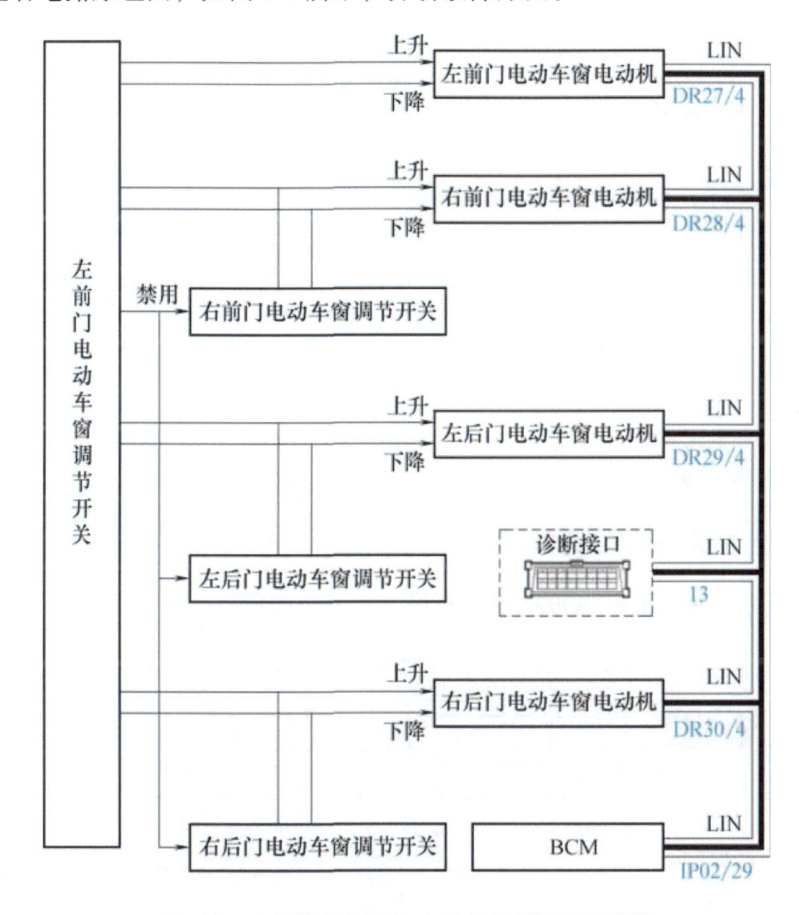

图 6-3 吉利帝豪 EV300 电动车窗 LIN 系统框图

Step2 使用故障诊断仪读取故障码。

1) 操作车辆起动开关使电源模式切换至 ON。
2) 连接故障诊断仪，读取系统故障码。
3) 确认系统实时故障码，故障码是：_____

完成情况：□完成

　　　　　□未完成，原因：_____

Step3 检查熔断器、电源电路、电动车窗开关总成及相关线束。
完成情况：□完成
　　　　　□未完成，原因：_____

Step4 检查 LIN 总线线束通断情况。
1）操作车辆起动开关使电源模式切换至 OFF。
2）分别拔下线束插接器 RD27、RD28、RD29、RD30、IP02。
3）对照表 6-1，使用万用表测量 LIN 总线线束的电阻值。

表 6-1　LIN 总线线束电阻测量

序号	测试端子	电阻标准值
1	左前门电动车窗电动机插接器 RD27 的 4 号端子与 BCM 插接器 IP09 的 29 号端子	<1Ω
2	左后门电动车窗电动机插接器 RD29 的 4 号端子与 BCM 插接器 IP09 的 29 号端子	<1Ω
3	右前门电动车窗电动机插接器 RD28 的 4 号端子与 BCM 插接器 IP09 的 29 号端子	<1Ω
4	右后门电动车窗电动机插接器 RD30 的 4 号端子与 BCM 插接器 IP09 的 29 号端子	<1Ω

完成情况：□完成
　　　　　□未完成，原因：_____

>>> 知识拓展

一、认识吉利帝豪 EV450 故障诊断接口

图 6-4 所示为吉利帝豪 EV450 故障诊断接口线束插接器，其各端子名称见表 6-2。

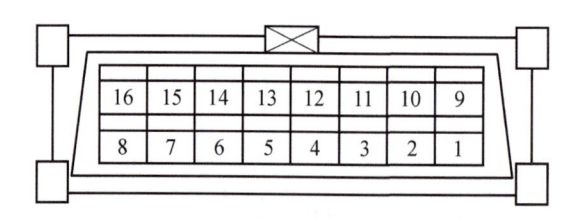

图 6-4　吉利帝豪 EV450 故障诊断接口线束插接器

表 6-2　诊断接口端子名称

端子号	端子定义	线束颜色	端子状态
1	C CAN-L	B/W	总线
2	C CAN-H	P/W	总线
3	P CAN-H	Gr/O	动力总线-高
4	GND	B	接地
5	GND	B	接地

(续)

端子号	端子定义	线束颜色	端子状态
6	V CAN-H	Gr	车身总线-高
7	UDS CAN-1L	Y/B	总线
8	UDS CAN-1H	L/R	总线
9	CAN-H	L/W	总线
10	CAN-L	G/R	总线
11	P CAN-L	L/B	动力总线-低
12	—	—	—
13	LIN	V/Y	车窗防夹模块诊断
14	V CAN-L	L/W	车身总线-低
15	—	—	—
16	B+	Y/G	电源

二、认识吉利帝豪 EV450 防夹车窗 LIN 系统和热管理 LIN 系统原理框图（图 6-5）

1）防夹车窗 LIN 系统中 BCM 使用 LIN 总线与前、后、左、右四个车门的电动车窗升降电动机及诊断接口进行数据通信。

2）热管理 LIN 系统中的热管理控制模块使用 LIN 总线与空调控制器、电加热器（PTC）、三通电磁阀、FCP、冷却液泵控制器等进行数据通信。

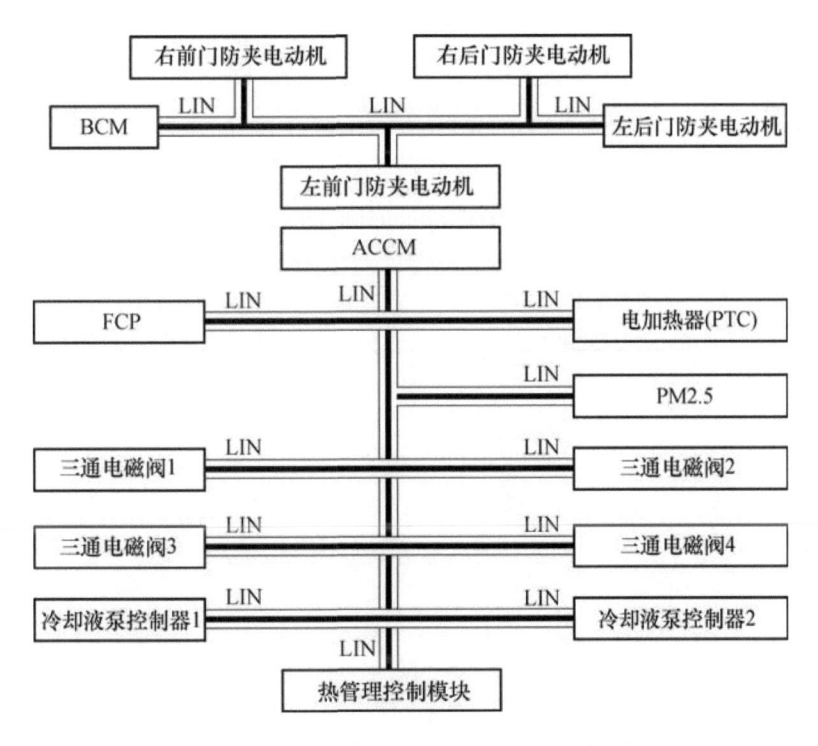

图 6-5 吉利帝豪 EV450 LIN 系统原理框图

三、认识比亚迪 e5 豪华版左前门电动车窗 LIN 总线局部电路图（图 6-6）

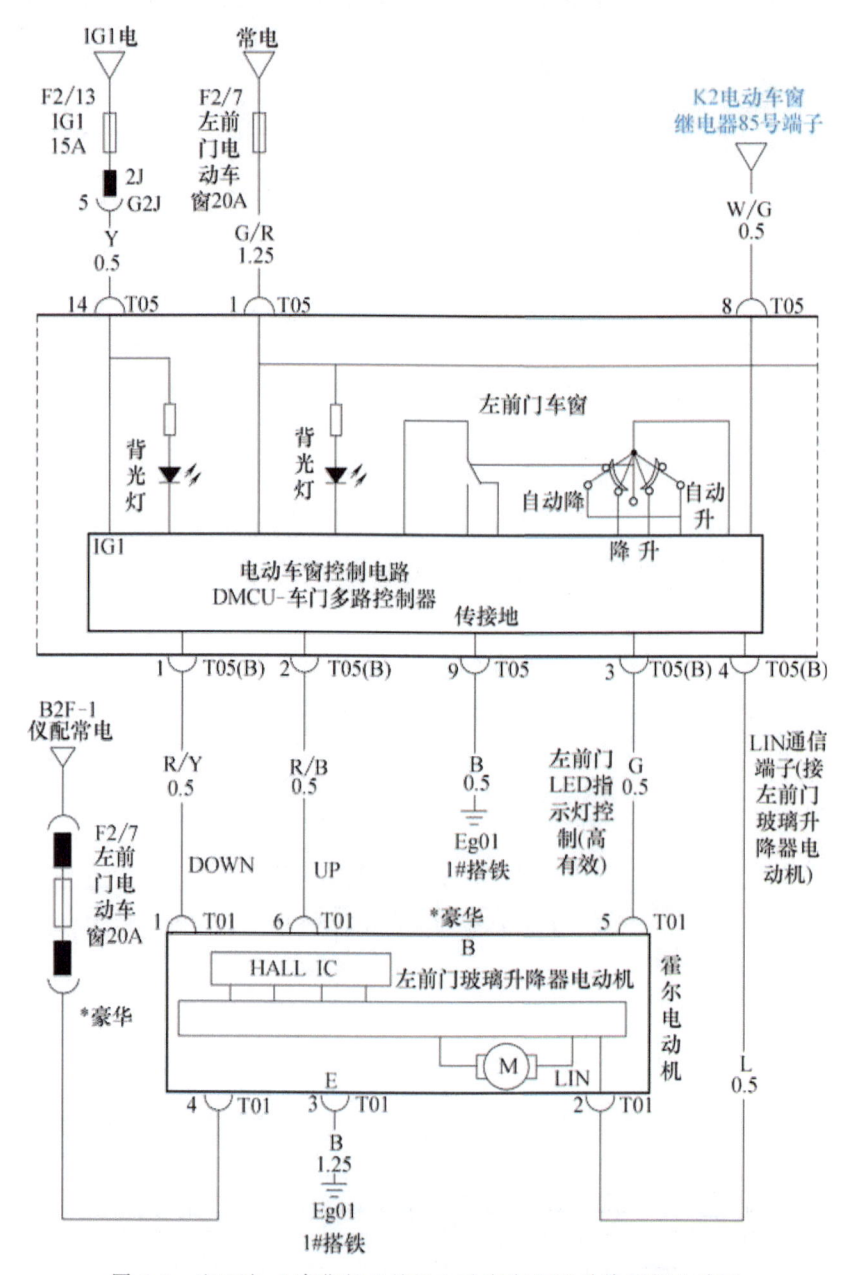

图 6-6 比亚迪 e5 豪华版左前门电动车窗 LIN 总线局部电路图

▶▶ 思考与练习

任务2　检修新能源汽车 CAN 系统故障

>>> 任务目标

1. 认识新能源汽车 CAN 系统。
2. 能读懂新能源汽车 CAN 系统电路图。
3. 查阅维修手册、小组合作并发扬工匠精神，完成新能源汽车 CAN 系统常见故障检修任务。

>>> 任务导入

某 4S 店维修小组接到一张任务工单：一辆纯电动汽车，行驶里程 80500km，近期出现交流无法充电的故障现象。维修技师初步诊断为车载充电机 CAN 总线故障，作为新能源汽车维修人员的你，应该如何检修该故障？

>>> 知识链接

一、CAN 数据总线概述

CAN 是 Controller Area Network 的缩写，全称是控制器局域网络总线，即控制设备相互连接、进行数据交换。CAN 是国际上应用最广泛的现场总线之一。CAN 是汽车环境中的微控制器通信总线（图 6-7），在各电子控制单元（ECU）之间交换信息，形成汽车电子控制网路。

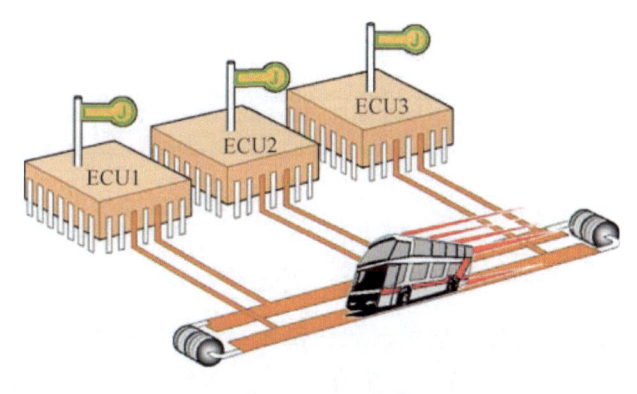

图 6-7　CAN 总线

CAN 数据总线具有十分优越的特点，诸如低成本，极高的总线利用率，较远的数据传输距离（可达 10km），较高的数据传输速度（可达 1Mbit/s），可根据信息的 ID 决定接收或屏蔽该信息，可靠的错误处理和检错机制，发送的信息遭到破坏之后可自动重发，各控制单元在错误严重的情况下具有自动退出总线的功能，信息不包含原地址或目标地址，仅用标识符来指示功能信息和优先级信息。

CAN 数据总线最常用的物理介质是双绞线。信号使用差分电压传送，两条信号线被称为 CAN-H 和 CAN-L，即 CAN 的高位数据线和低位数据线。静态时，两线电压均约为 2.5V，此时状态表示为逻辑"1"，也可叫做"隐性"位；工作时，CAN-H 比 CAN-L 高，表示逻辑"0"，称为"显性"位。不管信息量的大小，系统内所有的信息都是通过这两条数据线传输的。

CAN 数据总线系统由控制器、收发器、两个传输终端和两条数据传输线组成。

CAN 数据总线的数据传输像一个电话会议，如图 6-8 所示。一个电话用户（控制单元）将数据"讲入"网络中，其他用户通过网络"接听"这个数据，对于这个数据感兴趣的控制单元就会利用数据，而其他控制单元则选择忽略。在该网络中，任一控制单元都既可发送数据，又可接收数据。

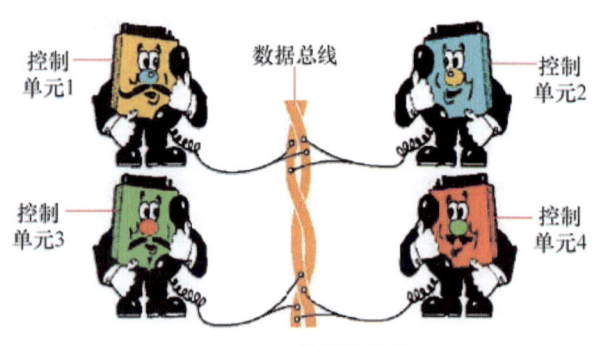

图 6-8 CAN 总线数据传输

CAN 数据总线所传输的数据有数据帧、远程帧、错误帧和过载帧 4 种类型。其中数据帧的功能是将数据从发送器传到接收器。数据帧由开始域、仲裁域、控制域、数据域、安全域、应答域、结束域 7 个不同的域组成，如图 6-9 所示。

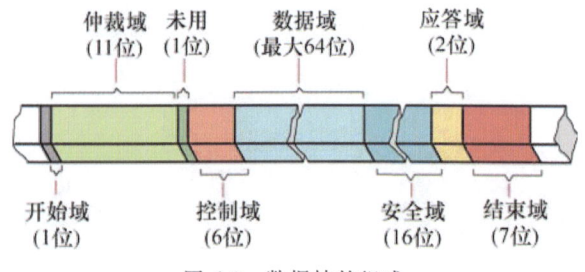

图 6-9 数据帧的组成

（1）开始域　开始域标志数据航的起始，仅由一个"品性"（即 0）位组成，带有约 5V 电压的 1 位被送入 CAN 高位传输线，带有约 0V 电压的 1 位被送入 CAN 低位传输线（由系统决定）。

（2）仲裁域　根据识别符判定数据中的优先权。标准格式下识别符长度为 11 位，这些位按 ID_10～ID_0 的顺序发送，最低位是 ID_0。7 个高位（ID_10～ID_4）必须不能全是"隐性"。在标准帧里，识别符后是远程发送请求位，该位若为"显性"（即 0），代表发送的信息是数据；若为"隐性"（即 1）代表发送的信息是数据请求。只要总线空闲，各控制单元均可向总线发送数据，如果各个控制单元要同时发送各自的数据，那么系统必须决定哪一个控制单元先进行发送。系统规定具有最高优先权的数据先发送，标识符的二进制值越小，其优先权就越高。例如，电动机控制单元、ABS 控制单元、空调控制单元同时向总线发送数据时，三者仲裁域的标识符分别为 01010000000、00110100000、10001000000（程序中设置好的），由于 ABS 控制单元的标识符最小，系统就先发送 ABS 控制单元发送的数据，此时，发动机控制单元和空调控制单元转化为接收器接收数据。总线一旦空闲，系统就会发送其他的数据，但要注意在数据被成功接收之前仍要争取仲裁，即总线发送数据是根据各控制单元的优先权决定的，而不是按请求发送的先后时间来决定的。

（3）控制域 显示在数字域中所包含的数据和长度代码，供接收器检查是否已经接收到传来的所有信息。控制域由6个位组成，包括数据长度代码和两个作为扩展用的保留位，所发送的保留位必须为"显性"。接收器接收所有由"显性"和"隐性"组合在一起的位。数据长度代码为4个位，指示了数据域中字节的数量。见表6-3。

表6-3 数据长度的表示

数据长度	数据长度代码			
	DLC3	DLC2	DLC1	DLC0
0	0	0	0	0
1	0	0	0	1
2	0	0	1	0
3	0	0	1	1
4	0	1	0	0
5	0	1	0	1
6	0	1	1	0
7	0	1	1	1
8	1	0	0	0

（4）数据域 数据域由数据帧发送的数据组成，可以为0~8个字节，每字节包含了8个位（最大为64个位）。该数据可以代表实际的数据，也可以是一个数据请求。

（5）安全域 用来检测数据传递中的错误。汽车CAN系统用于电磁干扰很大的环境，这个环境中的数据最容易丢失或破坏。CAN协议提供了5种错误检测和修正的方法，因此如果数据被破坏，它能够检测出来，而且网络中所有的电控单元都会忽略这个数据。

（6）应答域 在应答域中接收器通知发送器已经正确接收到数据。如果检查到错误，接收器立即通知发送器，然后发送器再发送一次数据，直到该数据被准确接收为止。从检测到错误到下一数据的传送开始为止，发送时间最多为29个位的时间。应答域长度为2个位，包含应答间隙和应答界定符，常态下发送两个"隐性"位。当接收器正确地接收到有效的数据，接收器就会在应答间隙期间内向发送器发送一"显性"位以应答，而应答界定符始终是"隐性"位。

（7）结束域 结束域标志着数据报告结束，由7个"隐性"位组成。这是显示错误并重复发送数据的最后一次机会。

二、吉利帝豪EV300 CAN总线系统

1）CAN总线的通信介质是双绞线，其中高速CAN总线的通信速率为500kbit/s，双绞线终端是2只120Ω的电阻。高速CAN总线是差分总线。高速CAN总线串行数据总线中的CAN-H线电压值为2.5V或3.5V，CAN-L线电压值为1.5V或2.5V。当CAN-H和CAN-L线上的电平都为约2.5V时被认为是隐性传输数据并解释为逻辑1。当将CAN总线线路驱动至

极限时，高速 CAN 总线串行数据总线（CAN-H）电压将升高到 3.5V 而高速 CAN 总线串行数据总线（CAN-L）电压将降到 1.5V，极限电压差（3.5V-1.5V=2V）为 2V，被认为是显性传输数据并解释为逻辑 0，如图 6-10 所示。

图 6-10 CAN 总线信号波形示意图

2）发送 CAN 信号时，电流从控制器的发送端流到 CAN-H 线，经过终端电阻流入 CAN-L 线，再返回控制器的接收端。如果通信信号丢失，程序将针对各控制模块设置失去通信故障诊断码。该故障诊断码可被故障诊断仪读取。

注意，串行数据丢失故障诊断码不表示设置该故障诊断码的模块有故障。

3）CAN 总线在吉利帝豪 EV300 上的应用。吉利帝豪 EV300 车辆有 2 路 CAN 通信总线。CAN 总线网络由以下部件组成：BCM、诊断接口（DLC）、ACM（辅助控制模块）、ACU（安全气囊模块）、ABS/ESP、VCU（整车控制器）、PEPS、TCU、BMS（电池控制单元）、TEM、PEU（电机控制器）、组合仪表、空调控制器、EPB（电子驻车模块）、转向角传感器、电动压缩机、DVD、EPS（电动助力转向）、低速报警控制器、远程控制器、OBC（车载充电机）等。吉利帝豪 EV300 CAN 网结构框图，如图 6-11 所示。

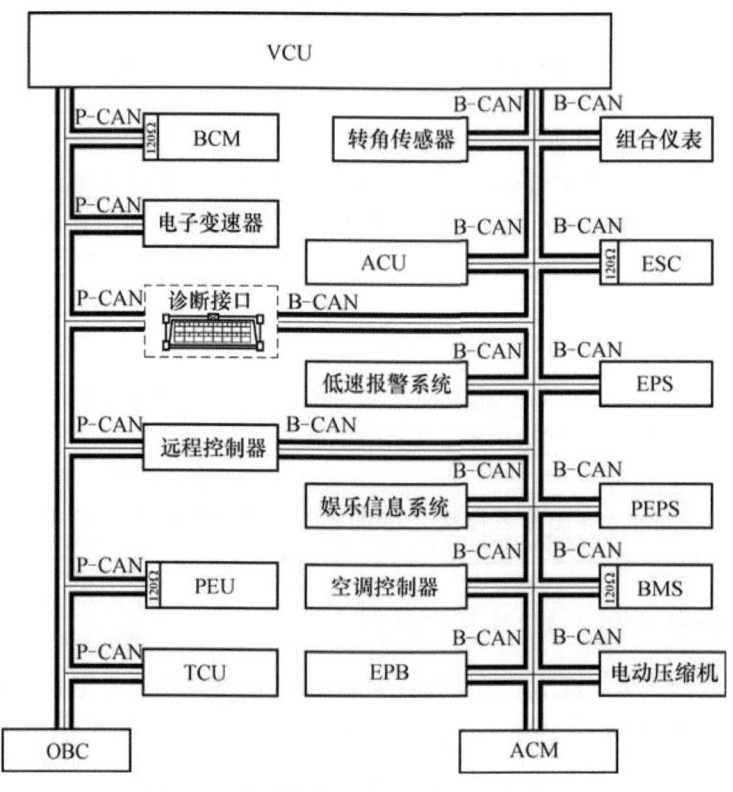

图 6-11 吉利帝豪 EV300 CAN 网结构框图

4）吉利帝豪 EV300 CAN 通信网络电路图，如图 6-12 所示。

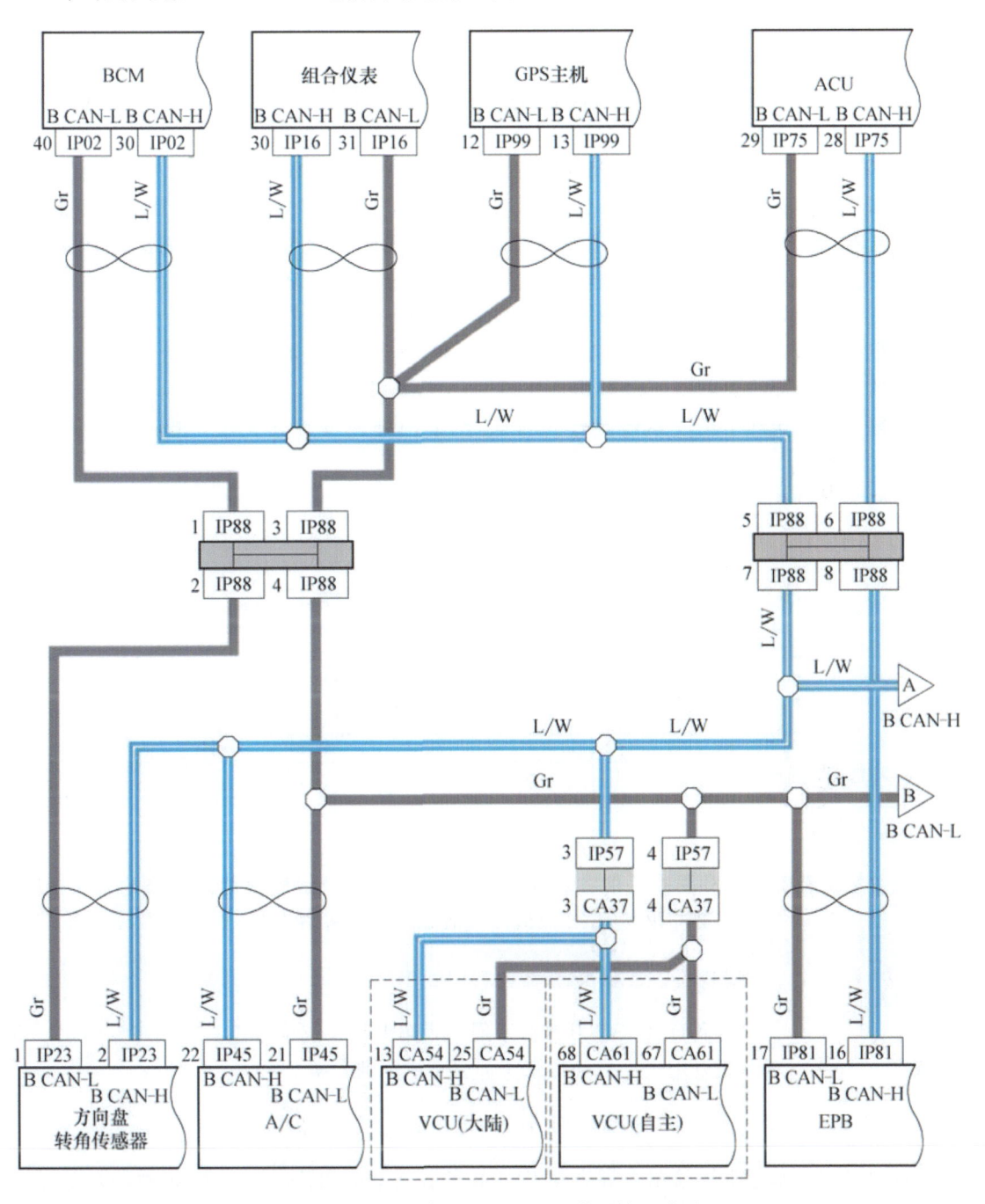

图 6-12　吉利帝豪 EV300 CAN 通信网络电路图

三、CAN 总线常见故障及原因分析

CAN 总线是新能源汽车各控制单元之间主要的信息传输通道，CAN 总线故障会导致相关系统因无法正常传输信号而不能正常工作。CAN 总线常见故障及分析如下：

1) CAN-H 线和 CAN-L 线之间短路故障。CAN-H 线和 CAN-L 线的电压电位置于隐性电压值（约 2.5V）。通过依次插拔相关系统上的控制单元可以判断是否为控制单元引起的故障；如果不是控制单元引起的故障，则为 CAN-H 线和 CAN-L 线之间短路引起的故障。此时，将相关 CAN 总线两端的线束插接器拔出，用万用表检测 CAN-H 线和 CAN-L 线之间的电阻来确认 CAN 总线短路故障。

2) CAN-H 线或 CAN-L 线与 12V 电源正极短路故障。CAN-H 线或 CAN-L 线的电压电位被置于 12V。故障可能是控制器单元内部故障引起，也可能是 CAN 线与电源线短路引起的。

3) CAN-H 线或 CAN-L 线对地短路故障。CAN-H 线或 CAN-L 线的电压电位是 0V。故障可能是控制器单元内部故障引起，也可能是 CAN 线与金属车身短路引起的。

4) CAN-H 线或 CAN-L 线断路故障。断路故障电压电位变化不明显，常用断开 CAN 总线线束插接器后测量 CAN-H 线和 CAN-L 线导线电阻的方法来确定断路故障。故障可能是控制器单元内部线路断路，也可能是外部 CAN 线断路引起的。CAN 总线发生断路故障时，修复导线连接部位长度不能超过 50mm，修复两处断点必须大于 100mm，如图 6-13 所示。

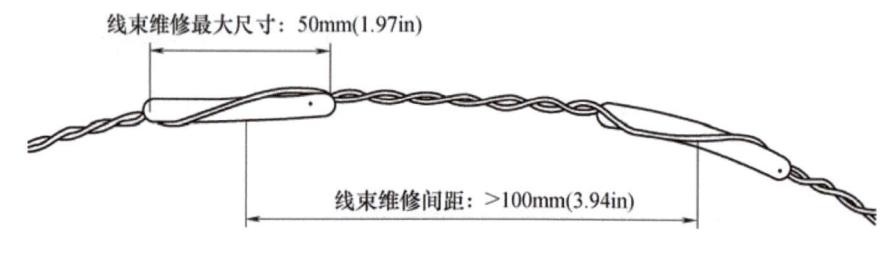

图 6-13 CAN 网导线修复部位长度要求

>>> 任务实施

一、任务方案制订

查阅吉利帝豪 EV300 维修手册，观看车载充电机 CAN 总线断线故障检修的微课视频，制订车载充电机 CAN 总线断线故障检修任务方案。

车载充电机 CAN 总线断线故障检修

二、实施准备工作

吉利帝豪 EV300 维修手册、汽车电气系统检修工具、故障诊断仪、汽车专用万用表、吉利帝豪实训整车或实训台架。

三、详细操作步骤

Step1 查阅维修手册，绘制吉利帝豪 EV300 车载充电机和诊断接口 CAN 总线局部电路图，如图 6-14 所示。

Step2 使用故障诊断仪读取故障码。

1) 操作车辆起动开关使电源模式切换至 ON。
2) 连接故障诊断仪，读取系统故障码。
3) 确认系统实时故障码，故障码是：＿＿＿＿＿＿＿＿＿＿＿＿＿＿＿＿＿＿＿＿

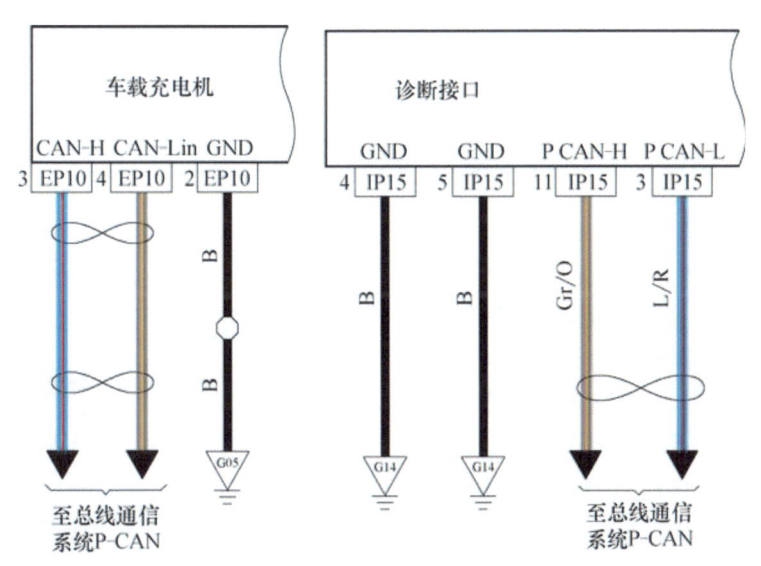

图 6-14 吉利帝豪 EV300 车载充电机和诊断接口 CAN 总线局部电路图

完成情况：□完成
　　　　　□未完成，原因：_____

Step3 检查 P-CAN 总线网络的完整性。

1）操作车辆起动开关使电源模式切换至 OFF。

2）使用万用表测量 IP15 诊断接口 3 号端口和 11 号端口之间的电阻值。测量端口位置，如图 6-15 所示。

3）测量数据为 62Ω。电阻标准值为 55~63Ω。

完成情况：□完成
　　　　　□未完成，原因：_____

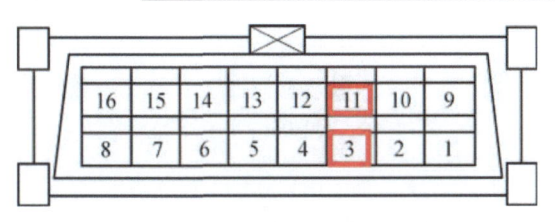

图 6-15 IP15 诊断接口线束插接器

Step4 检查车载充电机到诊断接口的 CAN 总线线束通断情况。

1）操作车辆起动开关使电源模式切换至 OFF。

2）拔下车载充电机低压线束插接器 EP10。

3）对照表 6-4，使用万用表测量 CAN 总线线束的电阻值。

表 6-4 CAN 总线线束电阻测量

序号	测试端子	测量值	电阻标准值
1	EP10 插接器 3 号端子—诊断接口 11	—	<1Ω
2	EP10 插接器 4 号端子—诊断接口 3	0.6Ω	<1Ω

完成情况：□完成

□未完成，原因：_____

>>> 知识拓展

一、认识吉利帝豪 EV450 低速报警系统工作原理

图 6-16 所示为吉利帝豪 EV450 低速报警器电气原理框图。当车辆电源档为 ON 档，非 P 和 R 位，并且车速低于 30km/h 时，低速报警器起动。当车辆电源档为 ON 档，档位为 R 位时，低速报警器驱动低速报警扬声器来警示行人。车辆档位和车速等信息通过 CAN 总线获取。

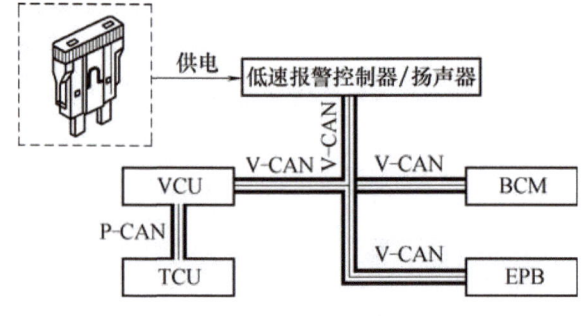

图 6-16 吉利帝豪 EV450 低速报警器电气原理框图

二、认识比亚迪 e5 起动 CAN 网电路图（图 6-17）

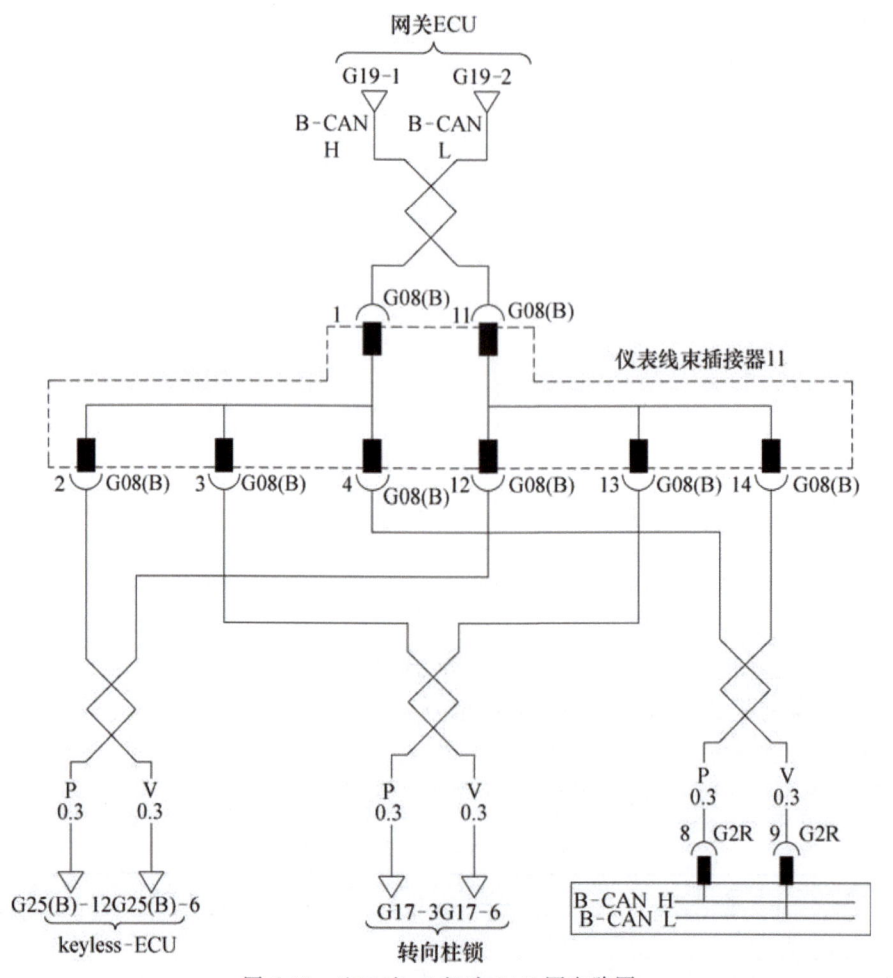

图 6-17 比亚迪 e5 起动 CAN 网电路图

>> 思考与练习

>> 阅读小资料

车载以太网技术

车载以太网技术是一种应用于汽车领域的新型网络通信技术。它是一种专门为汽车应用设计的高速网络通信技术。与传统的车载网络技术相比，它具有显著的优势。首先，车载以太网技术传输速度极快，可以实现大量数据的快速传输，满足了汽车应用中日益增长的对高清视频、音频以及复杂传感器数据传输的需求。这使得车内的信息娱乐系统更加丰富多样，为乘客带来了更加优质的体验。其次，车载以太网技术具有良好的兼容性和扩展性，它能够轻松地与现有的汽车电子系统集成，同时也为未来新功能和新设备的接入提供了便利。这意味着汽车制造商可以更加灵活地进行车辆的设计和升级，降低了成本和开发周期。再者，车载以太网技术在提高车辆安全性方面也发挥着重要作用，通过快速、准确地传输车辆的各种状态信息，如制动、转向等，使得车辆的主动安全系统能够更加及时地做出响应，有效减少事故的发生。在实际应用中，车载以太网技术有助于实现车辆的智能化和互联化，如高级驾驶辅助系统（ADAS）、车联网服务等。但同时也面临着一些挑战，如安全性和可靠性的保障、不同设备和系统的兼容性等。随着技术的不断发展，车载以太网技术有望在未来的汽车产业中发挥更加重要的作用。

1. 车载以太网具有以下显著特点和优势

1）高带宽：能够满足汽车日益增长的高速数据传输需求，如高清视频、自动驾驶相关数据等。

2）低延迟：确保关键信息的实时传输，对于保障车辆的安全和性能至关重要。

3）灵活性：支持多种设备和应用的连接，便于系统的扩展和升级。

4）成本效益：相比传统的汽车网络技术，在大规模应用时具有成本降低的潜力。

2. 车载以太网的工作原理

1）数据的生成和发送。生成车内的各种电子控制单元（ECU）、传感器或其他设备产生需要传输的数据。这些数据被封装成以太网帧，帧中包含了源地址、目的地址、数据类型等信息。

2）物理层的处理。以太网帧通过物理层接口，如双绞线、同轴电缆或光纤等传输介质进行发送。物理层会对信号进行编码、调制等处理，以适应传输介质的特性。

3）在传输过程中，以太网使用交换机或路由器等网络设备来确定数据的传输路径。交换机根据帧中的目的地址，将数据转发到正确的端口，从而实现数据的路由。

4）当数据到达目的地后，目的设备的物理层对接收的信号进行解调、解码等处理，恢复原始的以太网帧。

5）目的设备对以太网帧进行解析，提取出其中的数据，并根据数据类型进行相应的处理。

6）数据的使用和响应。目的设备根据接收到的数据进行相应的操作，可能是控制某个部件的动作、更新显示信息或者执行其他的功能，并可能产生新的数据进行回传，从而完成一个完整的数据通信过程。

总的来说，车载以太网通过一系列的封装、传输、路由和解析等操作，实现车内不同设备之间的高速、可靠的数据通信。

参 考 文 献

[1] 谭婷，董隆，吴春燕. 新能源汽车电气技术［M］. 上海：同济大学出版社，2020.
[2] 杨静锦，龙纪文. 汽车电气设备检修［M］. 上海：华东师范大学出版社，2017.
[3] 张明，杨定峰. 汽车电气设备检修［M］. 北京：人民邮电出版社，2016.
[4] 谭本忠. 汽车电器构造与维修［M］. 济南：山东科学技术出版社，2010.
[5] 朱德乾，黄显祥. 汽车发动机电控系统检修学习工作页［M］. 上海：华东师范大学出版社，2017.